国家社科基金项目资助

国家社会科学基金项目

大爱无边与公民之善

——弘扬抗震救灾精神和促进公民道德建设研究

龚 平 等著

中国社会科学出版社

图书在版编目(CIP)数据

大爱无边与公民之善：弘扬抗震救灾精神和促进公民道德建设研究／龚平等著 . —北京：中国社会科学出版社，2015.11

ISBN 978 - 7 - 5161 - 7295 - 7

Ⅰ.①大… Ⅱ.①龚… Ⅲ.①公民教育—社会公德教育—研究—中国 Ⅳ.①D648.3

中国版本图书馆 CIP 数据核字(2015)第 300915 号

出 版 人	赵剑英
责任编辑	冯春凤
责任校对	张爱华
责任印制	张雪娇

出　　版	中国社会科学出版社
社　　址	北京鼓楼西大街甲 158 号
邮　　编	100720
网　　址	http：//www.csspw.cn
发 行 部	010 - 84083685
门 市 部	010 - 84029450
经　　销	新华书店及其他书店

印　　刷	北京君升印刷有限公司
装　　订	廊坊市广阳区广增装订厂
版　　次	2015 年 11 月第 1 版
印　　次	2015 年 11 月第 1 次印刷

开　　本	710×1000 1/16
印　　张	16.5
插　　页	2
字　　数	230 千字
定　　价	59.00 元

凡购买中国社会科学出版社图书,如有质量问题请与本社营销中心联系调换

电话:010 - 84083683

版权所有　侵权必究

目　录

前　言

　　抗震救灾中形成的抗震救灾精神，是对中华民族民族精神的继承与发展，是民族精神在当前时代的再现，抗震救灾彰显了中华民族精神，反映了公民道德建设的时代要求，丰富了社会主义道德建设的内涵，弘扬抗震救灾精神，必然有力地促进公民道德建设。

　　关于自然灾害研究，世界各国都高度重视，是一个世界性的课题。《国内外地震滑坡灾害研究综述》《灾害学》2003 年第 4 期，对地震灾害较严重的美国、意大利、希腊等国家在地震滑坡灾害方面所做的研究工作进行了总结，并与我国的研究成果进行了对比；《抗震救灾中的国内外遥感群星》《国际太空》2008 年第 6 期，在2008 年 5 月 12 日汶川大地震发生后，中外多颗遥感卫星在抗震救灾中发挥了显著作用，大大加强了灾情监测与评估，为科学家研判汶川大地震灾情提供了支撑；《汶川地震灾后常见心理问题研究情况综述》《心理医生》2011 年 11 月，汶川地震灾难发生后，国内外学者在不同时段，对受灾地区不同人群的心理问题进行了诸多研究，这些研究对推动灾难医学的发展，了解灾后心理问题的发生发展规律以及有针对性地进行心理干预提供了宝贵经验。这方面的研究成果应该说还有很多，反映了各国政府对抗震救灾工作的高度重视。但是，将抗震救灾精神与公民道德建设相联系进行研究，是我国当前才提出的新课题。本文的研究，以抗震救灾精神与公民道德建设为研究对象，将弘扬抗震救灾精神与公民道德建设相结合，使传统道德与符合时代要求的新道德观念相融合，增强了道德建设的针对性与时效性。

在抗击"5·12"汶川特大地震中，四川人民与全国人民一道，在全国人民的帮助和支持下，经受住了特大灾难的冲击和严峻形势的考验，在灾难面前迸发出感天动地的道德力量，用实际行动生动诠释了"万众一心、众志成城，不畏艰险、百折不挠，以人为本、尊重科学"的伟大抗震救灾精神，为中华民族积淀了又一笔宝贵的精神财富。

一方有难、八方支援，自力更生、艰苦奋斗，地震给灾区人民带来了巨大痛苦，但他们也表现出了忍耐、沉着、无私、勇敢的精神。灾区的人民迅速团结在一起，积极组织自救他救；在生死关头，我们看到了一个个英雄的教师、母亲和孩子，他们有求生的勇气和意志，更有着崇高的人格和无私无畏的精神境界。他们徒手挖出自己的亲人，也努力救助陌不相识的人，许多人从废墟中逃生后立即投入到救灾工作中，配合救援人员做自己力所能及的工作，给外地游客以及其他需要帮助的人以热情的帮助。从灾区人民身上，我们看到了中华民族生生不息的力量。

万众一心，众志成城，团结一致，抗震救灾，在中国共产党的坚强领导下，一股伟大的力量正在凝聚，"我们都是汶川人！""我们与你们在一起！"地震发生后，全社会立即紧急动员起来，从中央领导到广大群众，从企业家到普通员工，从海外华侨到港澳台同胞，从白发苍苍的老人到天真活泼的孩子，人们纷纷慷慨解囊争相捐款，莫不尽己所能，全国无数志愿者从祖国各地自发赶往灾区。这场难以预料、无法抗拒的浩劫使整个华夏民族的心在中国共产党的领导下紧紧连接在一起，全中国、全球华人都在为灾区通过不同的方式奉献着自己的爱心。面对这种态势，国际友人发出感叹："难以置信，这些人民没有抱怨，只是将自己的注意力集中于救济工作。"也让那些认为中国人是一盘散沙的人感到汗颜，言不复出。

这次中华民族在"5·12"大地震面前表现出来的大无畏英雄

气概，是对民族凝聚力的又一次考验，"万众一心、同舟共济"的民族奋进的行动，又一次以雄辩的事实向全世界昭示：以民族精神凝聚起来的民族，具有一种无坚不摧、战无不胜的精神力量。它在关键时刻起着力扶危局的作用，正如人们所表达的心声："地动天不塌！这是因为，在我背后有一个强大的祖国！"

民族凝聚力是一个国家的脊梁。有了民族凝聚力，一个国家就能挺起脊梁，不为任何困难和灾难所压倒。在前进的道路上，尽管有许多意想不到的挫折，甚至存在许多人力所无法征服的自然灾害，但都不会压垮我们的民族。绵延几千年的中华民族的凝聚力是维系中华民族、凝聚炎黄子孙的坚强力量，也是中华民族生存和发展的最强大的内在动力。

民族凝聚力是一种思想整合力量，它作为浸润到每个国人血脉中的民族之魂，集中了民族思想、民族文化的精华，对其全体成员具有价值指向的吸引力。民族精神以爱国主义为核心，爱国主义是一个民族的宝贵精神财富和进步发展的精神支撑。在抗震救灾中，这种爱国主义突出表现为以人为本、一切为民，把人民的生命、人民的利益放在至高无上的地位的时代精神。为了人民的生命，我们可以不惜一切代价！

民族凝聚力又可化为同舟共济、共克时艰的全国大团结、大协作精神。中国革命历史上，出现过百万民众支援解放军、用独轮车推出一个新中国的感人故事。今天，在我们身边同样在演绎着一个个手拉手、心连心，团结拼搏奔未来的感人故事。"5·12"大地震带来的灾难现状是残酷的，但全国军民对灾区的火速支援，特别是帮助灾区人民重建家园所表现出来的社会主义团结互助精神却让人温暖、令人赞叹。正是这种精神，给灾区人民带来了希望，激励人们擦干眼泪，奋勇前行，用信心去创造美好的新家园。

人们常说"多难兴邦"。因为灾难能够激发民族求生存、求发展的本能。每一个民族、每一个国家都不希望灾难发生，但灾难一旦降临之后，要战胜灾难、化险为夷，振奋民族精神、增强民族凝聚力是其中的重要条件。每当灾难发生时，民族精神力量彰显、民族凝聚力增强，其道理也就在这里。灾难往往会激发民族精神、凝聚民族力量，成为民族发展、民族振兴的重要转机。

民族的生存和发展需要精神支撑。一个没有精神支撑的民族，是没有灵魂的民族，难以自立于世界民族之林。民族精神是国家之根、民族之脉。这次抗震救灾，进一步说明了民族精神对于民族生存和发展的重要性。

抗震救灾精神是中华民族的民族精神与时代精神的升华，体现了社会主义核心价值体系的精髓。中华民族精神既具有悠久的历史，又随着时代的发展而发展，并且不断地充实与完善，使民族精神与时代精神相融合，实现了时代性和民族性的融合与统一。中国共产党历来都重视中华民族优秀文化传统，重视中华民族的民族精神。抗震救灾精神再次升华了中华民族的民族精神，为中华民族的精神宝库增添了新的财富。

抗震救灾精神集中体现和丰富发展了中华民族天下兴亡、匹夫有责的精神。"5·12"特大地震发生后，全国人民积极动员，从国家领导人到普通百姓，都全力投入到抗震救灾斗争中，都把灾区人民的冷暖与安危和自己紧密联系，通过各种方式表达自己的爱心，充分表现了天下兴亡、匹夫有责的精神和使命感。

抗震救灾精神集中体现和丰富发展了中华民族万众一心、众志成城的精神。突如其来的灾难，并没有吓倒伟大的中国人民，在灾难面前，各族人民患难与共、同心协力，形成了强烈的使命感与责任意识。抗震救灾进一步增强了中华民族的民族精神，使全中国人民更紧密地团结在一起，紧密地团结在中国共产党的周围，同心同德、艰苦奋斗，最终取得了抗震救灾斗争的伟大胜利。

抗震救灾精神集中体现和丰富发展了中华民族以人为本、珍爱生命的精神。地震发生后，党和国家领导人第一时间明确提出：人的生命高于一切，要不惜代价抢救人的生命。广大军民把灾区群众的生命放到最高地位，最大努力地抢救人民的生命，处处体现着关

4

爱生命、以人为本的精神，充分展示了以人为本、珍爱生命的精神。

伟大抗震救灾精神，是建设社会主义核心价值体系，推进公民道德建设的重要成果。中国共产党高度重视精神文明建设，在大力发展生产力、促进经济建设的同时，不断加强精神文明建设，实施了一系列具有重要意义的公民道德建设举措，提出了构建社会主义核心价值体系，对于社会主义道德建设起到了巨大的促进作用，激发了广大人民群众关心、参与道德建设的热情。在抗震救灾斗争中涌现出的一个个感人肺腑故事，产生的一大批英雄模范人物，就是社会主义道德建设的重要成果，弘扬抗震救灾精神，必将更加有力地推动公民道德建设。

伟大抗震救灾精神，是中华民族传统美德的延续升华，是伟大的民族精神在新时期的集中体现。当前，社会生活发生着深刻的变化，势必对传统文化产生巨大的冲击，对此，我们更应该珍惜在灾难中凝聚的伟大抗震救灾精神，把弘扬抗震救灾精神与公民道德建设结合起来，使中华民族的传统美德与体现时代要求的新道德观念相融合。伟大的抗震救灾精神丰富了社会主义道德建设的内涵，弘扬抗震救灾精神，必将更加有力地推动公民道德建设。

抗震救灾精神是新时期全体中国人民共同创造的一笔宝贵精神财富，是中华民族永恒的精神力量，是助推中国梦实现的重要力量。发扬和弘扬伟大的抗震救灾精神，我们就能从容应对未来各种局面的挑战，奋力夺取全面建成小康社会的新胜利，中华民族复兴的梦想就一定能早日实现！

龚　平

2014 年 12 月 10 日

第一章　抗震救灾精神的基本内涵和时代意义

　　抗震救灾是一场在公共危机下进行的公共救援行动，地震撕开的不只是四川盆地边缘那个巨大的断裂带，更是我们中华民族的伤口。地震发生后，中国共产党团结带领全国军民用世人称道的抗灾救灾的实际行动，向世界展示了中华民族的空前团结，催生了激励中华民族不断前行的抗震救灾精神。在大地震灾难面前，中国人民没有退缩，没有惧怕，中华民族表现出坚毅无畏、顽强抗争的精神，把患难与共、艰苦奋斗、自强不息、扶危济困的民族精神在抗震救灾中充分彰显。在抗震救灾的伟大实践中，广大党员干部用实际行动生动诠释了"万众一心、众志成城，不畏艰险、百折不挠，以人为本、尊重科学"的伟大抗震救灾精神，为中华民族积淀了又一笔宝贵的精神财富。汶川特大地震的抗震救灾和恢复重建是人类历史上的一个奇迹，是中国共产党领导全国各族人民自强不息、顽强拼搏、敢于奋斗的胜利史的又一座历史丰碑。

一　抗震救灾精神的基本内涵

　　在抗击"5·12"特大地震中，四川人民在全国人民的帮助和支持下，经受住了特大灾难的冲击和严峻形势的考验，铸就了"万众一心、众志成城，不畏艰险、百折不挠，以人为本、尊重科学"的伟大抗震救灾精神，丰富了中华民族的民族精神与时代精神。

（一）抗震救灾精神的精神内核

2008 年 6 月 30 日，胡锦涛在中南海怀仁堂召开抗震救灾先进基层党组织和优秀共产党员代表座谈会时强调指出"'万众一心、众志成城，不畏艰险、百折不挠，以人为本、尊重科学'的伟大抗震救灾精神是爱国主义、集体主义、社会主义精神的集中体现和新的发展，是我们党和军队光荣传统和优良作风的集中体现和新的发展，是中华民族民族精神在当代中国的集中体现和新的发展"。这是对抗震救灾精神的精辟概括，是我们学习和弘扬抗震救灾精神的根本出发点，是教育人民在遭遇公共危机时发扬崇高道德精神的活教材。将抗震救灾精神进行深入分析，将有利于抗震救灾精神的继承和发展。

中华民族是一个团结统一的伟大民族，具有强大的向心力和凝聚力，创造了灿烂的历史文明。这一精神被有着悠久爱国主义传统的民族所吸收。为了国家利益、民族利益、社会整体利益涌现出一大批为中华民族的振兴发愤图强，鞠躬尽瘁的仁人志士，他们甚至不惜牺牲生命。他们的丰功伟绩滋润着中华大地，推动着中华民族的伟大历史滚滚向前。他们都以不同的形式展示着自己的爱国主义情怀，虽然形式有所不同，但却有着共同的特点，即以国家民族利益为重，顾全大局，识大体，不计个人的得失，将个人命运与国家紧紧地联系在一起。正是他们的高贵情怀，铸就了中华民族的爱国主义传统。在特大灾害面前，这一精神在实践中得到了践行。

地震发生不到半小时，胡锦涛就作出重要指示，党中央召开紧急会议，成立抗震救灾总指挥部，并指派武警部队、军队和医疗人员火速赶到救灾第一线。两个小时后，温家宝就飞往灾区，亲临指挥抗震救灾第一线工作。

受灾严重的省份紧急行动，各部门即相互配合、协同作战，努力保障救灾工作有序进行，全国上下紧急动员，港澳台地区、社会团体为灾区捐钱、捐物，为灾民送去温暖和爱心。所有这些，都是在短时间、快反应中展现在世人的面前，让世界看到了一个崛起的中国，让中国赢得了尊敬。

万众一心，众志成城。团结就是力量。这是中国人民战胜各种灾难的坚强信念。危难面前，各部门密切协调配合，各省份对口支援，社会各界自发动员，各项爱心捐助活动有序进行，全国人民包括港澳台同胞和海外侨胞一起，显示出空前的团结，再现了同舟共济、守望相助的动人场景。一句"我们都是汶川人"，正是中华民族凝聚力的生动写照。山崩地裂，撼不动党和人民的团结一心；桥断路毁，挡不住全国人民的同舟共济。"一方有难，八方支援。"举全国之力，支援抗震救灾，社会主义制度的无比优越性闪烁出耀眼的光芒。

"不畏艰险，百折不挠"是抗震救灾精神的重要内容，塑造了中国人民的泰山压顶不弯腰的英雄气概。中华民族是一个勤劳勇敢、自强不息、不屈不挠的民族，这就是中华民族五千年的文明史。象曰："天行健，君子以自强不息。"① 自强自立是中华民族一以贯之的精神。这一精神在这次抗震救灾精神中得到了弘扬。面对如此惨烈的自然地震和极其严重的困难，人们以坚强的毅力、顽强的拼搏与灾害抗衡，把地震带来的巨大伤痛转换成巨大的动力。当你置身于抗震救灾中，身边的每一个人身上流露出的奉献精神都会深深地感染你，引导着你忘我地工作。

"以人为本，尊重科学"是抗震救灾精神突出的时代精神特色。我国在古代就以平等待人、热爱科学而闻名于世。孔子在《论语》中提出了"仁者爱人"的思想；孟子提出"亲亲而仁民，仁民而爱物"；墨家主张兼爱，提出"天下之人皆相爱，强不劫弱，众不劫寡，富不侮贫，贵不傲贱，诈不欺愚"的思想境界……他们提倡人与人相爱，尊重人的价值，同情人，帮助人，体

① 王辉：《周易》，西安：三秦出版社 2007 年版，第 4 页。

现了我国传统道德中的人道主义精神。① 这些思想家的人本思想的基点是珍爱生命和"仁"的处理事情理念，自我实现和自我超越的双向发展观。在建设有中国特色的社会主义现代化的进程中，党和国家根据我国的具体实际情况，提出了以人为本的理念。这种"只要有一线希望，就要尽全力抢救"，决不放弃的以人为本理念是在强调人民群众的主人翁地位实现的基础之上，实现人民的根本利益和人的自由全面的发展，是以践行人类社会发展的价值追求为目标，正是以人为本，让全国人民的意志高度统一，凝聚力紧紧靠拢。2008 年 5 月 19 日至 21 日被指定为全国哀悼日，这是新中国成立以来第一次为普通百姓设立的全国哀悼日，这既是对遇难同胞的哀悼，也是表达国家对人的价值的尊重和关爱，显示了国家以人为本的理念和对生命的保护、关爱。同时，以人为本思想理念使救灾工作"社会化"程度提高，在抗震救灾的整个工作中，政府始终保持信息公开、开诚布公，保证了政府与民众间的相互信任。灾情实时更新，面向全世界公开直播，向世界展示了一个开放自信的中国。

此次开放政策还有一个鲜明的特点是它的人性化，实质上是以人为本理念的反映，显示出政府在决策时对社会公众的知情权的满足。

凝聚力紧紧靠拢。地震一发生，党中央、国务院就发出了坚定不移的救生号召，并号召和组织人员以最快速度赶赴灾区，全力抢救被困人员，中央财政、各级政府和社会团体都积极投入抗震救灾资金，确保抗震救灾工作顺利完成。参与，政府在抗震救灾中的开诚布公，信息公开透明，确保了国民之间互相信任、理解与尊重。灾情实时更新的"全国直播"，救援工作的"国际开放"，赈灾行动的"全球化"，让公众抚平了不安，凝聚起坚定沉着的力量，向

---

① 吴奕新:《当代中国道德建设研究》，北京：中国社会科学出版社 2003 年版，第 37 页。

世界展示了一个开放自信的中国。此次开放政策的鲜明特点在于它的人性化，一个为了救人的开放，实质上是以人为本理念在对外、对内政策层面的反映，显示出政府在作出决策时不仅满足社会公众的知情权，而且使其置于社会公众的监督制约之中。所有这些救灾工作的完成都依赖于现代科学技术，正是由于改革开放30多年经济建设的基础才使得这次抢险救灾活动紧张而有序地进行，并取得了阶段性的巨大成就，但是，我们应该清楚地看到在某些科学技术领域内特别是一些高尖端领域内，我们与世界上的先进技术依然有很大的差距。因此，我们要尊重科学、崇尚科学，为实现中华民族的伟大复兴而贡献力量。

2008年5月12日在四川汶川发生的里氏8.0级大地震，是新中国成立以来破坏性最强、波及范围最广、灾害最惨重的一次。中国人民在党中央的坚强领导下迅速积极地抗震救灾，为灾区人民拯救生命，挽救财产，发扬了不怕牺牲、顽强拼搏、无私奉献的精神风貌，取得了抗震救灾的重大阶段性成果，用实际行动谱写了一曲气吞山河的壮丽史诗，铸就了惊天动地的抗震救灾精神。抗震救灾精神是中国传统道德的展现，是一个源远流长、博大精深的价值体系的再现，它形成了我国在遭受到这类公共危机时，全社会行动的一个诠释，同时也将社会主义制度的优越性展现出来，将建设和谐社会的理念深入人心。

（二）弘扬抗震救灾精神就是塑造人的思想道德品质

1. 公共危机下公共救助领悟人生真谛

公共危机是不同于误解性危机、事故性危机、假冒性危机和灾害性危机的，它是突然发生的或者在预先无法预料的情况下，产生对一定范围内或者受其影响到的领域内的公共生活，涵括对社会成员的生命、财产安全以及社会正常的公共秩序的正常运行，造成严重损害或者威胁的事件或者状态情形。公共危机的根本性是公共性，是对一定范围内或者受其影响到的领域内的公共生活产生严重的影响,它会导致正常的公共秩序停滞,整个社会处于一种危机的时刻,容易引发社会恐慌,加剧破坏性。因此,能否处理好公共性危机,成为维护国家稳定、促进社会和谐的重要因素。

就公共危机来说,根据成因的不同,它大体上可以分为三类,一类是由自然因素造成的公共危机,如风暴、雪灾、洪灾等;另一类是由人为因素造成的公共危机,如战争、骚乱、恐怖事件等;第三类是自然与人为因素共同作用形成的公共危机,如自然环境恶化、植被破坏造成的泥石流等。这里主要谈论的是由自然因素造成的公共危机,它具有强大的破坏性、危机性和难以预测性等特点。从自然灾害公共危机处理上来说,我国救助维护工作的成就在世界上是举世瞩目的。早在公元前两千多年前,大禹率众治水在外十三年,曾经"三过家门而不入",治水为民,为了大"家"而忘了小"家",成为中国人民治理自然灾害成就的楷模,形成了大禹精神。

2008 年 5 月 12 日在四川汶川发生的里氏 8.0 级大地震,也属于这类公共危机。真正能对人类造成严重危害的地震并不太多,每一次形成特别严重灾害的地震都会造成巨大的人身伤亡和财产损失。这次中国汶川 8.0 级大地震,地震重创约 50 万平方公里的中国大地,北京、天津、山西、山东、河北、河南、内蒙古、辽宁、陕西、甘肃、宁夏、青海、西藏、安徽、湖北、湖南、重庆、贵州、云南、广东、广西、海南、江苏、上海、浙江、福建、香港、澳门、台湾等全国多个省市有明显震感,成为波及范围最大的地震,其中以川陕甘三省震情最为严重。

这样严重的地震灾害发生属于自然灾害,对整个社会来说它属于一场公共危机,它给人类社会的存在和发展产生重大影响。在这次地震灾害到来的第一时间就展现了举国上下通力合作抗灾自救,国家政府各个机关部门、各企事业组织和人民团体、个人及各个爱国团体、国际友人等都发扬了"一方有难八方支援"的精神,投入到抗震救灾的斗争之中,使这种"天地无情"的自然灾害变成"人有情"的动人抗灾赈灾情景,这是在中国共产党领导下的集中、高效的危机处理机制，使得抗震救灾工作取得了伟大的胜利，并再次证明了中国共产党是值得信任、值得依靠的。抗震救灾的奋斗过程形成了大爱无疆、彰显人性、以人为本的抗震救灾精神。这种精神是对生命的关爱，对人性的呼唤，是崇高的道德精神在灾难面前喷发出来的表现。

公共危机的救助工作也引起了普通大众立足本职岗位的思考。在这种危急时刻，广大民众或是成为志愿者直接到灾区最需要的地方去抢险救灾，或是直接对国家的救灾活动建言献策并积极地组织救助工作，或是在本职岗位上加班加点为灾区提供生活必需品……这些行动都给思想道德建设提供了良好的教育素材，引申出人们对公共危机下的个人人生价值的思考，深刻地启发人们对人生目的、人生态度、人生价值的思考，增强了对新时期加强思想道德建设的认识。

2. 抗震救灾精神是优秀道德文化的教育课堂

道德属于上层建筑的范畴，是一种特殊的社会意识形态。它是通过社会舆论、传统习俗和人们的内心信念来维系，是对人们的行为进行善恶评价的心理意识、原则规范和行为活动的总和。马克思主义认为，道德是一种社会现象，其产生发展有着多方面的历史条件因素，经历了漫长的历史演变过程。因此，道德在社会发展中受到社会关系、人类的自我意识和生产实践等因素的影响制约，是随着人类社会生产力的发展和社会生活的日益变化而发展的。特别是到了国际化、市场化、城市化、工业化、信息化日益发展和深化的今天，对于尚处于社会主义初级阶段的我国来说，社会整体发展呈现出由农业为主的社会向现代化社会转变的转型期，社会发展中的城乡二元化结构、人民对道德和法律的关注程度都在一定程度上给道德的发展变化带来了新情况、新变化。因此，我们必须大力建设有中国特色社会主义的先进文化，发展社会生产力，不断满足广大人民群众的物质和精神发展的需要。

抗震救灾本身就是一场在公共危机下的关于社会的责任和义

务、善良和正义理念等道德建设在现实生活中的践行。它主要包括政府和公众、公众与公众之间的道德建设两方面，其中政府道德建设是整个社会道德建设的基础内容。公共权力机构或者公共权力的代理者信守规则、遵守诺言、实践践约的行为是政府形象的一个外在品牌。对政府的道德要求，政府诚信是基础，又是核心。政府作为诚信形象的塑造者和教育者，首先要有诚信。有没有诚信，一条重要标准就是政府能不能严格执法，依法办事，切实地维护宪法和法律的权威，真正成为人民的公仆。这相对于政府诚信的塑造存在诸多问题来说，主要要改变政府政策缺乏稳定性，部分行政官员道德素质低下，缺乏自律，行贿受贿，注重形式主义等。这些现象都极大地影响了我国政府形象并削弱了政府的执政能力，给政府和国家带来了负面影响。汶川抗震救灾工作"社会化"参与是对政府诚信建设的一个机遇，也是一个挑战，它直接将政府执政能力，政府官员身先士卒、不畏艰险、与民众同甘共苦的公仆精神呈现在公共监督之中，并通过这些精神引导整个社会诚信道德的风向标，起到积极的道德教育作用。由此产生的政府信用是社会组织、民众对政府信誉的一种在一定客观条件基础上的评价或价值判断，是政府行政行为所产生的预期信誉和形象在社会组织和民众中形成的一种心理反应。可以看出公众与公众之间的道德建设受到政府道德建设的影响，同时与政府道德建设相辅相成，它的健康发展又反过来影响着政府道德建设的完善，推动着"善政"的实现。

公众的道德建设要弘扬正气、扬善抑恶、明辨是非，选择高尚，保持社会和个人的健康发展。汶川地震发生后为和谐的邻里关系建设提供了一个良好的发展契机，第一时间的救助来源于邻里朋友的救助，最好的心理抚慰来源于邻里朋友……共同的地震经历所激发的集体情感和地震后村民之间的互动增加密切关联，表现了邻里之间非常融洽的良好关系。互惠行为、义务利他行为也随之大大增加，灾区的道德建设反映了和谐邻里关系发展的景象。在对灾后的农村进行走访调查中，我们发现绝大多数灾区群众具有"善小而为"的道德品格，坚持点滴做起，脚踏实地在岗位做出自己应有的贡献，为整个社会送温暖，自觉做生活中的"活雷锋"，齐心协力地克服并共渡难关。但是，我们也同时清醒地看到在部分地区的乡村里，盛传流言蜚语、干群关系紧张等现象的存在，一部分受灾群众对因享受到的补助差异而相互攀比、嫉妒和猜疑，使得相互利用亲属关系网络，互惠合作和政治诚信打了折扣。因而，灾后重建要注重与村民的沟通互动，如果不重视他们的心理感受、不关心村庄的社区关系和道德现状，即便各项硬件建设都取得了成就，也有可能会得不到村民的配合、支持和认同。[1] 开展幸福观与人生观、价值观紧密相连的道德教育课堂，将幸福观与人生追求联系起来，使人们知道人生的价值在于奉献而不是索取，来端正人生价值观和人生追求。同时，要处理好政府和公众、公众与公众之间的关系，弘扬社会主义文明新风的时代要求，加强精心组织、精心安排，把推动科学发展和建设社会主义和谐大家庭的伟大实践结合起来，推进社会主义核心价值体系建设的健康发展，广泛推进灾区送温暖献爱心、志愿服务、扶贫济困，使得政府道德与公众道德、公众道德与公众道德之间出现道德的黏合剂，促进优良道德教育在全社会全面健康开展起来，进而形成一种新型的政治道德伦理体系来完善目前我国在道德建设上的不足。

3. 抗震救灾精神是构建社会主义核心价值体系的生动载体

坚持社会主义核心价值体系，以社会主义核心价值体系引领当代社会思潮，树立远大的共产主义理想，没有共同的理想和信念，就等于没有精神支柱，就会失去凝聚力，对于其长远发展非常危险，因此，只有坚持马克思主义信仰教育，坚持优良的传统道德教育，才能创造出符合中国特色的具有鲜明性的民族精神和时代精神的社会主义建设事业合格的接班人。他们才能辨是非、明荣辱，才能抵制各种诱惑，成为具有共产主义远大理想的脱离了低级趣味

---

① 符平：《贫困村灾后重建中的社会资本问题》，《人文杂志》，2010 年第 2 期。

的人。

实现共产主义伟大的事业需要一代又一代人的不懈奋斗，需要有远大的理想和崇高的精神，由崇高的精神支撑和推动伟大的事业。在我国新民主主义革命中我们形成了井冈山精神、长征精神、延安精神、西柏坡精神等优良传统；在新中国成立后我们又形成了20世纪50年代的以"五爱"为主要内容的道德教育，60年代的学习雷锋精神，80年代的"五讲四美三热爱"群众性精神文明建设创建活动，90年代到今天的"讲文明树新风"、"希望工程"、"春蕾计划"、"九八抗洪精神"、"抗击非典精神"、"青藏铁路精神"和"抗震救灾精神"……所有这些高尚的精神都在提高人民生活水平，推动社会进步，推进社会主义现代化的进程中发挥着巨大的作用。

这些精神都深深地影响了一代又一代青年人，涌现出了一个又一个英雄式的人物，像王进喜、雷锋、孔繁森等，都已成为人民心中先进文化的表征。在短时间、快反应的汶川抗震救灾中，全国人民迅速行动起来，捐钱捐物，形成了大灾有大爱、大爱显无疆的感人景象。表达出对国家、对人民的热爱，成为追求雷锋式先进人物的崇高思想和优秀品质的结晶，已经成为热爱祖国，热爱社会主义，热爱党，坚定共产主义信念，树立全心全意为人民服务的思想，发展人与人之间团结友爱互助的社会主义新型关系的理想人格。对于那些生活在一个相对优越时代的"80后"、"90后"青年们，抗震救灾工作也成为检验其爱国主义情感的一次测试。人们常常对"80后"、"90后"青年的爱国主义情感表示怀疑，通过这次抗震救灾行动，疑虑被他们的热血沸腾、激情迸发、义无反顾、尽心尽责、默默奉献的精神而打消。在救灾的最前沿，由"80后"、"90后"青年们组成的军队和支援者队伍表现出英雄的大无畏精神，不怕吃苦、勇于挑战和积极参与的精神将永留在人们的心里；昼夜载客，加班加点的成都的"的哥""的姐"们，如潮水般涌向绵阳、都江堰等地，义务抢运伤员……他们中多数都是"80后"、

10

"90后"青年，他们用自己的行动感动着每一个人，感动着祖国，感动着整个世界，体现了社会主义核心价值观的本质要求。

（三）抗震救灾精神与公民道德建设

学习和理解抗震救灾精神内涵，我们可以从以下三个方面把握。

一是团结。万众一心，众志成城，说到底就是团结，是13亿人凝成的一股绳。在这次抗震救灾工作中，我们看到了全国各族人民空前团结起来，有钱的出钱，有力的出力。这说明我们中华民族团结一致攻克难关的伟大精神。正如胡锦涛强调指出的：全国各级党组织和广大党员、干部同心同德、和衷共济、共渡难关，充分发扬了全国一盘棋的大团结大协作精神。在各级党组织和广大党员、干部引领和带动下，从城市到乡村、从厂矿到部队、从街道到学校，规模空前的生命大营救，历经险阻的千里大驰援，处处涌动的爱心大奉献，共克时艰的社会主义大协作，汇聚成全民族风雨同舟、生死与共的强大合力。

二是力量。不畏艰险，百折不挠，体现的是我们每一个中华儿女都能面对自然灾害，表现出一种大无畏大智慧大勇敢的大气，面对自然灾害对我们的伤害，投入抗震救灾的伟大战斗的力量。在这次伟大抗震救灾的集体行动中，我们的民族，我们的兄弟姐妹，我们的人民子弟兵，就像一个钻头，在全国人民团结一致的力量促使下，哪里需要就到哪里，哪里最困难就冲锋在哪里。这种不畏艰险，百折不挠的抗震救灾精神，用两个字概括，就是力量，用我们中华民族文化诠释，就是中华文化中的最核心最动人最有力的那股精神内涵——天行健，君子以自强不息。

三是仁爱。以人为本，尊重科学，说的就是这一点。我们中华民族是一个仁爱的民族，是一个尊重人生命的民族，是一个爱护生命高于一切的民族。只要我们看看党和国家领导人与普通人民感人肺腑的救灾语言，就会明白我们的仁爱体现在哪里，什么叫以人为

11

本，尊重科学。同时，汶川大地震发生以后，我们看到我们的社会秩序井然，没有出现恐慌等不良现象，这更加充分地说明我们党和政府强有力的领导，科学决策，信息公开等依靠科学、依靠组织抗震救灾的精神。

伟大的抗震救灾精神，是中华民族优秀道德品质的传承，也是多年来公民道德建设成效的检阅和彰显。

公共危机是对一定范围内的公共生活造成严重损害或威胁的事件或状态，因而公共危机下的救灾是一种不怕牺牲、顽强拼搏、无私奉献的精神，它给道德建设带来了挑战，也带来了机遇，建设的好坏直接影响到社会主义核心价值观的树立和培养，因此引起社会重视。在此我们以抗震救灾为例，分析社会公德在公共危机下的建设契机。

我国当前正处于在经济社会快速发展、新的问题和矛盾逐渐凸显的关键时期，经济的快速发展所带来的人的精神和思想上的失重困惑着我们的头脑，集中表现在公民的道德修养亟待提高，大众伦理精神自觉性有待进一步加强。因此，只有通过加强社会公德建设来规范和引导人们的道德行为，才是经济社会快速增长，和谐社会构建的长效机制。

社会公德是"为公之德"，是社会公共生活中应当遵守的行为准则，是维护社会成员间最基本的社会关系秩序、社会稳定和谐发展的最起码的道德要求。恩格斯说过，社会公德是人们用来调节人对人的关系的简单原则。列宁也认为，其就是"公共生活规则"。这些都是我们深刻认识社会公德的社会价值的方向。《公民道德建设实施纲要》指出，社会公德"涵盖了人与人、人与社会、人与自然之间的关系"。在人与人之间的关系层面上，讲究举止文明、尊重他人，用礼教、习俗的方式加以固定维护，成为长期影响一个民族国家的道德规范；在人与社会之间的关系层面上，主张爱护公众之物，遵守和维护公共秩序，随着城市化、信息化和全球化的发展，将更多的公共秩序方面的建设纳入了公德

12

建设之中，社会公德的意识建设越来越需要个人思想道德素质修养的提升，推动全社会的道德建设发展；在人与环境之间的关系层面上，表现为热爱自然、保护环境，将对环境的利用与人类的长远发展联系在一起，提出了人与环境的和谐发展问题。因而在现代社会，生活领域的不断扩大，人们交往的日益频繁，社会公德在人们公共生活的作用更加突出，成为社会文明程度的重要表现，也是公民个人道德修养提升的重要凸显。如果我们把人类社会公德的构建比喻成一条"生态链"，那么要保持"社会的生态平衡"，每个人不仅要完善自己的道德境界，独善其身，还要积极地把善良和爱传递给其他人，促成积极的连锁反应，发挥向善的示范效应和扩散效应，让遵守社会公德形成风气，让爱沐浴世间，滋润每个人的心灵。

　　传统和优良作风的集中体现和新的发展，是中华民族精神在当代中国的集中体现和新的发展，充分展现了当代中国人民的精神风貌，体现了中华民族精神的巨大力量，丰富了新时期公民道德建设的内涵，为加强公民道德建设注入了新的动力。

　　在特大地震灾害面前，中华儿女同舟共济、生死与共，凝聚成一个休戚相依的命运共同体，表现出万众一心、众志成城、和衷共济的民族团结意识。一方有难、八方支援、守望相助的民族奉献精神，以人为本、对人负责、珍爱生命的民族价值取向，临危不惧、迎难而上、百折不挠的民族英雄气概，忠于职守、顾全大局、公而忘私的民族高尚情操，在挫折中拼搏、在逆境中奋起、自力更生艰苦奋斗的民族自强品格，形成了凝聚人心、团结奋斗的强大精神支柱，成为 21 世纪新阶段公民道德建设的生动实践。因此，大力弘扬抗震救灾精神，成为当前公民道德建设的一项极为重要的任务。

　　公民道德规范是一个国家所有公民必须遵守和履行的道德规范的总和。公民道德规范主要由基本道德规范和社会公德规范、职业道德规范、家庭美德规范构成。涵盖了社会生活的各个领域，适用

13

于不同社会群体，是每一个公民都应该遵守的行为准则。

抗震救灾精神与公民道德相互影响，但后者对前者的作用更带有根本性、基础性。抗震救灾精神尽管不是公民道德的简单相加，但最终却取决于公民的道德素质。公民道德素质的普遍提高，也就意味着抗震救灾精神的弘扬和提升。因此，弘扬民族精神必须寓于公民道德建设之中，落脚于公民道德建设，否则就是一句空话。当前我国公民道德建设的时代要求，就是要大力弘扬彰显民族精神内涵的抗震救灾精神。

抗震救灾精神在民族精神与时代精神的融合中实现了新时期集体主义、社会主义与爱国主义的高度统一，承载着中华儿女实现中华民族伟大复兴的宏大理想，凝聚着一往无前的巨大力量，深刻体现了社会主义核心价值体系的丰富内涵。

在全社会大力倡导公民意识和公民道德。在依法治国、建设社会主义法治国家的当代中国，每个公民都应树立起一种公民意识，正确地行使权利，特别是正确地履行义务，这是公民道德建设的重要内容，对于弘扬和培育抗震救灾精神具有重要意义。我国宪法规定每个公民都有维护祖国的安全、荣誉和利益的义务，不得有危害祖国的安全、荣誉和利益的行为。我国 2001 年印发的《公民道德建设实施纲要》将宪法规范具体化，明确提出了"爱国守法、明礼诚信、团结友善、勤俭自强、敬业奉献"这 20 字的基本道德规范。弘扬爱国主义是公民道德建设的首要任务，也是时代的主旋律和最强音，与弘扬抗震救灾精神的宗旨是一致的。大力倡导公民意识和公民道德，使公民道德规范成为每个公民的自觉行为，也就是伟大的抗震救灾精神在实践中的弘扬和培育。

应把伟大的抗震救灾精神转化为具体的道德规范与要求，体现到各行各业的基本道德准则中。为此，必须积极倡导、大力践行公民道德建设活动，并在道德建设中坚持"三贴近"的原则，使其牢牢扎根于人民群众的心灵之中，充分调动、尊重和保护人民群众参与公民道德建设的积极性、创造性，使人民群众在主动参与中思想感情得到熏陶，精神生活得到充实，道德境界得到升华。

（四）弘扬抗震救灾精神，促进公民道德的全面提升

全面地认识抗震救灾精神，需要从其实践精神、所处的历史发展阶段等方面做正确的把握。

1. 抗震救灾精神是一种实践精神

抗震救灾精神不仅是一种社会意识，是一种调整人的价值观的特殊的规范，而且是全民道德的全面提升。马克思在《政治经济学批判导言》中指出：人类除了用科学掌握现实的世界之外，还有"世界的艺术的、宗教的、实践——精神的掌握"。① 抗震救灾精神是一种指导社会行为的实践精神，可以对人们正确的行为方式起到指导作用。现实的抗震救灾精神是齐心协力，努力把祖国建设成繁荣、富强、民主、文明的社会主义现代化国家表现出来的奋斗精神。在社会中，"任何事情的发生都不是没有自觉意图，没有预期目的的。"② 弘扬抗震救灾精神的目的就在于增强对社会主义核心价值体系的认识，赞扬高尚的情操，崇尚善良，克服社会上不良因素的影响，以形成正确的人生价值观和人生意义。现代社会，随着信息化、全球化的快速发展，尤其是互联网技术的广泛运用，信息化时代的快速到来给人们带来方便、快捷的生活的同时，也带来了一些不良的影响，甚至影响到了人类存在的道德底线。一些网上低俗的不良道德事件和一些国外的丑陋习俗掺杂在一起，影响了不少青少年对树立正确的人生理想的定位，使其人生变得乏味、无聊、没有意义。正是在这种情况下弘扬伟大的抗震救灾精神，可以起到加强思想道德修养，牢固树立和自觉践行社会主义荣辱观，自觉地抵制庸俗、低俗、媚俗之风的积极作用。

---

① 《马克思恩格斯选集》第 2 卷，第 104 页。
② 同上书，第 341 页。

2. 抗震救灾精神对于我国社会转型时期道德建设具有积极的作用

社会转型是指我国从改革开放以来，从传统农业社会向现代工业社会的过渡，由封闭性半封闭社会向开放性社会的转变过程。在这个过程中，我国传统的社会整体结构、社会资源结构、社会区域结构、社会群体意识、人们的生活方式和价值观念等都需要向与现代工业社会进行衔接、融合等转变，出现了传统农耕社会在相当长的时间内依然存在，现代工业社会的生活理念迅速普及的情况，两种生活理念的价值评价存在一定范围的偏差，导致对事情的评价也存在不同的善恶、美丑、对错等标准。现代工业社会生产力的提高，经济迅速发展，城市化进程加快。城市化是一个全面技术化、商品化的过程，给人们的生产生活方式带来了重大冲击。城市化从头到脚都渗透着商品的因子。[①] 同时，在这些因素影响下也使许多人感受到安全感、平等感、正义感的下降，即使有利益上的冲突也不表达出来，心理承受力低下，容易引发一些不稳定危机。出现这种现象的主要原因是：道德建设出现衔接困难。现代工业社会，经济迅速发展的同时带动着政治体制的变革，经济产业的调整使得政治部门改变其角色，经济发展与政府部门的体制改革是分不开的。在经济发展和政府部门的体制改革的过程中，给我国原有的社会体系带来了巨大的冲击，原有的道德失去了主导地位，新的道德尚未建立，法律建设又不能太多地限制自由，社会上出现了非常复杂的状态，新旧两种道德价值观念相互交替、冲突，不同道德观念并存，道德文化和道德现象出现结构性失调，社会道德秩序发生较大混乱。[②] 在这种背景下，社会转型期的道德建设就显得尤为迫切，因此，抗震救灾精神这样的道德，是社会公民的一种朴素而深厚的社会道义感的表露，强调了社会道义和公民责任对每一个人的基本

---

① 张大伟：《城市文化与"身份认同"》，《甘肃社会科学》，2006 年第 2 期。
② 孙向军：《社会转型期政治道德建设》，《理论视野》，2009 年第 10 期。

要求；同时，抗震救灾精神也是一种大义大爱，是祖国传统美德崭新而深厚的时代表现，是"不需要任何理由"奉献精神的张扬。抗震救灾精神是社会主义理想信念的巨大精神力量，是爱党、爱国、爱家的高尚情操；是真抓实干、力争上游的拼搏精神；是践行的社会主义荣辱观和社会主义核心价值体系的充分展示。

　　3. 抗震救灾精神是建设国家的精神力量源泉

　　抗震救灾精神是一种实践精神，是调整个人利益、社会关系的一次机遇，它可以引起人们对个人贡献的思考，实现对社会的奉献精神的提升。个人品德是个人的思想素质和道德品质的总和，它是对良好的生活习惯、职业道德和社会公德发挥作用的基础。人类社会的公德标准总是以一个人对社会的贡献大小和他从社会索取的报酬多少的比值来衡量的。① 因而，我们每做一件事内心中就会浮现一个正常心理道德评价尺度来衡量。人们的这种道德价值评价方式将自己的人生定位在"或重于泰山，或轻于鸿毛"的思考，把"仁以为己任"作为行动的前提，这是由羞恶之心扩充而发展出的义德的激发，以积极地救灾赈灾为应该，以一切为灾区服务为正当，将灾区救灾与灾后重建工作为善意等来高扬自我的良心，推动道德建设的健康发展。

　　职业精神是一个人立足本职岗位，努力拼搏，成就一番事业的根本。无论在什么岗位，去做一个具有乐于奉献，从不抱怨，踏踏实实，坚韧不拔的精神和永不服输的进取精神的人，会成为一个岗位精英。同时，心中装有他人、乐于奉献就能得到绝大多数人的理解和尊重，对社会做出巨大的贡献，成为人们学习的榜样。这些职业精神来源于对社会的奉献，而不是简单的享受。抗震救灾精神弘扬了新时期的职业道德，在灾难来临时，人们并不只是为了自己而急于逃命，而是坚守在自己的岗位上，甚至把生的希望留给别人。

---

　　① 李小宁：《论社会公德》，《中央民族大学学报》（哲学社会科学版），2006 年第 4 期。

像谭千秋老师为了保护学生而不惜牺牲自己的生命，邱光华机长明知非常危险，也要义无反顾地去抢救被困的群众，像这种感天动地的事件在抗震救灾中还有很多很多。

（五）弘扬抗震救灾精神缔造民族精神活水之源

抗震救灾精神是在祖国优良传统道德的基础之上，与现代化发展过程中时代特色相结合产生的，是我国道德体系、民族精神的跃进。对于全面建设有中国特色社会主义道路，弘扬社会正气，推进社会主义建设具有重要意义。

1. 崇敬生命、全心为民的人本精神

崇敬生命是一种积极的人生态度，对于生命的理解，基督教认为，生命是一种负罪，是一种偷吃了禁果带来的罪恶，人生要为这种罪恶来赎罪；佛教认为，生命是有欲望的，欲望是一切祸害的根源，要想达到极乐世界，就必须忍耐顺从；马克思主义认为生命是进化而来，是物质世界高度发展的产物，是社会发展的产物。生命是在不断地进化中，因而珍惜生命，就是承认人类社会的历史发展。马克思主义生死观说明，生和死对于人来说本来就是件普通的事情，子子孙孙的生命延续，促进了历史和社会的发展前进。因此，承认人的自身作用，就是以人为本理念的体现，就是认识到人的生命的重要价值。尊重生命的核心思想是平平安安度过一生。如出入，讲一路平安；对于偶然发生的事件，讲究人的生命重于一切，尽一切努力救助生命。人生本来就很短暂，还要面对许许多多的各种情况的出现，如意外事件的发生、公共危机、疾病等，使本来就短暂的生命出现了许多的变数。因此，要想让有限的生命迸发出价值来，就需要树立正确的人生观。

人生观是人们在实践中对人生的目的、意义的根本看法，它决定着人们实践活动的目标、人生道路的方向和对待生活的态度。价值观是人们关于什么是价值、怎样评价价值、如何创造价值等问题的根本观点。世界观、人生观是人们正确地理解人、社会促进自身发展的基础，是人们应对各种艰难险阻、最终实现理想的人生价值的动力源泉。也正是有了正确的世界观、人生观，人们才会从容地面对世界发生的一切，在变化莫测的社会环境中不断前进，树立起高尚的人生目的追求，来实现人生价值。以人为本的理念和全心全意为人民服务的精神就是这种人生目的价值的选择，它是由积极的人生态度引导出来的，实现了人生价值追求。

　　人们懂得生命的意义在于不断地进取、不断地超越，并将以人为本理念和全心全意为人民服务的精神理念作为人生目的，在实践中积极地来实现人生价值。因而，就会正确地对待人生境遇，处理好人生的矛盾。每一个人在人生的实践中，都会遇到荣辱、善恶、成败、酸甜苦辣，甚至是生死等人生矛盾，如何以正确的人生态度对待和处理这些问题，成为正确地把握人生，取得人生成就的基础。突发的地震，让人们产生了对死亡的恐惧也是正常的。地震颤动的不仅仅是大地，更是人们脆弱的心灵。灾难来临时，顷刻间，一片片瓦片滑落发出"哗哗"的坠落声，门窗发出"啪啪"的响声，桌椅倒了，墙被颠覆地裂开一道道的口子，耳边传来的逃离死亡的恐慌……这一刻，是生的逃离，是在最艰难的时刻表现出来的对死亡的畏惧。对于那些活下来的人们来说这些呼救声震耳欲聋，浓浓的黑烟扑面而来……出于对于死亡的畏惧，或许许多人都掩饰不住自己的恐惧和担心。可是坚强的对生的渴望，使无数人马上意识到地震的来临并做好能够生存下去的选择。他们或是救助惊魂未定失措的人避在相对安全的地方；或是张开双臂化作生命的天使，守护住一群孩子；或是本能地逃进能够支撑住的地方，引导着一个个生命奋力自保，这将是刻骨铭心的，它也激励着人们勇敢前进，懂得生命的重要意义。

　　这些经历引起人们对人生态度的全面思考，认识到高尚的人生观是塑造光辉人生的必由之路。人生态度受社会环境的影响，是一个复杂的心理过程。其中，认知、情感、意志起着主要的心理作用。在这种巨大的灾难到来时，认识到生命的脆弱、团结互助情感的壮烈、坚强意志的伟大，对正确的人生态度的崇敬，以认真、务实、乐观向上的人生态度为表现，实现自身的人生价值。

由于人们在现实社会关系中的地位不同，生活经历、知识水平、经济利益、政治立场等的不同，难以形成一致的人生观。最为科学高尚的人生是以人为本、全心全意为人民服务的人生观，也是值得我们终生尊奉和践行的。在马克思主义发展史上，马克思和恩格斯将以"为广大贫苦大众谋福利"为终生奋斗事业；毛泽东将其精辟概括为"为人民服务"……这些都反映了无产阶级的人生观、道德观、价值观。

20

时间就是生命，灾情就是命令。"只要有一线希望，就要尽全力抢救"，这种决不放弃的精神，就是以人为本思想理念的展现。温家宝在北川察看地震灾情时，神情凝重地说："北川地区是受灾最为严重的地区之一，你们的痛苦就是我们的痛苦，你们家里失去亲人，我和你们一样心里感到非常沉痛"。"当前最重要的任务就是尽力救援幸存者，哪怕只有百分之一的希望，也要尽百分之一百的努力。"[①] 这就是"以人为本"的价值观，是将大爱思想推广至尊重人权、珍爱生命的人本主义之上。在这次抗震救灾中充分体现了中国共产党和中国政府对人的价值的尊重、对人的生命的尊重、对人的生存境遇的关怀，以及对受灾群众的人文关怀。

在灾区调研时，我们亲身地感受到人们的热情，他们给了我们很多帮助，调查中大多数人认为健康和人际关系非常重要。将自己的人生定位在能为社会做出应有的贡献，以积极地救灾赈灾为应该，以一切为灾区服务为正当，将灾区救灾与灾后重建工作为自己分内之事，这就是灾区人民的精神与情怀。在此，我们可以重读一次《钢铁是怎样炼成的》、《为人民服务》等书籍，"人最宝贵的东西是生命。生命对人来说只有一次。因此，人的一生应当这样度过：当一个人回首往事时，不因虚度年华而悔恨，也不因碌碌无为

---

① 金津：《5·12 生命大营救片断》，《世界知识》，2008 年第 11 期。

而羞愧……""张思德同志是为人民利益而死的，他的死是比泰山还要重的……"那声音响在耳边，飘在远方，回声是那样地清晰，好像在告诉我们平凡而伟大的事业并不是什么惊天动地的伟大业绩，最平凡的小事往往更可能带动社会的风气，更能成就一个人生奇迹。古人云："勿以善小而不为，勿以恶小而为之"，讲的就是这个道理。其实，做件有益于他人的善举并不难，比如，在抗震第一线，为抢救人员供水、送饭等。全心全意为人民服务的境界，就是在这些一件件的不起眼的小事中慢慢升华的。

2. 患难与共、扶危济困的互助精神

患难与共出自《礼记·儒行》："儒有闻善以相告也，见善以礼相示也，爵位相先也，患难相死也。"其根本意思是指共同承担危险和困难，彼此关系密切，利害一致。扶危济困思想深深影响着中华民族文化，可谓源远流长，从古时尧舜禹、商汤、周文王到近代的毛泽东、邓小平等都是其典范。这种"饥者食之，寒者衣之，不资者振之"及其相关思想已经深深地融入中华民族的心灵，成为在危难之际以慈悲为怀、怜悯之心、乐善好施、扶贫济困、助人为乐等为主要精神的传统美德。

从地震发生的那一刻起，祥和平静的生活没有了，昔日热闹的街道变得杂乱而昏暗，高高的楼房变成危楼或坍塌在地的瓦砾……灾难来临之时，全国人民就和灾区人民站在一起共同面对灾难。来自全国各地的志愿者、夜以继日抢救伤病员的白衣天使、顽强奋战的人民子弟兵、不顾自己的亲人面临危险而全身心地抢救群众的领导干部和其他工作人员，还有那些支援灾区的志愿者们都亲身经历了大地的颠簸、飞石的惊险。在空闲之余，大家聚在一起，自发地唱起《中国人》、《让世界充满爱》、《我们众志成城》等歌曲，激励斗志，鼓舞勇气战胜灾难，充满了豪情和斗志。全国人民都掩饰不住心中的情感，到处挂有"汶川不哭""汶川雄起"等标语，鼓舞灾区、支援灾区。

在经历了灾难之后，人们领悟了很多，不用过多的要求，只要

21

巍峨的大山依然翠绿，清澈的大江依然美丽，心中的希望就不会破灭，站起我们汶川人不倒的身躯！建设我们新的美丽的家园，挺起我们汶川人不屈的精神！

美国作家海伦·凯勒曾说过，虽然世界多苦难，但是苦难总是能战胜的。在救灾中，党中央和各级政府通力合作，体现了患难与共、扶危济困的精神，展现了社会主义国家集中力量办大事的制度优势。在 2008 年 9 月 8 日 12 时，各级政府共投入抗震救灾资金 674.72 亿元，中央财政投入 600.77 亿元。中央当年安排 700 亿元建立灾后重建基金，之后两年中央预算又做相应安排。在这次地震过后，国务院依照各省、市、自治区的申请，确定了省、市、自治区支援灾区重建计划，即一个省对口帮扶一个受灾县市的政策。急灾区之所急，想灾区之所想，帮灾区之所需，解灾区之所难，提供受灾群众临时住所、解决灾区群众的基本生活、协助灾区恢复重建、帮助灾区恢复和发展经济，提供经济合作、技术指导等。落实这些政策，实现灾区的恢复重建，注重发挥当地的优势资源，发展当地的特色产业，实现灾区的可持续发展。截至 2009 年 8 月 10 日，安县需要重建的 89008 户农房开工建设率已达到 99%；建成搬入新居的达到 89%。公益建设加大投资、加快建设，华晨汽车工业园，辽安线等项目的建设投入使安县发展迈向了新的台阶。在都江堰、北川、青川……一个个项目的建设投入，凝聚着党和国家对灾区人民的热爱，是对灾区人民实现其庄严的承诺。

患难与共、扶危济困的精神是民族团结、互帮互助、和睦相处，在危难关头做到一方有难、八方支援、和衷共济，抵制和反对以自我为中心、自私自利、损人利己、危害社会的思想和行为。患难与共、扶危济困的精神是一种团结、互助、和睦的集体主义精神的表现。集体主义精神是在保障和促进个人的正当利益的前提下，使个人的才能、价值和理想得到充分的实现、发挥。在救灾中，患难与共、扶危济困的精神更多表现为一种为整个国家、民族利益无私奉献的精神；是一种为了人民性命、公共财产的付出，是一种不计较个人生命安危的崇高的道德精神；是共产党员、先进分子应该努力学习并达到的道德目标。在社会主义市场经济条件下，人们总体上是以"八荣八耻"为主要的行为方式，维护社会主义荣辱观，在这种情况下弘扬患难与共、扶危济困的精神，就是将"八荣八耻"为主要内容的社会主义荣辱观贯彻到社会生活的各个领域，正确地处理好个人、集体、国家三者关系，是决定人们在社会中赞扬什么、反对什么的价值判断维系，提倡正确的价值选择，构建科学的价值标准和评价规范。涉及个人的人生理想、公共行为、社会风尚的方方面面，具有导向性。

3. **百折不挠、勇于进取的拼搏精神**

中华民族五千年光辉灿烂的文明史是一个百折不挠、勇于进取的发展史。这是一种源于生活的积极进取精神，也是源于对生活、真理的热爱，将心中的热爱充分地表露出来。百折不挠、勇于进取的拼搏精神也是一种脊梁，一种能挑起时代发展的脉搏的脊梁，一种能担得起亿万人民前进发展的思想和行为的脊梁。

在抗震博物馆面前，在一张张灾区灾情的图片面前，在一块块写有"5·12"的石碑面前……稀稀拉拉的碎石好像就在身旁流动，一个个救人场面再现在人们的面前，是母亲的爱在呼唤，"亲爱的宝贝，如果你能活着，一定要记住我爱你"；是朋友的双手在支撑着你，坚持！坚持！再坚持；是对美好未来的向往，1%的希望，100%的努力，要我们咬牙挺住，只要我们不放弃、不抛弃，希望，就在前方……这些爱，迸发出了最动人的力量——亲人之间，生死相依；朋友之间，相互激励；陌生人也挽起手臂。让我们记住了一个又一个的邱光华、林浩……是他们让身心疲惫的灾区人民，看到了恢复重建家乡的希望，只要能够做到的哪怕是上山下山、穿河入谷，一个统一的意见，大家就踊跃地参与进去，为灾区疏通道路，为灾区人民送去温暖。

"为什么我们总是被这样的画面、被这样的声音感动，为什么我们总是看着看着就会眼含热泪，因为我们爱这片土地，这片土地

23

上的人懂得相互关怀。"各种新闻媒体、网站也把这种百折不挠、勇于进取的拼搏精神广为宣传,如:初三男孩手刨 4 小时救出女生①,17 岁少年地震中返回教室救人被埋 40 小时终获救②等。温家宝"你们的痛苦就是我们的痛苦"的深切问候和"山可以移动,但动摇不了广大人民抗震救灾的决心"的铿锵誓言,使人们更加有勇气面对现实,面对未来。在党中央、国务院和全国人民的帮助下,各种现代化先进的机器驶进了灾区,通过科学的设计,有效的评估,灾区的重建工作有条不紊地进行开来,在得到灾区人民的积极配合下,大家发扬了百折不挠、勇于进取的拼搏精神,克服了地理条件的种种不利因素,使得三年的计划两年提前完成,创造了人类有文字记载以来的一个奇迹。灾难,使坚强的毅力、勇敢顽强的拼搏精神把地震带来的巨大伤痛转换成巨大的动力。如果你参与到抗震救灾中,身边的每一个人身上流露出的奉献精神都会深深地感染你,使你也被这种忘我的精神感动,引导着你忘我地工作。这种抗震救灾不仅仅是一种精神,更是一种力量,一种无穷无尽的力量,以至整个世界都为之震撼。

人类经历的灾难都是暂时的。在破碎的瓦砾上,阳光考验的不仅仅是皮肤的坚韧性,更考验了背脊的硬度。在灾难来临的那一刻,眼前的情景是惨不忍睹的,一切都是面目全非的,人人都出现了惊恐、惶惑、不安。片刻之后,镇定使人平静下来,人们开始办理灾后的生活工作。在现代化工具的辅助下,人们发扬抵抗饥饿、抵抗疲劳、抵抗恐惧的大无畏精神,在条件极度恶劣的情况下忘我地工作,创造了一个又一个的人间奇迹。在灾后搭建的歪歪斜斜的一个个帐篷里,我们看到大人的手上布满了老茧,依然镇静地坐着,身边的孩子像蘑菇盘踞一起,白白的,暖暖的……他们在心里充满了对美好生活的渴望,并生了根,发了芽,成长为心房里最美

---

① 京华网:http://epaper.jinghua.cn/html/2008—05/15/content_ 272461.htm
② 人民网:http://pic.people.cn/GB/1098/7243517.html

丽的花纹。①

地震无情人有情。在灾区人们开始着手建设家园的日子里，是党、政府和全国人民的大力支持、慷慨解囊，军队、医生、志愿者和车辆、救灾物资相继到达灾区，表达了祖国人民对灾区人民的深情厚谊。灾区的人民只有默默地感激，除此之外，他们把努力地工作，珍惜现有的生活，尽自己的所能来帮助那些需要帮助的人们作为回报感谢那些在大灾来临时帮助他们的善良的人，回报社会，回报祖国。

有时候，往往一件小事更能让人记一辈子。当你选择坚强地面对灾难时，你会发现身边的人也在选择，他们会将最好的安慰送给那些心理脆弱的人们，耐心地疏导，深夜了依然坚守岗位，饥饿时送上几块面包、一包酸奶……是他们的温暖使灾难变得不再可怕，对未来充满了畅想。

灾区的救援工作也是有条不紊，分工合作的。密切协作、群策群力，将困难估计得更周全，把工作做得更细一些。在患难与共的日日夜夜，大家有效地组织，全身心地投入并积极地配合，基本上使三年的计划两年提前完成了。这使得大家更加团结在一起，成为相互鼓励，相互搀扶，共同发展的写照。

4. 乐善好施、大爱无边的人文精神

乐善好施、大爱无边是一种高尚的思想道德，核心是利他主义。灾区人民把救灾任务同整个国家和社会的利益相联系。在灾难发生后的第一时间，人们积极踊跃向灾区捐款、捐物，并想尽一切办法全力抢救灾区被困人员和受损物资，尽力保护人民的生命财产利益。无论老幼、不分男女，人们都把目光投向了灾区，投向了那里几百万同胞的命运。"汶川紧急救援"牵动了全中国人民的心。人们忘记了个人的安危，冒着余震的危险，奔赴灾区，全力救援，

———————————

① 《汶川记忆：200名幸存者的地震日记》，北京：科学出版社2009年版，第69页。

充分表现了人们乐善好施、无私奉献的精神。

人们的乐善好施、大爱无边的精神是有一定的诱因的。这种诱因能够激起人们的某种定向的行为，并能够满足某种外部条件或刺激。救灾中的诱因可以是将简单的物体如食物、衣物、水等，变成一种积极的施救行为，即趋近或达到对受难同胞的支持和帮助。这就可以起到唤起社会上善良行为的正能量作用。

通过对优良的传统道德中的乐善、好施、大爱等奉献精神进行的弘扬，使人们能够清楚地知道哪些行为是对的，哪些行为是错的，从而起到抑恶扬善的作用。乐善好施、大爱无边的精神对行为人还是一种内心成就感的表达。内心的成就是因人因事而异的，不同的人，不同的事情，对同一件事情，因受到的影响不同表现也不尽相同。对于在危难之际给予他人帮助、关爱的善举，内心中会出现由衷的喜悦，是一种成就精神的表露。

对于那些因地震来到灾区广大的救援人员来说，他们时刻面对的是崩裂的山谷，堵塞的河流，坍塌的房屋，还有躺在废墟中呻吟、哭泣的同胞，救助他人的责任感使他们不害怕黑暗带来的恐惧，忘记了饥饿、寒冷和余震的颤抖带动山间的垮塌，他们相互激励，相互支持，相信他们的这种救助，定会给灾区人民带来阳光和希望。而对于那些没有到灾区第一线依然坚守本职岗位的人们来说，灾区的一举一动都牵连着人们的心，他们通过各种媒体随时关注灾区的一切，了解到灾区的急需，出现了有钱的出钱有力的出力的壮丽景观，整个社会的乐善好施、大爱无边的精神表现得非常壮观，进一步促进社会主义道德的升华。

5. 勤劳勇敢、自强不息的民族精神

伟大的抗震救灾精神，是中华民族传统美德的延续升华，是伟大的民族精神在新时期的集中体现。

中国是世界文明古国，历尽几千年的沧桑，创造了灿烂的文化，勤劳勇敢一直是这一灿烂的文化之中一个又一个奇迹产生的重要精神动力。在中华民族的历史发展中，勤劳是一切事业成功的保证，是兴家立国之根本；勇敢是广为推崇褒扬的美德，是一种为求真理、坚持正义，置个人的得失、贫富、生死于度外的勇气，也是在逆境中发展自我、战胜一切困难的无所畏惧的精神。在整个文明发展史中，自强不息是中华民族历经挫折、坎坷而愈挫愈勇、不妥协、不放弃生生不息的力量源泉。具体体现为"富贵不能淫、贫贱不能移、威武不能屈"的坚贞刚毅的品质，涌现出"夸父追日"、"大禹治水"、"愚公移山"等不屈不挠的感人精神，表现出与时俱进的发展精神，是民族精神的重要内涵。

　　勤劳勇敢、自强不息的民族精神在整个抗震救灾行动中得到诠释。当灾难已不由分说，毁灭已不可阻挡，那绝地里的驰援与困境中的牵手和存活下来人民的对家乡、生活的热爱，本身就是一件民族精神的塑造。古人云："蜀道难，难于上青天"，汶川之路尤难。这场8.0级的强震，给汶川地区造成的是泥石流泛滥、雨雾深锁山谷，山体塌方，桥梁断裂，公路早已损毁，进入汶川地区只能靠陆路徒步急行军的方式和空降人员进入。陆路徒步急行军要翻山越岭、跨越河流，克服重重险境，连续行军十几个小时，进入灾区后要立即全力投入到救灾抢险第一线，这是一场争分夺秒的与死神的较量，克服的困难是难以想象的。例如，广东到四川要穿越4省1市，大约有2000多公里的路程，广大官兵只用了43个小时就到达目的地，中途只吃了3顿干粮，这种精神影响下的中国的救灾行动赢得了赞誉。空降人员进入是一种高危险的救援措施，汶川地区地形十分恶劣，多数地区都是悬崖峭壁及湍急的河流，使空降人员落地时出现了许多的不确定的危险因素。但是，为了救助废墟中受难的逾万同胞的生命，这些困难都被勇敢的举动所征服，产生了"让无力的有力，让悲观者前进"的力量。这一切奇迹的出现，就是产生于勤劳勇敢、自强不息的民族精神内在的支撑作用——对于生命的不抛弃不放弃中。

　　勤劳勇敢、自强不息的民族精神还更多地表现在废墟中受苦受难的同胞坚强的毅力、对生命的不抛弃不放弃、最终获救的人

27

们的身上；为支援灾区人民抗灾救助的救助人员；为灾区人民抗灾自救踊跃捐款的亿万群众；为灾区重建建设加班加点忘我工作的广大援建者、援建单位……这些亲身经历，对于每一个经历者来说大脑中留下了深深的"印记"，是终生难忘的。它激励着人们忘记灾难带来的无力感、挫折感、脆弱感，将灾难带来的悲伤、失望、无助忘却，将社会主义高尚道德建设起来，支撑起不屈的民族精神。

这些救援成就的取得引起了世界上许多国家对中国民族精神的热议。路透社 2008 年 5 月 13 日报道，面对中国 32 年来最强烈的地震，温家宝艰难地行走在废墟中，安慰受灾居民。美国的《洛杉矶时报》2008 年 5 月 14 日发表评论说，中国正处于痛苦和哀伤之中。地震展示了一个新的中国、一个富有同情心又极具竞争力的中国。救援人员在碎石中的挖掘十分高效。英国的《每日电讯报》2008 年 5 月 16 日发表署名文章说，"救灾工作井然有序，中国人展现了他们熟练处理危机的能力"……

灾难后，地震灾区的恢复重建工作考验勤劳勇敢、自强不息的中华民族。在国家、省和有关部门的帮助下，在灾区人民的努力下，灾区基本上实现了住房、医疗、学校、工厂等基础设施的现代化。勤劳勇敢、自强不息的民族精神伴随着一个个满怀希望的项目竣工，而成为灾区人民的精神支柱。医疗、学校、工厂等现代化的设施建立为灾区建设美好家园的建设发展奠定了基础，灾区人民可以更好地发挥自己的聪明才智，发扬勤劳勇敢、任劳任怨、自强不息的精神，人们看到了一个个新汶川的出现。

中华民族在"5·12"大地震面前表现出来的大无畏英雄气概，是对民族凝聚力的又一次考验，"万众一心、同舟共济"的民族奋进的行动，又一次以雄辩的事实向全世界昭示：以民族精神凝聚起来的民族，具有一种无坚不摧、战无不胜的精神力量。它在关键时刻起着力扶危局的作用，正如人们所表达的心声："地动天不塌！这是因为，在我背后有一个强大的祖国！"

6. 奉公守法、助人为乐的公民精神

在抗震救灾行动中，赈灾一切行动按《防震减灾法》和《汶川地震灾后恢复重建条例》等法律法规进行，根据具体实际相关部门制定了一系列实施细则，如《浙江省对口支援青川县灾后恢复重建资金管理办法》、《抗震救灾款物管理使用违法违纪行为处分规定》等。为防止抗震救灾款物管理使用违法违纪行为的发生，严厉惩处违法违纪行为，保证抗震救灾款物及时用于灾民救助和群众基本生活，尽快恢复生产、重建家园，确保抗震救灾工作有力有序有效进行提供了保障。

2009 年 8 月 2 日，四川省公布了其分配到"特殊党费"的使用情况，其分配到的 80.3 亿元，六成用于重建住房，并对截留挪用"特殊党费"作出了严格追究责任措施。[1] 2010 年 1 月 5 日，四川省红十字会在官方网站发布公告，将"5·12"汶川地震发生后该会抗震救灾捐赠资金接收使用情况进行公示，接受社会各界监督；在浙江对口支援青川县的资金使用中，依照《浙江省对口支援青川县灾后恢复重建资金管理办法》规定，援建资金的筹措、调拨和使用管理的办法，民政系统对接收的捐款除定向捐款外，已全部交各级政府援建办，统筹使用于援建项目。定向捐款已按捐款人的意向，交付给指定接收单位（人）或使用在指定的救助上。同时，该《办法》还规定援建资金收支情况定期统计报告制度，加强审计和检察部门的监管力度，明确公开制度接受社会监督，并对违纪者作出追究责任措施。

政府在抗震救灾中的开诚布公，信息公开透明，确立了国民之间互相信任、理解与尊重。灾情实时更新的"全国直播"，救援工作的"国际开放"，赈灾行动的"全球化"，让公众抚平了不安，凝聚起坚定沉着的力量，向世界展示了一个开放自信的中国。

---

[1]《四川"特殊党费"80.3 亿元：六成用于重建住房》，《人民日报》，2009 年 8 月 3 日。

对遵守诚信做得好的行政行为理应予以肯定和弘扬，而对一些失信问题也不能漠然视之，应给以必要的惩戒。传统文化中的诚实守信、一诺千金是一种在自然经济条件下形成的社会美德。传统诚信观的依据是道德良心的内心信念，而在市场经济条件下，人们对自己失信行为的社会后果，仅仅限于道德反省良心的自责是远远不够的。这种自身的缺陷阻碍了社会的诚信发展。就政府诚信与法治政府、服务政府、责任政府的关系来说，政府诚信是实现法治政府、服务政府、责任政府的基础，是实现政府权力从人治政府到法治政府、服务政府、责任政府的最有效手段。

30

改革开放以来，随着社会主义市场经济的确立和社会转型，我国的社会道德发生很大的变化，原有的传统道德受到了很大的冲击，新的道德在继承与弘扬传统道德的基础上，又增添了很多新的内容。我们在灾区调研时，亲身感受到灾区人民的热情、勤劳与善良，他们给了我们很多无私的帮助，我们在调查中发现，很多人认为他们得到了全国人民的帮助，应该向全国人民表达深深的谢意，他们要以忘我的精神、辛勤的劳动、无私的奉献来回报，以此感谢人们对他们的帮助。在这次抗震救灾中，很多人为了挽救生命，拯救财产，不怕牺牲、顽强拼搏、无私奉献，充分展示了人们助人为乐、无私奉献的精神。抗震救灾精神就是一种奉献精神，它和雷锋精神、大庆精神、抗洪精神一样，为中国人民的幸福和国家的复兴做出了贡献，赢得了广大人民群众真心实意的认同，有力地推动了社会的进步和发展。

二　抗震救灾精神的时代意义

（一）弘扬抗震救灾精神有利于和谐社会的构建

社会主义和谐社会，是民主法治、公平正义、诚信友爱、充满活力、安定有序、人与自然和谐相处的社会。抗震救灾精神的弘扬正值全面建设的社会主义和谐社会的关键时期，因而对于和谐社会的构建具有特别重要的意义。

民主法治，就是社会主义民主得到充分发扬，依法治国基本方略得到切实落实，各方面积极因素得到广泛调动。抗震救灾一切行动按《突发事件应对法》、《防震减灾法》和《汶川地震灾后恢复重建条例》等法律法规，在公开、公正和阳光下进行。《抗震救灾款物管理使用违法违纪行为处分规定》为防止抗震救灾款物管理使用违法违纪行为的发生，严厉惩处违法违纪行为，保证抗震救灾款物及时用于灾民救助和群众基本生活，尽快恢复生产、重建家园，确保抗震救灾工作有力有序有效进行，如有违反，将严格追究责任。

公平正义，就是社会各方面的利益关系得到妥善协调，人民内部矛盾和其他社会矛盾得到正确处理，社会公平和正义得到切实维护和实现。在这个抗震救灾工作中，对于灾区人民，政府自始至终给予广大灾区人民无微不至的关怀，把温暖和关怀带给每一个受灾群众。实现法治政府、服务政府、责任政府的根本，是实现公平正义的前提，是实现政府权力从"人治政府"到"法治政府"、"服务政府"、"责任政府"的最有效手段。在抗灾救灾工作的过程中颁布的法律法规并得到执行充分显示了我国政府在建设"法治政府"、"服务政府"、"责任政府"的过程中，以负责任的承诺和行为取信于民，使整个社会的价值导向尊重法律、热衷服务、勇担责任的风尚。同时政府的奖励机制，也让守信者受益，形成守信光荣的信念，维系社会公平正义。

抗震救灾过程中，全社会互帮互助、崇敬生命，全心全意为灾区服务，发扬了患难与共、扶危济困、百折不挠、勇于进取的精神，体现了勤劳勇敢、自强不息、乐善好施、大爱无边的民族精神，促进了社会平等友爱、诚实守信、融洽相处。这就能够使一切有利于社会进步的创造愿望得到尊重，创造活动得到支持，创造才能得到发挥，创造成果得到肯定，整个社会组织机制健全，社会管理完善，社会秩序良好，人民群众安居乐业，社会保持安定团结。

同时，灾后重建中，注重短期开发与长远发展相联系，注重人与自然和谐相处，注重生产发展，生活富裕，生态良好。

（二）弘扬抗震救灾精神有利于良好人际关系的形成

这次抗震救灾充分展示了以人为本，关心人、爱护人、尊重人成为处理人际关系的道德准则。能否做到以人为本，关系到人与人之间亲和力的强弱，关系到社会能否和谐。人们通过观看撕心裂肺的现场实况报道，无不感受到心灵的震撼，与灾区人民休戚与共，血脉相连，心痛在一起，泪流在一起，关心和爱心时时刻刻涌向受难的同胞。全国各地区各部门和社会各界真正做到"一方有难、八方支援"，调集大批人力、物力、财力支援灾区抗震救灾。许许多多普通的群众，如机关工作人员、教师、学生、民营企业家、医护人员、的士司机、下岗工人、农民群众，甚至白发苍苍的老人、童稚未脱的孩子……都自发地捐款捐物送温暖、献爱心。尤其难能可贵的是，港澳台和海外华人社会也形成了一股关心祖国、支援灾区人民的暖流，捐赠了大批善款和物资。

抗震救灾精神为良好人际关系的形成提供了广阔的空间，为构建社会主义和谐社会打下基础。抗震救灾显示了人与人的相互关怀，在灾难面前，人们并不仅仅是为了自己，更有人为了他人，而献出了自己的生命。表现了崇高的人格力量。如果说近年来随着市场经济的发展，人们越来越功利，越来越实际，越来越自私，整个国家如同一盘散沙，但在这次抗震救灾中，人们变得越来越团结，越来越善良，越来越关心他人，越来越富有同情心，形成了强大的凝聚力，表现了中国人在灾害和困难面前是不可战胜的。

人行为的塑造，良好人际关系的形成，主要是通过职业道德和社会公德来表现的。在猝不及防的地震到来时，是一个个面临生死考验、紧绷情绪的面孔，生命安危同灾区的命运紧紧地联系在一起，会出现对死亡的恐惧和担心，这是一种本能的恐惧，并不是贪生怕死，也不是道德品质的高尚与低贱。当然这中间还是可以反映一定的道德水准，如谭千秋与"范跑跑"，一个为了保护学生而牺牲自己的生命，一个为了自己的生命而放弃自己的学生，其道德高下瞬间立判。不管你有什么理由，前者都应受到人们的尊重与爱戴，后者都要受到人们的鄙视与谴责。对于那些夜以继日抢救伤病员的白衣天使、不怕苦不怕累顽强奋战的人民子弟兵、不顾自己的亲人面临危险而是全身心地抢救群众的领导干部和其他工作人员等，都是具有崇高职业道德的人，都将职业道德当成自己的责任，都有一种敬业精神。同时也表现出了良好的爱与奉献，表现了一种崇高的社会公德。这些拥有崇高职业道德精神的人，是社会良好风气形成的缔造者，是社会团结友爱人际关系形成的良好基础。人们往往以具有崇高职业道德精神的人为榜样，在他们的激励与感染中成长。

33

有了为人民服务的奉献精神，人们就会视自己的工作为社会的一部分，就会心甘情愿地奉献自己的力量而不计报酬、不斤斤计较。这种奉献精神也是一种"推己及人"的大爱精神。公共危机考验了大爱精神，它是将大爱精神展示在人们的生活中，并将其升华，符合了新时代发展的要求。弘扬大爱精神，它是深入人心、永葆活力的精神财富，是与时代相适应的社会实践；弘扬大爱精神，是建设社会主义核心价值体系，努力培养新时代的民族精神，并是推进中国特色社会主义事业不断前进的动力。只有将大爱精神弘扬起来了，多难才能兴邦，中华民族才能在灾害中表现出强大的民族精神，筑起不屈的脊梁。

这些精神形成了人们行动指南，是人际关系和谐相处的表现。人们的友善、谦和、团结是通过交流产生的，和谐也是共同建立的。在抗震救灾中，我们没有被各种困难吓倒，当看到一个个向灾区倾囊相助的面孔，你也许看到的不只是面孔，更是一种力量，让你力争上游的力量，一种和谐共处的思想产生在脑海中。我们看到在地震发生后，灾区的救援活动使人际关系、邻里关系更加地和谐。这表明这种救助不论是在心理上，还是在行动上，都会给灾害带来的巨大伤害以抚慰。通过这些都将引起人们对人际关系、邻里关系重要性的进一步思考，抗震救灾中所表现出的良好的邻里关系可以作为生动的教育素材，通过舆论宣传的正确引导和全社会的广泛讨论，从而引导积极健康的人际关系的和谐发展。

（三）弘扬抗震救灾精神有利于民族精神的提升

冀求发展，需认清现实。改革开放以来，中华民族的民族自尊心、自信心和自豪感有了很大的提高，民族凝聚力有了很大的增强，争取早日实现民族复兴的愿望也日趋强烈。对此，中国共产党带领中国各族人民，立足基本国情，把握时代主题，以经济建设为中心，坚持改革开放，解放和发展生产力，巩固和完善社会主义制度，努力实现富强、民主、文明、和谐的社会主义现代化国家。

抗震救灾精神以其鲜明的思想内涵和时代特征，充分展现了中华民族和衷共济，团结奋斗，自强不息，关爱生命的民族品德，展现了改革开放以来我国人民的良好精神风貌，铸就了中华民族精神发展史上新的丰碑。弘扬抗震救灾精神对于凝聚民族力量、战胜艰难险阻具有重大意义。它是将国家和民族的命运紧紧地凝聚在一起，是将在自己的岗位为祖国贡献毕生作为自己人生的追求，是将抗震救灾精神作为人生的行为准则并为之奋斗。这是将爱国主义为核心的民族精神，同当前我国的时代精神与民族复兴大业联系在一起，通过发扬团结统一、勤劳勇敢、自强不息的精神做到的高尚的社会主义新型道德。

地动山摇摇不散中华魂魄，山崩地裂裂不开万众一心。抗震救灾精神使人们看到了祖国发展的强大动力所在。在山体塌方，桥梁断裂，公路早已损毁，余震不断等危险的情况下，克服面临的技术难关，解决生存必需品的匮乏，在患难与共、扶危济困精神鼓舞下积极地营救生命，表现出崇敬生命以人为本的大爱精神；在灾后重建过程中，勤劳勇敢、自强不息的人民又在不到两年的时间建起了一个个新汶川。在整个灾后重建过程中，到处都体现出乐善好施、大爱无边、助人为乐的精神。在奉公守法过程中，也表现出政府的指挥、领导、团结能力和勇于同不法者作斗争的精神。这些都塑造了中华民族伟大的民族精神主旋律。一个外国人感叹："中国人昨天还像一盘散沙，怎么今天就变成了一块钢板？"德国媒体称，此次汶川大地震将整个中国焊在了一起。新加坡《联合早报》发表文章称，四川大地震再次使中国成为世界关注的焦点，世界关切着中国，中国感动着世界，感动世界的不是地震本身，而是中国人在面临灾难时所显现的民族精神，赈灾过程中不同角色所写下的一个个有关人的故事。这些故事正在形成一个大写的"人"字。正是这个"人"字，体现出中华民族的精神核心。

35

　　抗震救灾精神丰富了中华民族的民族精神与时代精神。中华民族的民族精神既有悠久的历史和传统，它是千百年来历史与文化的传承与积淀，指引和带领着中华民族奋勇前进。同时，中华民族的民族精神又是与时俱进的，它随着时代的发展不断补充和完善着新的内容，随着时代的进步而进步，完成了民族性与时代性的融合与转换。抗震救灾中人们所表现出来的崇高精神，又一次升华了中华民族精神，为中华民族精神宝库增添了一笔新的财富。"万众一心，众志成城"充分表现了人们的团结与互助，充分表现了人们的凝聚与责任，表现了爱国主义与公民责任的有机结合。同时，抗震救灾精神也与时代精神相契合，"以人为本，尊重科学"的科学内涵展现了党的执政理念与执政方式的与时俱进；信息公开，保障了人民的知情权、参与权、监督权，表明了政府的坦诚、负责与自信；阳光赈灾，救灾捐款和财政拨款流向受到全程监督；受援开放，国际专业救援队、医疗队进入境内深入灾区，使国际交往与对外开放进入一个新层次。

　　"弘扬中华文化，建设中华民族共有精神家园"，是党的十七大提出的文化建设的重要任务。而要"建设中华民族共有精神家园"，一个重要方面是弘扬和培育民族精神，通过民族精神的弘扬和培育，形成中华民族共有的精神、观念、理想、目标和追求。抗震救灾使中华民族经受了考验，进一步彰显了中华民族精神的内涵、价值和力量，对于中华民族精神家园的建设也将产生深远的影响。

抗震救灾精神集中体现和丰富发展了中华民族"天下兴亡、匹夫有责"的精神。抗震救灾表现了中国人民的民族使命感，反映了人们对社会的关注和对他人的关心。地震发生后，全中国人民都高度地关注，积极地参与，人们紧急动员起来，有钱的出钱，有力的出力，全力投入到抗震救灾的斗争中去，尽力通过各种方式奉献自己的爱心，充分表现了中华民族"天下兴亡、匹夫有责"的高尚情怀。

36

抗震救灾精神集中体现和丰富发展了中华民族万众一心、众志成城的精神。突如其来的灾难，并没有吓倒中国人民，在灾难面前，全国人民同心协力、患难与共，灾情就是命令，救灾就是使命，抢救生命就是最大的责任，伟大的抗震救灾使全中国人民紧密联系在一起，进一步增强了中华民族以爱国主义为核心的民族精神。

抗震救灾精神集中体现和丰富发展了中华民族生命不息、奋斗不止的精神。自强不息是中华民族宝贵的民族品格。中华文明之所以生生不息、绵延不绝，很重要的原因就是拥有自强不息、奋斗不止的精神。在抗震救灾中，我们坚持科学精神，把科学精神与顽强斗志结合起来，既依靠科学的力量，又发挥人的主观能动性，有力地战胜了自然灾害，赋予了中华民族自强不息的可贵品格以新的时代内涵。

（四）弘扬抗震救灾精神有利于国家形象的塑造

突发性公共事件检验了社会主义制度的优越性。中国举全国之力抗震救灾，充分显示了中华民族的伟大与团结，显示了社会主义中国的巨大感召力与集中、高效，凸显了中国特色社会主义国家"集中力量办大事"的制度优势，从而使世界各国对中国的社会制度和管理机制产生出浓厚的兴趣，使中国的国家影响力有了很大的提高。

　　抗震救灾是塑造政府新形象，建设全新政府的一次难得机遇。老实说，一直以来，政府在公众心目中的形象是存在一定问题的，而这次汶川"5·12"抗震救灾，政府在救灾工作的所作所为，在广大国人心目中产生了良好的影响，大大提升了政府的形象，也使外界对中国政府的评价有了很大的提升。在公众的心中，政府的诚信就应该是遵守公共伦理的典范和表率，随着时代的发展公众会对政府诚信不断提出新的要求，要求政府不断地调整角色、满足公众的需求。

　　国家权力来源于人民，是基于人民的信任，国家在正确行使国家权力、弘扬正气和引导人民时，重要的是通过对自身形象的塑造来影响社会公众。政府形象的塑造，首先要有诚信。有没有诚信，一条重要标准就是政府能不能严格执法，依法办事，司法公正，切实地维护宪法和法律的权威，真正成为人民的公仆。再有就是能不能坚持公平正义，让改革开放所取得的各项成果平等地惠及全体社会公民。大家知道，改革开放以来，出现的最大问题之一就是日益严重的分配不公导致的贫富差距，对政府形象造成了巨大的伤害。政府作为市场游戏规则的制定者和仲裁者以及广大人民群众利益的代表者，其行为将直接影响着市场经济能否健康发展。社会正义能否得到有效维护，政府信用就是政府在人民心目中的地位和形象。"信为政基"是中华民族的古训之一。《论语·颜渊》第七章"子贡问政"中，子曰："足食，足兵，民信之矣。"子贡曰："必不得已而去，于斯三者何先？"子曰："去兵。"子贡曰："必不得已而去，于斯二者何先？"子曰："去食。自古皆有死，民无信不立。"① 在这段问答中，就目前来看，我国的政府诚信的塑造存在诸多问题，主要表现在政府政策缺乏稳定性，部分行政官员道德素质低下，缺乏自律，以权谋私，权力寻租。这些现象都极大地影响了我

37

---

　　① 刘爽：《中国传统诚信道德的现代转变》，《中共中央党校学报》，2003年第11期，第119—123页。

国政府形象并削弱了政府的执政能力，给政府和国家带来了负面影响。这也昭示着现有的信用体制的不健全，这就需要用新的举措改善我国政府的诚信现状，全面塑造政府新形象，从而进一步提升政府执政能力建设。抗震救灾中政府官员表现出身先士卒、不畏艰险、与民众同甘共苦的公仆精神，赢得了社会公众的尊敬与认同。这种公仆精神的行政伦理内涵成为新时期政府形象的集中表现，即以人为本和以身作则。

38

以人为本和以身作则是各级政府抗灾救灾工作的最高准则和本质体现，在这次抗震救灾中广大党员干部在灾难面前，挺身而出，身先士卒，亲临前线，到灾情最重的地方去，充分表现了人民公仆的高尚情怀。以身作则还是广大党员干部是不是与人民心连心，同呼吸共命运的最真实表现。灾区的各级干部和援建单位工作人员，特别是广大基层干部身先士卒，临危不惧、不畏艰险，确保了灾区各项事业顺利完成，赢得了人民的信赖，成为新时期人民大众爱戴的公仆。以人为本和以身作则成为我国新时期行政伦理精神的最高境界和本质体现。

战胜抗震救灾面临的困难和挑战，有利于人民更加深入领悟党的基本宗旨和执政理念，使人民对国家的大政方针更加信任，从而对我国社会主义现代化建设的美好前景充满信心。这对于构建政府诚信制度来说是次难得的大好机遇，使政府诚信制度在群众中有广泛的社会基础，可以起到事半功倍的效果。我们要十分珍惜用生命和热血浇灌出来的伟大的抗震救灾精神，政府的宣传教育也需要靠政府诚信来维护，使之得到社会群体的广泛认同。它能够带动党的方针、国家政策和抗震救灾表现出的优良风尚，得到更广泛深入的宣传，在社会上引起巨大的社会认同。

开放政策就要信息公开，提高信息的透明度，同时也是健全政府诚信的监督和制约机制的途径。此次开放政策的鲜明特点在于它的人性化，一个为了救人的开放，实质上是诚信政府在对外、对内政策层面的反映，显示出政府在作出决策时不仅满足社会公众的知情权，而且使政府诚信置于社会公众的监督制约之中。其重要性主要表现在：

第一，公众通过正式的途径表达要求，提出建议，实现了公众与政府之间的沟通，有利于消除误解，增加合作，使社会公共管理运行顺畅。这种有效的正式表达途径，可以促使政府形成一种积极的回应制度。回应制度是政府和公众在解决行政问题时作出的一种积极的行政措施，它要求政府在行使行政权力时主动或被动地接受公众的监督，并及时、合理地解释和回答。回应制度是实现服务性行政，落实培养现代政府信用的重要模式。

第二，公众参与到抗灾救灾工作中，有利于增强政府运营的透明度，使公众积极参与政府组织的活动并积极地建言献策，减少政府工作中可能出现的独断专行。公众支持是政府形象塑造的来源，它是减少政府决策的随意性和失误、减少公众对政府信用的担忧，改善公共服务的质量，树立政府的良好形象的机遇。

第三，公众参与促使公众与政府的政治委托—代理关系初步形成。政府通过制度规则的力量促进激励和约束形成一种相容性的长效机制，它是政府谋求政府信用，迫使政府不断地维护和增进政府信用，并为之承担一定的责任。

（五）弘扬抗震救灾精神有利于公民道德的建设

中宣部部长刘云山在第五届中国公民道德论坛上提出，"弘扬抗震救灾精神作为社会主义核心价值体系建设的重要任务，作为提升国家文化软实力的重要举措，使弘扬抗震救灾精神的过程成为提升公民道德素质、增强社会责任感的过程，成为引领社会风尚、提高社会文明程度的过程"。这一要求，既继承了中华民族传统美德，又赋予其深刻的时代内涵，集中表达了人民群众的道德追求，反映了社会发展进步的时代精神，对于凝聚民族力量，为我国经济社会发展提供强有力的思想道德保障意义重大而深远。

伟大的抗震救灾精神，是一本活教材，体现了公民道德建设的时代要求。患难困苦，是磨炼人格之最高学府。伟大的抗震救灾精神，既是党和人民极为宝贵的精神财富，更是加强公民道德建设的鲜活教材。从抗震救灾伟大精神的形成过程、实践影响看，加强公民道德建设是一项重大的基础工程。

伟大抗震救灾精神，是建设社会主义核心价值体系，推进公民道德建设的重要成果。中国共产党历来高度重视精神文明建设，特别是近年来大力实施了一系列加强公民道德建设的举措，并进行了广泛的社会宣传，极大地激发了广大人民群众关心、参与道德建设的热情。抗震救灾斗争中涌现出的一大批英雄模范人物，产生的一个个感人肺腑故事，就是社会主义核心价值体系孕育出的崇高境界和美丽心灵的生动写照。伟大抗震救灾精神丰富了社会主义道德建设的内涵，弘扬抗震救灾精神，必将更加有力地推动公民道德建设。

第一，公民道德具有重要的价值导向作用。在公民道德建设中，特别强调和突出了"善"的价值和作用，它注重社会的共同规范，强调社会的整体利益和长远利益，突出社会的公平正义与社会和谐，重视人际关系的构建与和谐，倡导个人的自我完善和社会的广泛参与以实现个人价值和社会价值的有效结合。因而，它以"善"作为基本的行为规范，以真理与价值的统一作为实践指向，为人们提供思想道德和行为选择的基本依据和价值导向，增强社会的凝聚力和价值认同，尽力减少各种内耗和摩擦，从而形成共同构建社会主义和谐社会的合力。抗震救灾精神集中体现和丰富发展了中华民族不畏艰险、百折不挠的精神，生动地表现和诠释了自我牺牲和关爱他人的高尚人格，在一定程度上起到了很好的价值导向作用。

第二，公民道德能够激发全社会的创造活力。公民道德以"应当"、"正义"、"正当"等作为价值准则，以社会规范约束人们的行为，并将这种规范直接转化为巨大的精神动力，从而激发人们的创新活力。公民道德一旦形成自觉，就能成为调动人的积极性、激励人们前进的动力。同时还可以起到凝聚人心、蓬勃向上、提升文明素养的积极作用，为构建社会主义和谐社会提供精神资源。抗震救灾中人们以自觉的牺牲和奉献使中华民族的传统美德与体现时代要求的新道德观念相融合。新加坡《联合早报》发表署名文章说，中国人在与天灾的抗争中赢得了世界的尊重。在冷酷无情的灾难中，中国人让世界感受到了人间的温暖。中国人以自己的方式，向世人展现了人间的英勇无畏、坚韧不拔、相濡以沫和万众一心。一方有难、八方支援、守望相助的民族奉献精神，以人为本、对人负责、珍爱生命的民族价值取向，临危不惧、迎难而上、百折不挠的民族英雄气概，忠于职守、顾全大局、公而忘私的民族高尚情操，在挫折中拼搏、在逆境中奋起、自力更生艰苦奋斗的民族自强品格，形成了凝聚人心、团结奋斗的强大精神支柱，成为新世纪新阶段公民道德建设的生动实践。因此，大力弘扬抗震救灾精神，成为当前公民道德建设的一项极为重要的任务。

第三，公民道德能够有效调节社会人际关系。人们的社会活动以及人与人的关系，本质上是一种社会活动和社会关系。自古以来，除了用法律维系人们的利益关系和社会的公平与和谐，强制人们遵守社会准则和社会规范，调整各种利益矛盾与冲突，道德也可以起到调节利益关系和矛盾冲突的作用。它还可以起到消除矛盾、达成谅解、形成共识、凝聚力量、和睦相处的作用，从而构筑良好的人际关系。在抗击"5·12"特大地震中，很多认识不认识的人，都纷纷伸出援助之手，帮助那些需要帮助的人，使人们感受到人的温情与温暖。正是这种温情与温暖，鼓起了人们生存的勇气，支撑起人们生活的信心，激励起人们战胜困难的决心。

伟大抗震救灾精神，展现了中华民族的民族精神和时代精神，是中华民族传统美德的延续升华，是伟大的民族精神在新时期的集中体现。在社会日益发展与时代不断进步、社会生活深刻变化的今天，我们更应该珍惜在灾难中凝聚的伟大抗震救灾精神，把弘扬抗震救灾精神与公民道德建设结合起来，加强思想道德建设，促进社会的进步。弘扬抗震救灾精神，必将更加有力地推动公民道德建设。

第二章 多难兴邦

——抗震救灾精神对民族精神的提升

正在我国加快构建社会主义和谐社会、喜迎改革开放 30 周年之际，"5·12"汶川大地震突然发生，一时之间，大地震荡，山河破碎，地震灾区改革开放的伟大成就毁于一旦。灾难时刻，时任国务院总理的温家宝亲临灾区看望灾区人民，他在看望北川中学幸存下来的师生时，写下了四个大字"多难兴邦"。这苍劲而雄浑的几个大字瞬间传遍了中华大地，激发了中国人民的民族精神，激励了正在地震灾难中经受考验的人们拼搏进取。

一 中华民族精神的内涵、演变与当代价值

"多难兴邦"这个成语，出自《左传·昭公四年》。原文是"或多难以固其国，启其疆土；或无难以丧其国，失其守宇"。意思是说一个国家如果多灾多难，也许有助于开疆拓土，而无灾无难，或可导致土地失守，国家衰亡。这句话从朴素辩证法的角度揭示了灾难与一个国家兴衰的关系。当然，多难与兴邦之间并无必然的联系，可以说多难既能兴邦，也可衰邦，甚至可以毁邦。是兴邦还是衰邦，关键不在于灾难本身，而在于这个国家的人民在灾难面前所展现出来的国民性和民族精神，也就是说关键在于这个民族是否具有一种敢于同灾难抗争、勇于战胜灾难、善于战天斗地视灾难为财富的伟大民族精神。历史地看，中华民族是一个多灾多难的民

族，但灿烂辉煌的中华文明之所以能够绵延数千年而不曾中断，个中奥妙就在于中华民族在长期的历史发展进程中逐步形成了以爱国主义为核心的团结统一、爱好和平、勤劳勇敢、自强不息的伟大民族精神，从而使我们在数以千万计的灾难面前不低头、不气馁、不沉沦、不抛弃、不放弃，愈挫愈奋，屡创弥坚，奋发图强，开拓进取。2008 年在汶川大地震中所展现出的伟大抗震救灾精神，再一次对中华民族精神在灾难中的作用作出了生动的诠释。

（一）民族精神与中华民族精神的内涵

1. 民族精神的内涵

民族精神，至今为止，人们仍然有着不同的看法。由于学者们对民族精神这个概念有着不同的理解，学术界没有形成公认的概念。概括起来，我国学者对民族精神的认知大致有三种观点①。以鲁迅为代表的学者认为，民族精神就是民族意识，在其内容中，既包含积极的、向上的美好的一面，也包括消极的、落后的、丑陋的一面，因此，对于民族精神的培育与弘扬，就应该取其精华，去其糟粕，促进民族精神的健康发展。实际上，持这种观点的人是把国民性等同于民族精神。以张岱年为代表的学者认为，民族精神严格说来专指民族意识中好的东西、引领和促进民族积极向上的东西，也就是民族意识中的精华部分。在张岱年看来，"民族精神必须满足两个条件，才可以成为民族精神。一是具有广泛的影响，为大多数人所接受；二是能促进社会的发展，是推动社会前进的精神力量。""民族精神必然是文化学术中的精粹思想，在历史上曾经具有激励人心的作用，只有这样，才能称之为民族精神。"② 还有一些学者认为，民族精神可从狭义、广义方面界定"如果从振奋、

① 俞祖华、赵慧锋：《中华民族精神新论》，济南：山东人民出版社 2005 年版，第 3 页。

② 张岱年：《张岱年全集》（第 7 卷），石家庄：河北人民出版社 1996 年版，第 220—221 页。

弘扬和提升民族精神的视角出发，那么，从狭义立论民族精神，可能比较有助于自觉地引导民族成员的生活实践，振奋民族精神，提高民族的精神素质"；从广义立论，民族精神就是民族意识，但人们所要继承和发扬的只是其中的精华部分而不包括糟粕部分。[①]　总之，民族精神具有表象上的广泛性，它深深地体现在一个民族的思想观念和行为实践的各个方面。在这三种不同的认识中，第二种见解更为合理和科学，即民族精神应该是指民族意识中的精华。那种将民族精神划分为"先进精神"和"糟粕精神"两个部分的看法并不妥当，它实质是将民族意识与民族精神混为一谈了。其实，民族意识与民族精神之间应该是包含与被包含的关系，民族精神仅是民族意识中先进和精华的部分，至于民族意识中的落后和糟粕部分则不应包含在内。唯其如此，民族精神才值得弘扬和培育。正是基于对民族精神的此种认识，十六大报告对民族精神作了如下定义："民族精神是一个民族在长期的共同生活和共同的社会实践基础上形成和发展的，为民族大多数成员所认同和接受的思想品格、价值取向和道德规范，是一个民族的心理特征、文化传统、思想情感等的综合反映。"[②]　即是说，一方面，民族精神是一个民族在长期共同生活和社会实践基础上形成和发展起来的一种具有社会主导意义的特殊精神现象，为民族成员广泛认同和接受的一种共有精神特征；另一方面，民族精神又是民族意识中的精华，既是维系、支撑和推动民族生存、发展进步的思想品格、道德规范、价值取向等精神因素的总和，也是民族成员行为方式、思维方式、情感方式、审美方式等的集中体现。

　　党的十六大报告指出："民族精神是一个民族生存和发展的精神支撑。一个民族，没有振奋的精神和高尚的品格，不可能自立于

45

---

　　①　方立天：《民族精神的界定与中华民族精神的内涵》，《哲学研究》，1991 年第 5 期。

　　②　《十六大报告辅导读本》，北京：人民出版社 2002 年版，第 307 页。

世界民族之林。"① 这是我们党对民族精神在一个民族历史发展中所占地位和所起作用的极好概括。中华民族之所以能创造出延绵数千年的历史文明，之所以能在一次次大规模的战乱、灾害和外敌入侵面前战胜种种艰难险阻、不断走向团结统一和繁荣富强的复兴之路，都是与中华民族的民族精神及其所具有的强大的凝聚力、感召力所分不开的。因此，进一步探讨和把握这一民族精神所具有的独特内涵，充分发挥这一精神对于促进民族团结、推动社会发展的特殊作用，将对我们增强民族自信心、自豪感，对实现中华民族的伟大复兴有所助益。

46

2. 中华民族精神的内涵

关于什么是中华民族精神这个问题可谓是仁者见仁智者见智。要回答这个问题，首先需要明确什么是中华民族。众所周知，中国传统天下观中没有民族国家的地位，"中华民族"的称谓，始见于清末民初，它是在中国遭受外国列强侵略日重、民族危机渐深的历史背景下应时而现的中国各民族的总称；也是中国各民族人民自觉凝聚、自觉区别于外国人而自然形成的共同称谓。通过考察和深入分析，费孝通先生提出："中华民族是包括中国境内 56 个民族的民族实体，并不是把 56 个民族加在一起的总称，因为这些加在一起的 56 个民族已结合成相互依存的、统一而不能分割的整体，在这个民族实体里所有归属的成分都已具有高一层次的民族认同意识，即共休戚、共存亡、共荣辱、共命运的感情和道义。这个论点我引申为民族认同意识的多层次论。多元一体格局中，56 个民族是基层，中华民族是高层。"② 即中华民族是一个"多元一体"的格局。相应地，中华民族精神就是处于多元一体格局高层的民族实体——中华民族的精神，它既是"中华民族在长期发展过程中形成的支撑其走向文明、走向进步、走向现代化的思想、观念、伦

---

① 《十六大报告辅导读本》，北京：人民出版社 2002 年版，第 307 页。
② 费孝通：《费孝通文集》（第 14 卷），北京：群言出版社 1999 年版，第 101 页。

理、品格、气质、心理等精神因素的总称"①，又是"包括汉族和各少数民族在内的中华民族大家庭共同的思想、文化、道德、精神气质、心理品质等在历史发展进程中所形成的特有的、统一的、稳定的精神状态"②。换言之，中华民族精神是由构成中华民族的56个民族的民族精神聚合、交融、凝练、升华的结果，是中华民族56个民族共同体现和尊崇的精神，是中华民族在长期的历史发展过程中所形成的在心理、意识、观念、习俗、规范、制度等方面区别于其他民族的精神风貌、精神特征和价值取向的集中表现，是中华儿女对于中华民族和中华文化的自我认同、自我归属感的高度反映，它体现了中华民族的整体性格，是中华民族进步发展的价值导向和精神动力。从价值系统来看，中华民族精神既强调个体的独立性，又强调群体的团结；既注重勤劳立身的务实精神，又崇尚精神不朽的人生境界；从思维方式来看，中华民族既具有整体统一的思维取向，又坚持和而不同的共存原则：既具有持之以恒的顽强精神，又具有革故鼎新的变革意识；从社会心理来看，中华民族既具有崇德重义的传统情操，又能接纳科学民主的现代精神。

47

　　毛泽东在《中国革命和中国共产党》中，将中华民族的精神概括为"不但以刻苦耐劳著称于世，同时又是酷爱自由，富于革命传统"。在十六大报告中，江泽民同志将中华民族精神概括为："在五千多年的发展中，中华民族形成了以爱国主义为核心的团结统一、爱好和平、勤劳勇敢、自强不息的伟大民族精神。"它代表了中国共产党在该问题上的最新认识，为我们准确把握中华民族精神的深刻内涵提供了新的起点和正确指南。当然，这个概括并没有涵盖中华民族精神的全部内容，而只是对中华民族精神最突出和最

----

　　①　赵存生：《关于弘扬培育中华民族精神的几个问题》，《高校理论战线》，2004年第2期。

　　②　夏伟东：《在未成年人中弘扬和培育民族精神的两个理论问题》，《道德与文明》，2004年第5期。

重要的主体内容的概括，反映出中华民族精神所具有的层次性和体系性，表明中华民族精神是一个由核心精神和主体精神联合构成的有层次的内容体系，其中爱国主义精神是中华民族的核心精神，其他四个方面的精神是中华民族精神的主体精神。

第一，爱国主义。爱国即热爱祖国，这种对祖国的爱，是一种崇高而深厚、神圣而美好的感情，它时刻蕴含在人们心底，永远割舍不断。这种发自内心的情感经过历史长河千百年的洗礼、凝聚和激发，最终为整个民族的社会心理所高度认同，逐渐升华为一种自觉的民族意识，这就是爱国主义。虽然人们对爱国的理解以及爱国的方式不尽相同甚至大相径庭，但爱国始终是中华民族的传统、是中华子孙的美德，更是贯穿中国历史发展的一条主线。无论身处何时何地，对无数的中华儿女来说，祖国永远是最重的砝码。爱国主义不仅是一道黏合剂，更是植根于中华民族遗传基因中的坚定信念，在中华民族的悠久历史中，爱国主义始终发挥着民族精神的核心作用。这是出于对自己故土家园、骨肉同胞和灿烂文化的眷恋与热爱，中华各民族才能够求同存异，维护整体，在自己的国土上繁衍生息、相互学习、相互帮助，共同劳动、共同生活、共同发展，创造了灿烂的中华文明。历史已经证明，中华民族的历史就是一部爱国主义的历史，如今，在中华民族精神的滋养下，爱国的激情、爱国的信念发芽、长大，并结出累累硕果。正是在爱国主义旗帜的激励下，近代以来，中华民族前仆后继，用血肉之躯铸就成了真正的钢铁长城，谱写了一曲曲悲壮的战歌。但需要指出的是，祖国与国家不是一回事。这就是为什么近代的革命先烈们推翻旧政权、建立新国家，依然被尊崇为爱国者的根本原因。"我是中国人民的儿子，我深情地爱着我的祖国和人民。"这是一代伟人邓小平的真情流露和庄严承诺，他一生"三落三起"，但不变的是他对祖国和人民的无限忠诚和热爱。总之，作为一种道德力量，爱国主义在维护和促进国家、民族的生存和发展方面发挥着不可估量的作用。

第二，团结统一。团结统一是指一个民族为了实现共同的理想和目标，尤其是为了促进民族团结、维系国家统一而同心同德、顾全大局的互助合作精神。作为中华民族精神的重要组成部分，团结统一深深地印在中国人的民族意识中，是中华民族的传统美德和立身之本，成为维系国家统一、民族团结的精神纽带。自古以来，中国就是由国内各民族祖先共同缔造的。在历史上，各民族之间的关系虽有好有坏，但由于各族人民通过贸易、结盟、通婚，以及大聚居、小杂居等多种方式的接触，逐渐成为不可分割的整体。至秦汉以降，更是开创了支配中国两千年大一统的民族国家政治格局。其后，中国历史上虽短暂出现过分裂割据局面，但国家统一始终是主流，故而在长期的历史发展长河中，逐渐形成了维护国家统一、反对民族分裂的整体感、责任感和爱我中华的共同价值取向。概言之，团结统一的民族精神是在长期的社会发展中凝聚而成的，经过数千年的积淀、融合，各民族都把统一当作自己最根本的和长远的利益，形成了中华儿女一家亲的历史传统。尤其是近代以来，各民族共同反对外来侵略，同仇敌忾，真实感受到团结统一是中华民族生存和发展的基本前提，从而用自己的实际行动谱写了一曲又一曲维护统一、反对分裂的颂歌。在反侵略反分裂的伟大斗争中，各民族在历史上形成的不可分离的关系变得更加牢固，中国各民族共同的文化和心理特征更趋成熟。

第三，爱好和平。爱好和平是指一个民族在同他民族的交往过程中，以和而不同、互惠互利、平等相待、和睦相处的价值选择作为化解各种矛盾、维护和平大局、促进共同发展的一种民族精神。中华民族素有"礼仪之邦"之称，在长期的历史发展过程中，逐渐形成了爱好和平的民族心理和价值认同。"协和万邦"①、"德莫大于和"②的观念深深地扎根于中华民族的传统之中。"贵和持

① 《尚书·尧典》。
② 董仲舒：《春秋繁露·循天之道》。

中"、"亲仁善邻"①、"讲信修睦"②、"四海之内皆兄弟"③、"天时不如地利，地利不如人和"④，"陶冶万物，化正天下"⑤，构成了中华历史发展的主轴。《诗经》中《鹿鸣》、《木瓜》等诗篇就深刻体现了中华民族与国外民族礼尚往来的美德。西汉以后，中国政府正式派往国外的使节，大都"入境随俗"从事外交、文化交流和互利互惠的贸易活动，而不是君临他国。事实上，在中国历史上，凡是对中外文化交流起过"搭桥"作用的人物，如张骞、玄奘、鉴真、郑和等都载入史册而受到后人景仰。

第四，勤劳勇敢。勤劳勇敢是指一个民族为了自身的存在和发展而脚踏实地、勤奋劳作和英勇果敢、勇于拼搏的精神。勤劳勇敢是中华民族精神的重要组成部分。脚踏实地的勤劳创造了中国数千年的大繁荣大发展，敢为人先的英勇果敢扛起了中华民族振兴的脊梁。勤劳勇敢的民族精神体现了中国人民勤于劳作、甘于吃苦和敢于争先、敢于抗争的优秀品质。对中国人来说，勤劳是一切事业成功的保证，是兴家立业的传家宝，是兴国立世之本。当然，在英雄辈出的中国历史上，勇敢更是国人备受推崇的美德，强调"不畏强御"⑥、"勇者不惧"⑦，要求人们面对权势和强暴，要有无所畏惧的精神，同时强调"勇于义而果于德，不以贫富、贵贱、死生动其心"⑧的见义勇为精神。正是依靠这种勤劳勇敢的伦理道德和民族精神，中华民族缔造了古老的华夏文明，创造了一个又一个人间奇迹。

第五，自强不息。自强不息是指一个民族所具有的自立自强、

---

① 《左传·隐公六年》。
② 《礼记·礼运》。
③ 《论语·颜渊》。
④ 《孟子·公孙丑下》。
⑤ 《汉书·禹贡传》。
⑥ 《诗经·大雅·燕民》。
⑦ 《论语·子罕》。
⑧ 扬雄：《法言·渊骞》。

奋发有为、开拓进取、生生不息的民族精神。中国自古以来就有"天行健，君子以自强不息"①的精神，这种精神在中国历史上产生了深远的影响，激励着古往今来的中华儿女奋勇前行，刚健有为。盘古开天辟地，女娲炼石补天，夸父追日，精卫填海，羿射九日，鲧禹治水，愚公移山，刑天舞干戚等一系列中国远古神话是中华民族不畏艰险、百折不挠精神的渊源。也就是说，这种自强不息、锲而不舍、宁死不屈的大无畏精神，在中华民族的文化襁褓中就已奠定，它是博大的中华文化永不停息的血脉，是中华民族五千年发展的精神支柱和强大的动力。几千年来，自强不息作为中华民族的基本精神，泽被广远，为包括知识分子和普通民众在内的整个社会所接受而普遍化和社会化。中国历史上无数可歌可泣的英雄俊杰在经受非人磨难中，历练出一种惊天地、泣鬼神的顽强意志，在中华民族精神史上写下灿烂篇章。中华民族之所以能在五千多年的历史进程中历经挫折而不屈，屡遭坎坷而不馁，靠的就是这样一种自强不息的精神。当中华民族遇到外敌入侵时，这种民族精神则体现为不畏强暴，勇敢地反抗外敌入侵，争取和捍卫民族独立的斗争精神，并在这种精神的鼓舞下，不断地取得斗争的胜利，因而它在本质上是一种引领中华民族奋勇前行的精神。

　　当然，以上所列的五种中华民族精神并没有涵盖中华民族精神的全部内容，而只是对中华民族精神最突出和最重要的主体内容的概括，反映出中华民族精神所具有的层次性和体系性，表明中华民族精神是一个由核心精神和主体精神联合构成的有层次的内容体系，其中爱国主义精神是中华民族的核心精神，其他四个方面的精神是中华民族精神的主体精神。这五种民族精神又是一个相互联系、辩证统一的有机体，它们统一并服务于爱国兴邦这一主题，在五千多年的发展中，共同铸造了伟大的中华民族之魂。

---

　　① 《周易·乾》。

（二）中华民族精神的演进与传承

作为中华文明的精华与结晶和中国56个兄弟民族共同的精神财富的中华民族精神，不是一种抽象的概念，而是一个历史范畴，在不同社会发展时期、不同阶段，有着不同的具体内容和特质。当然，在中华民族跌宕起伏、绵远流长的历史发展长河中，中华民族精神在不同历史条件和不同情况下会形成形态各异的不同乐章。

1. 民族精神的发展演进历程

众所周知，民族是一个共同体，它以共同语言、共同地域、共同物质生活和精神生活为纽带。民族精神就是这个共同体赖以生存、发展和壮大的精神支撑。中华民族精神源远流长，可以说它和中华文明同步。中华民族的民族精神，是中华民族在长达五千多年的漫长文明长河中经过无数次筛选扬弃，逐渐地积累、沉淀和聚纳各民族的精神精髓汇铸而成的一种全群共育、博大精深的思想体系。从历史的发展脉络来看，中华民族精神的发展，可以分为古代时期、近代时期、现代时期。

古代时期，从有文字记载以来的夏商周时期到近代以来的鸦片战争。其中从夏商周直至西汉，是我国奴隶制产生、发展和灭亡的时期，是中华民族民族精神的形成和发展的时期。也是在这个时期，人本主义思想，民本主义思潮相继产生并不断发展。儒家重德、墨家力行、道家超凡、法家务实，正是这各家精神相互影响、相互促进，共同构成了中华民族精神的基本形态，标志着中华民族精神的初步形成。

到了秦汉时期，随着中华民族大一统的形成，厚德载物、自强不息、贵和尚中等思想成为整个社会的主流思想，对我国民族精神的走向产生了重大的影响。从魏晋直至清代，其间虽累经动荡和战争创伤，但维护国家统一、民族团结，反对国家分裂、民族分裂一直是整个民族的主流，以致在历史上产生了像岳飞、文天祥等流传千古的民族英雄。

　　总之，在中华民族几千年的历史发展中，中华民族的民族精神积淀和融合了整个民族的优秀文化和人文精神，构成了中华民族民族精神的思想主流，影响和激励了一代又一代的中国人。尤其是儒家思想的精华如仁爱精神、尚和意识、礼义观念和大同思想等深深地熔铸了中华民族精神最具特色的精神品性，如"天下兴亡，匹夫有责"、"先天下之忧而忧，后天下之乐而乐"、"苟利国家生死以，岂因祸福避趋之"的爱国主义精神；"仁民爱物"、"厚德载物"的博爱精神；自力更生、发愤图强的自强不息精神；以和为贵的团结友善、热爱和平精神；勤劳勇敢、知难而进的奋斗精神；"富贵不能淫，贫贱不能移，威武不能屈"的坚毅精神；与时偕行、革故鼎新、日新又新的革新精神等，这些精神早已融合为中华民族优秀文化传统的重要组成部分。

　　近代时期，从鸦片战争到中华人民共和国成立之前，大约 100 年的艰难困苦阶段。这一时期，中华民族精神经历了血与火的洗礼，在衰落中崛起、在浴火中重生。

　　鸦片战争以后，中国社会步入内忧外患极为深重的时期，中华民族出现了"五千年之未有变局"，一系列丧权辱国的条约、割地赔款沉重打击了清王朝的政治权威。随着社会政治层面危机的深化，中国传统文化也显露了严重危机。深重的社会危机带来了精神的危机。20 世纪初曾有人总结："自治力之薄弱也，公德心之缺乏也，共同心之短少也，宗教心之冷淡也，此数者皆吾祖国近来腐败之横观历史也。以上数者，有一于此不足以立国，而况乎处此生存竞争之世界，乃兼此种种亡国之劣根性，顾安得托迹于一方以自大而终古乎！"[①]梁启超在《新民说》中从国民性特点方面描述了近代中华民族精神的衰落的表现，总结了中国国民的特点：（1）缺乏公德，（2）无国家思想，（3）无进取冒险心，（4）无权利思想，（5）无自由，（6）缺乏自治精神，（7）富于保守性，（8）无自尊

---

① 佚名：《民族精神论》，《江苏》，1903 年第 7—8 期。

心，（9）无合群心，（10）生利人少，分利人多，（11）无毅力，（12）无义务思想，（13）文弱柔懦，（14）私德堕落。

但是，由于中华民族传统精神中的优秀因子具有恒久性，在近代中国的历史大变动中，传统民族精神也显示出了顽强的生命力，它赋予近代中国人以新的精神支柱和文化动力，发挥了在空前的民族危难中支撑民族生存的伟大作用。在中西方文化撞击和社会大动荡、大变革的社会历史背景下，中国人的思想观念、价值取向、道德观、人格等民族精神方面出现了历史性变化，中华民族精神开始不断地觉醒。

54

伴随着政治上的救亡与思想上的启蒙，它经历了一个由不自觉抵抗到自觉抵抗、从精英到大众、从器物层面到制度层面再到精神文化层面的过程。正如梁启超说："近五十年来，中国人渐渐知道自己的不足了"，出于这种不足促使人们不断地追求和探索，从"先从器物上感觉不足到'从制度上感觉不足'再到'从文化根本上感觉不足'"①。一批先进人物围绕中华民族的救亡图存、发展振兴及现代化，在对传统文化进行批判的基础上提出了新的救国救民的思想理论，从李鸿章的"自强求富"到康有为的"改变祖宗之法"，从孙中山"民族、民权、民生"到陈独秀的"科学与民主"，从五四青年学生的"鼓与呼"到中国共产党领导的新民主主义革命，"为有牺牲多壮志，敢教日月换新天"，亿万中华儿女精神砥砺。这些历史表象背后，潜在着一个永恒的主题，就是中国人民不屈不挠，在探索救国救民真理的艰难历程中，其闪烁着光辉爱国主义思想的民族精神。其合理部分不仅本身成为民族精神的有机内容，还渗透到普通百姓的文化心理结构之中，在很大程度上影响着中华民族精神的传承和弘扬。

现代时期，从中华人民共和国成立至今，是中华民族在中国共产党领导下在社会主义革命、建设和改革过程中弘扬和培育民族精

---

① 梁启超：《饮冰室合集》（第 5 册），北京：中华书局 1989 年版，第 445 页。

神的时期。随着新中国的成立，中华民族精神又翻开了新的一页，既有的中华民族精神得到了弘扬，同时也得到了培育和创新，如先后所涌现出来的雷锋精神、铁人精神、两弹一星精神、深圳精神、抗洪精神、载人航天精神、青藏铁路精神、奥运精神等。特别是改革开放以来，全国人民在中国特色社会主义伟大事业的实践中，在弘扬以爱国主义为核心的中华民族传统精神的同时，又不断发展和创新中华民族精神，凝练成了以改革创新为主要内核的新的时代精神，并逐渐培育和践行既有中国特色又具时代气质的社会主义核心价值体系和核心价值观，饱经风霜的文明古国重新焕发出新的生机、新的风貌。而今，13 亿中华儿女万众一心、众志成城、齐心协力为实现中华民族伟大复兴的中国梦而继续顽强奋斗、艰苦奋斗、不懈奋斗。

55

总之，中华民族精神作为本民族文化当中最深刻、最内在的灵魂，它生成后就沉淀在中华民族国民心理文化结构之中，渗透进中华儿女的血液，成为中华民族的文化基因，它一经形成就保持相对不变。"这个民族精神，积千年之精华，博大精深，根深蒂固，是中华民族生命机体中不可分割的重要成分。"① 因此，"虽然民族精神在不同的历史阶段表现为不同的时代精神，但又是贯穿于民族延续发展的历史过程中的一种带持久性、长期性的精神。"② 正是中华民族精神结构的稳定性，使得中华文明持续数千年而不绝。

2. 中华民族精神的当代传承

作为深植于民族文化沃土中的精神之树，民族精神决非一种静态的存在，而是要随着经济社会的发展而不断充实、发展与更新，故而源远流长的中华民族精神在不同时期有着不同的形态和表现形式，其内容和重点也会随着时代的变化而不断地推陈出新，丰富

---

① 江泽民：《江泽民论社会主义精神文明建设》，北京：中央文献出版社 1999 年版，第 146 页。

② 刘文英：《关于中华民族精神的几个问题》，《哲学研究》，1991 年第 4 期。

变换。

改革开放是中国的第二次革命，13 亿中国人民在中国共产党的领导下锐意进取、开拓创新，开创出一条中国特色的社会主义道路。30 多年来，中国人民的面貌、社会主义中国的面貌都发生了历史性的变化，相应的，中华民族精神也增添了新的内涵，其中改革创新精神、科学发展精神便是个中代表。

改革开放和中国特色社会主义建设的伟大实践，为中华民族精神在当代的发展提供了实践场所和实现平台，所以这一时期是中华民族精神全面更新和发展的时期。在这一时期，形成了以改革创新和科学发展为基本特征和思维旨趣的当代中华民族精神。党的十一届三中全会，提倡"解放思想、实事求是"，极大地促进了人们的思想解放，为中华民族的思想解放开启了大门，也为新时期中华民族精神的形成创造了良好的条件。这一时期所形成的改革精神、开放精神、效率精神、法制精神、竞争精神，是优秀传统精神、革命传统精神与改革开放文明成果，吸收人类文明成果相结合的产物，是中华民族顺应时代的要求的产物。我们可以用新时期改革创新精神来统称这个时代精神。

所谓改革创新精神，就是锐意改革、创新进取的精神。这种精神体现了一种积极向上、奋力进取、敢于创新、不甘落后的精神状态，反映了新时代的中国人坚忍不拔、自强不息、锐意进取的时代风貌。以改革创新为核心的时代精神，是中华民族时代精神的展示，已深深融入我国经济、政治、文化、社会建设的各个方面，是促使人民不断开创中国特色社会主义事业新局面的强大精神力量。

进入 21 世纪，中国共产党领导全国人民从容应对新阶段面临的新课题和挑战，高扬科学精神的旗帜，打开了中国在全球化条件下追求持续进步和繁荣的崭新视野，开启了中国通向科学发展时代的大门。在此进程中，中国共产党以邓小平理论和"三个代表"重要思想为指导，立足于中国特色社会主义建设的伟大实践，创造性地提出了科学发展观。科学发展观是马克思主义中国化的最新成果，是时代精神的精华。科学发展观不仅是一种新的发展模式，更重要的是一种新的发展观，它意味着一系列文化观和价值观的革命性变革。党提出的构建社会主义和谐社会、建设社会主义新农村、建设创新型国家、树立社会主义荣辱观、走和平发展道路、加强党的执政能力建设和先进性建设等一系列重大战略思想，都贯穿了科学发展要求的理念，科学发展观提出仅仅几年时间，就在实践中显示出强大威力，得到广泛认同，全社会正在逐步形成科学发展的精神。

所谓科学发展精神是指中国共产党领导人民在中国特色社会主义建设的伟大实践过程中，在回答"为什么发展、什么是发展以及怎样发展"的重大问题上所表现出的价值取向，体现出中国共产党人高度的历史责任感、强烈的忧患意识和宽广的世界眼光。它是中国共产党人在探索共产党执政规律、中国特色社会主义建设规律和人类社会发展规律进程中所体现出的精神状态。科学发展精神的内涵包括：第一，以人为本精神；第二，求真务实精神；第三，自主创新精神。

总之，在邓小平理论和"三个代表"重要思想以及科学发展观的指导下，中华民族正在加快改革开放和中国特色社会主义建设的步伐，在实现中华民族伟大复兴的路上不断前进，使中华民族精神在当代的发展谱写出新的诗篇。

（三）中华民族精神的价值取向和时代意义

中华民族精神的形成和发展，是一代又一代中华儿女智慧的结晶，是中华文化优秀传统的集中体现。就其社会和历史功能而言，中华民族精神在不同时期各有其时代意义。

1. 民族精神是维系、支撑和促进中国社会发展与中华民族兴旺发达的强大动力

在我国历史上，中华民族精神从来就是动员和激励中国人民团结奋斗的一面旗帜，是每一个真正的炎黄子孙所应有的骨气和胆

识，是各族人民共同的精神支柱！在古代时期，中华民族精神有助于中华民族大家庭的形成和完善，在促进中国王朝社会的进步与发展方面起到了凝聚、认同和融会的作用，同时在延续和完善大一统的政治、经济和文化格局方面更是发挥了无可替代的核心作用。两千多年来，中国历史虽多次上演分久必合合久必分的时代变奏，但中华各民族的大融合却从未中断过，"大一统"的观念早已深入人心。正如孙中山所言："中国是一个统一的国家，这一点已牢牢地印在我国的历史意识之中，正是这种意识，才使我们能作为一个国家而被保存下来。"概言之，在共同的民族精神大旗下聚集起来的民族团结和国家统一始终是中国历史的主旋律。

58

由于中国幅员辽阔，地形复杂，气候多变，各种自然灾害频繁爆发，使中华民族在历史上屡遭劫难，但由此也使得中国人民很早就懂得了祸福相依的辩证法。正是在与各种灾难的抗争过程中，中华民族精神得到彰显、弘扬与升华。一部中华民族的历史，在一定意义上就是一部与自然灾害抗争的历史，同时也是一部中华民族精神的发展史。数千年来，补天的女娲、治水的大禹、射日的后羿这些敢于同各种灾害进行抗争的英雄人物之所以在中华民族发展史上代代相传，从未间断，这就充分说明我们民族高度认同他们的精神，并尊崇之，传扬之。可以说，中华民族早已把这些英雄的精神内化到我们民族的血脉与基因之中，代代相承，发扬光大。中华民族在灾难中所展现出来的不甘沉沦、敢于奋起的精神，使中华民族从灾难中获得了难得的进步和补偿，其表现之一就是中华民族精神在灾难中得到彰显、升华和创新，由此也成就了中华文明虽历遭磨难而不辍，成为世界上唯一没有中断过的文明，创造了人类文明史上的无数奇迹。

进入近代，民族危机激发了中华民族的觉醒，增强了中华民族的凝聚力，促成了中华民族饱经沧桑而不亡，历尽磨难而新生。中国自古以来的"天下兴亡匹夫有责"的优良传统，在近代中国得到了进一步的发扬和升华。从林则徐的"苟利国家生死以，岂因祸福避趋之"到谭嗣同的"我自横刀向天笑，去留肝胆两昆仑"，从孙中山的"振兴中华"到毛泽东的"为有牺牲多壮志，敢教日月换新天"，近代中国人尤其是各阶层爱国人士在救亡图存的时代主旋律中所表现出来的爱国主义精神，铸成了中华民族的民族魂。那些不畏强暴、赴汤蹈火、血战疆场、宁死不屈的民族英雄，乃是中华民族的脊梁，以爱国主义为核心的伟大民族精神在这一时代主旋律中得到了空前的弘扬和发展。更难得的是，这种以革命英雄主义为特征的民族精神超越了古典民族精神的局限，吸收了西方先进文化中的科学、民主精神以及法制精神和自由精神，改铸了中国传统文化，促进了近代中国的社会转型和文化转型，促进了民族独立的实现，推动了国家近（现）代化的进程，中华民族精神的很多内容也在艰难困苦中得到了适时的扬弃、培育和创新，如在新民主主义革命进程中所培育出来的井冈山精神、长征精神、延安精神和实事求是的精神等。

2. 中华民族精神的当代价值

从1978年改革开放至今虽然只有短短的30多年，在数千年的中华文明史上可谓弹指一挥间，但这一时期是中华民族精神全面更新和发展时期，业已初步形成了以改革创新和科学发展为基本特征和思维旨趣的当代中华民族精神。显然，当代中华民族精神是对中国传统民族精神的批判性继承和创造性超越，理所当然除了承担起传统民族精神所担负的历史和社会功能外，不可避免还需要承担起特定的当代价值。也就是说，当代中华民族精神既是凝聚海内外中华儿女的精神纽带，又是激励全民族不懈奋进的精神力量；既是规范、引导全民族进步的价值标准，又是建设、发展先进文化的思想原则，同时还是理性回应全球化的挑战，坚持文化的民族性和创造性，使中华民族自立于世界民族之林的精神支柱和力量体现。

毋庸讳言，民族精神已经被越来越多的人当作是国家综合国力和国际竞争力的体现。一个国家的综合国力主要由"硬实力"和

"软实力"两部分组成，二者之间不是简单的加法关系而是复杂的倍数关系，故而"软实力"在综合国力的构成和衡量中占据着越来越重要的地位。毋庸置疑，民族精神是"软实力"的核心要素，由此它是衡量一个国家综合国力和国际竞争力不可或缺的重要指标。有学者指出：在当今世界，"综合国力＝（人口＋领土＋经济力＋军事力＋科技力……）×民族精神"[①]。正如江泽民同志所说："一个民族、一个国家，如果没有自己的精神支柱，就等于没有灵魂，就会失去凝聚力和生命力。有没有高昂的民族精神，是衡量一个国家综合国力强弱的一个重要尺度。综合国力，主要是经济实力、技术实力，这种物质力量是基础，但也离不开民族精神、民族凝聚力，精神力量也是综合国力的重要组成部分。"[②] 由此可见，民族精神在综合国力竞争中愈益占有突出的地位。那么，民族精神在综合国力和国际竞争力构成中到底起着什么样的作用呢？简言之，主要有四大功能，即凝聚功能、支撑功能、规范功能和激励功能。也就是说，民族精神有着维护国家统一、民族团结的凝聚功能，有着促进民族生存和前进发展的支撑功能，有着引导民族进行价值创新的规范功能，还有着鼓舞民族前进、激发民族活力、滋养民族品格的激励功能。正如十六大报告所指："当今世界，文化与经济和政治相互交融，在综合国力竞争中的地位和作用越来越突出。文化的力量，深深熔铸在民族的生命力、创造力和凝聚力之中。"历史表明，具有坚强精神的民族才是有前途的民族。因此，只有大力弘扬中华民族精神才能真正提高我国的综合国力，才能使人民保持昂扬向上的精神状态，才能真正发挥精神的能动作用，为我国物质文明的提高保驾护航。

---

① 侯树栋、许志功、黄宏：《党和国家关注的十四个重大课题》，北京：人民出版社2004年版，第307页。

② 中共中央文献研究室：《十五大以来重要文献选编》（上），北京：人民出版社2000年版，549页。

二　抗震救灾彰显中华民族精神

中华民族是不畏艰难、不惧高压的民族。古语云："祸兮福之所倚，福兮祸之所伏。"这句话用在灾难境遇中的中华民族精神可谓恰如其分。在中华民族文明发展史上，天灾人祸频仍，但中华民族精神历久而弥坚。灾难在给中华民族带来损伤的同时，中华民族精神成长的大门也得以开启。在对抗灾难的进程中，中华民族倍经锤炼的不畏艰险、果敢勇毅的强大精神传统力量得以充分展现，并在岁月沧桑和风雨考验中催生出了新时代的民族精神的萌芽。

61

（一）抗震救灾精神是伟大民族精神的践行

艰难困苦，玉汝于成。作为一个伟大的民族，中华民族也可谓是多灾多难，但正如恩格斯给俄国友人的信中所言："像你们的民族那样伟大的民族，是经得起任何危机的。没有哪一次巨大的历史灾难不是以历史的进步为补偿的。"① 沧海横流方显英雄本色。历史已经证明，每当灾难来袭时，中华民族所焕发出的伟大力量都使这个民族变得愈发强大，愈发进步，愈发光彩耀人，可以说，中华民族从灾难中所获取的进步补偿在世界民族之林中都是少有的。

历史毕竟久远，战斗未有穷期。"5·12"汶川地震后，中国人所展现和彰显出来的万众一心、众志成城，不畏艰险、百折不挠，以人为本、尊重科学的抗震救灾精神，不仅是中华民族数千年薪火相传的以爱国主义为核心的传统民族精神的大发扬，同时也是以改革创新为核心的时代精神的大发扬。具体来说，这种在灾难时期彰显出来的民族精神可以从如下几个方面表现出来。

1. 万众一心、众志成城的爱国主义精神

爱国主义是指个人或集体对"祖国"的一种积极和支持的态

---

① 《马克思恩格斯全集》（第39卷），北京：人民出版社1974年版，第49页。

度，是对生于斯长于斯的国土和民族所怀有的发自肺腑的依恋之情，是为了祖国的强盛而贡献自己力量的强烈责任感和献身精神。爱国主义历来是中华民族的精神支柱和宝贵财富。这种传统的民族精神在"5·12"汶川地震发生后瞬间爆发，原本看似纷纷扰扰的中国空前团结，亿万中华儿女的心再次连在一起，心往一处想，劲往一处使，爱国主义所激发出来的中华大地潜在的巨大能量，当惊世界殊。

祖国这个神圣而庄严的名字，在危难之际把13亿中国人更紧密地联系在了一起。心系灾区可谓是当时最大的爱国主义。灾难降临后，整个中国都动员了起来，全体人民行动了起来。灾难虽然发生在一时一地，但每一个炎黄子孙却感同身受，中华儿女的心都被灾区每一个生命的律动所牵引，在救灾中体现爱之关切，在哀悼中彰显情之相连，在捐款中传递心之绵延。13亿中华儿女拧成一股绳，万众一心，同舟共济，全民聚力，共赴国难，以各种尽显国人爱心、智慧和勇气的方式对灾区人民倾力相助，无私奉献，凝聚起抗震救灾的强大合力，为灾区人民筑起了一道道感天动地的钢铁长城，将灾难的危害降至最低。众所周知，汶川大地震紧紧揪着党中央、国务院和全国人民的心，无论是中央领导还是广大普通群众，无论是企业家还是一般员工，人们在抗震救灾的新战斗中奋勇争先，担其所责，倾其所能，尽其所力。事实上，这种爱的接力棒在短时间内便传播寰宇，从海外华侨到港澳台同胞，人们纷纷慷慨解囊，支援灾区，献其所能，奉其所爱。由此可见，抗震救灾彰显和升华了中华儿女爱国爱家、万众一心、众志成城的民族精神，"用我们的血肉铸成我们新的长城"。爱国主义是抗震救灾中最初始也是最强大的精神动力，是中华儿女共克时艰的精神支柱。

2. 不畏艰险、百折不挠的自强不息精神

灾难特别能够砥砺一个民族的意志力，中国人民也有在巨大灾难中凤凰涅槃的能力。毋庸置疑，"5·12"大地震对中华民族来说是一次严峻的考验和空前的挑战，因为它震级高、烈度强、波及范围广、受灾面积大、次生灾害多。但在考验和挑战面前，中华民族强忍悲痛，沉着冷静，科学应对，持之以恒攻坚克难，体现了"不畏艰险、连续奋战"的精神。全国人民顽强拼搏，以坚强的毅力、果敢的行动迎战灾难，共建新的家园，灾区得以浴火重生，从而赢得了世人的交相赞许和由衷的尊重。

汶川大地震的震级之高，烈度之强，灾害之重，在中国灾害史上创下了无数个历史之最，但中国人民并没有被这突如其来的史无前例的灾难所吓倒，相反，伟大的抗震救灾实践再一次体现、诠释和展示了中华民族不畏艰险、百折不挠的自强不息的伟大民族精神。为了拯救被废墟掩埋的生命，抗震军民不畏艰险，顽强拼搏，面临接连不断的余震，迎难而上，不屈不挠，展开了气壮山河的生死大营救。灾区人民在地震来袭后，不等不靠，不悲观、不埋怨，而是展开了自救互救，与死神抗争，与命运搏斗。在倒塌的北川中学废墟里，幸存的孩子们靠吞墨水维持生命，但他们不忘用歌声相互鼓励，坚强地与死神作斗争。正是依靠着这种不退缩不抛弃不放弃的中国精神，生命的奇迹被不断刷新，100 小时，164 小时，179 小时，266 小时……生动地阐释了中华民族自强不息精神的深刻内涵。又如彭州龙门山镇黑山村由 12 名勇士组成的村民敢死队，不怕疲劳、不怕牺牲，终于使 45 名受困群众脱离了险境。灾区女民警蒋敏强忍失去亲人的悲痛，刚从废墟里爬出来的她来不及擦去眼里的泪水、拭去身上的灰尘，就一刻不停地投入到抗震救灾的繁重工作中。处于救灾一线的广大官兵们，夜以继日地在抢救现场连续救人，饿了，啃块方便面，困了，就地打个盹，当然还有众所周知的从 5000 米高空跃下的 15 名空降勇士。"兵来将挡，水来土掩"，修路抢险，奋力抗灾，展现了顽强拼搏的精神。更难得的是，灾区人民在巨灾面前所展现出来的那种直面苦难、积极乐观的精神足以感天动地。在灾难中，灾民固然有痛哭，有悲伤，但也不乏镇静、乐观与坚强。不少灾区的群众，在震后一周内就开始为恢复生产、恢复正常的生活秩序而努力，着手重建美好的新家园。在救灾帐篷里，学生们借着微弱的灯光专注地读书；在救灾义演晚会上，观众与演员一起高喊"汶川，挺住！四川，雄起！"这是全体中国人民的心声，是中华民族自强不息精神的真实写照！

3. 关爱生命、以人为本的仁爱精神

人本主义，作为中国传统文化基本精神之一，在中国文化中有着悠久的历史和鲜明的个性。对"人"的关注是中国人本思想的根本，主张"天地之性人为贵"，特别是以人的生命为最高价值。在此基础上，中国逐渐形成了重义行仁的传统价值取向。所谓重义行仁就是在义利关系中主张"义以为上"、"见利思义"，反对"见利忘义"。在这次抗震救灾中，中华民族关爱生命、以人为本的仁爱精神得到尽情释放，爱的海洋稀释着、抚慰着灾区人民的痛苦。特大地震让全国人民感同身受，在痛苦、流泪与感动中空前团结起来，无须多言，全民总动员，群策群力，同心同德，与灾区同胞，与抗灾官兵、民众一道展开了一场与生命赛跑、与灾害抗震的大救援行动，这是中国人心底蕴藏的以人为本的民族价值力量的迸发。

救灾过程中时时折射的是人性的光辉，处处体现了中国社会以人为本、关爱生命这一科学发展观的核心理念，涌现了无数感人事迹。人是社会发展的主体，救灾的最高目标是救人。胡锦涛亲临现场后，说得最斩钉截铁的一句话是："只要有一线希望，我们都要千方百计地抢救"；而温家宝则不止一次掷地有声地强调："人民生命财产高于一切，现在还有很多人掩埋在废墟中，时间最为宝贵，时间就是生命，要争分夺秒，尽最大努力，抢救埋压在废墟下的群众的生命"，"只要有一线希望，就要尽最大的努力"。在救灾行动中，救人是重中之重，只要有一分希望，就要尽百分之百的努力！以人为本、生命至上，关爱生命、生存万岁成了一条牵引和沟通灾患内外人们的重要神经线。气壮山河的生命大救援，迸发出世所罕见的中国速度、中国力量、中国精神，感染了所有华人，感动了整个世界，以至于海外舆论发出了"中国原来是这样的！"的由衷感叹。

总之，地震中淘洗的人性光芒进一步升华了中华民族的价值取向，使我们认识到，关爱生命、以人为本的仁爱精神作为支撑中华民族历经沧桑、饱受磨难，但仍然繁衍至今，并充满旺盛生命力的重要力量之一。毋庸置疑，抗震救灾的光辉时段注定将成共和国历史进程中的一个新起点。

4. 尊重科学、公开自信的时代创新精神

汶川大地震，让人们在感受到自然巨大的破坏力的同时，也看到了科技的发展、文明的进步。在抗震救灾过程中，科技升华了中华民族自强不息的民族精神内涵。自强决非盲目蛮干，拼搏也不是无谓牺牲。坚持依靠科学、运用科学，既充分发挥人的能动精神，又充分发挥科技的重要作用，把科技的力量与顽强的斗志紧密结合起来是这次伟大抗震救灾精神的又一个显著特点和新亮点，使中华民族自强不息的可贵品格赋予了新的时代内涵、得到了新的升华。

在这次抗震救灾中，科技成为战胜地震灾害的强有力支撑。本来这次抗震救灾活动面临的困难与问题、任务与挑战都是前所未有的，但由于我们充分应用现代科学技术手段，攻克了道道难题，化解了种种风险，于是才有了"与死神赛跑"的勇气，才有了"将损失降到最低"的底气，从而为抗震救灾精神注入了新的内涵。在这次抗震救灾中，党和政府特别重视救援行动的科学性，高科技成了抗震救灾的法宝，诸如生命探测仪、海事卫星电话、卫星遥感与卫星导航设备、遥感技术和航天遥感飞机、微粒子医疗技术等现代科技成果在这场生死之战中发挥了巨大作用。相应地，科学施救、科学援助在整个救灾活动中都得到了贯彻，比如为将次生灾害的危害降至最低，除了对地震所造成的山体滑坡、泥石流、堰塞湖等多方面隐患进行了全面排查和防范外，还派出了大量的心理医生和心理工作者进入灾区，对灾区民众进行有效的心理治疗。

与此同时，在这次抗震救灾过程中，中国政府和人民显示出了前所未有的开放态度，既坦然接纳他国的援助，又对新闻媒体实行完全的信息公开，充分展现了中国作为一个大国的十足自信和与时

65

俱进的时代创新精神。5 月 12 日当天，中央电视台就在第一时间向全世界报道了这次地震，最大限度、最快时效地满足了人们的知情权。由于新闻开放和信息公开，唤起人们高度的关注和强烈的爱心，从而有效地激发了支援灾区同胞的深情，全民迅速动员起来，投入到抗震救灾的洪流之中。信息公开树立了中国政府可信赖的形象，体现了中国人的自信。在这次地震中，中国社会所呈现出的开放程度超出了大多数人的预期，不仅坚持了对国际媒体开放，而且还主动对国外救援队、医疗队开放甚至对外国军队开放。得益于此，汶川大地震后的国际援助相当及时、迅速。这次国际援助的范围是新中国成立以来前所未有的，可以说，为最大限度地营救生命我国政府最大限度地动员了全人类的力量，其中既有俄罗斯、日本、韩国、新加坡等国的专业救援队，又有德国、意大利、法国、古巴等国的医疗队，同时我们还接受了多国在物质上、经济上给予我们的支持。

5. 舍己为人的奉献精神与乐善好施的互助精神

抗震救灾是中国人的一次集体潜意识的爱心"井喷"，是中国人民无私奉献、舍己为人价值观的集中"爆发"。中华民族先人后己的传统美德，在抗震救灾的前线和后方四处洋溢。当灾难来临的瞬间，不知有多少人做出的第一反应是将生的希望让给别人，将死的选择留给自己。龙居小学女教师向情像母亲一样把两个学生紧紧地拥在自己的身下；谭千秋老师用自己的血肉之躯夺回了 4 个学生的生命；青川县木鱼中学年仅 13 岁的初一学生何翠青冒死将 10 多名还在午休的同学从床铺上摇醒逃生，自己却被压在废墟下永远失去了右腿……与此同时，在抗震救灾的号角吹响后，不知有多少共产党员、普通群众在自己的众多亲人生死不明之时却都像彭州市公安局民警蒋敏那样，义无反顾地救助他人，用这种办法来告慰失去的亲人。像这样感人的人和事数也数不清，从教师到医生，从军人到干部，从志愿者到普通人，他们都是在用生命、用无私的奉献谱写人生的辉煌，弘扬了社会主义核心价值之魂。正是这种面对灾难不屈不挠，奋起自救互救的精神和在抗震救灾过程中彰显和弘扬的全心全意无私奉献的精神，赢得了全国人民和全世界人民的敬重。

在抗震救灾过程中，中华儿女充分展现了患难与共、乐善互助的精神。地震发生后，全体中国人感同身受，不仅现场救助处处体现出仁爱与互助精神，即使在后方、在海外华人圈也随处可见一方有难八方支援的高风亮节与高尚境界。事实上，只要有中国人的地方，人人都心系灾情，与灾区人民同呼吸、共命运。在整个抗震救灾过程中，中华儿女以各种行动方式付出他们的一片片真情与爱心，互助互爱，携手前行。患难见真情，为了救人，数以万计的志愿者们排着长长的队伍争相献血；"的哥""的姐"们自发组织去灾区免费运送伤员；甚至那些衣衫褴褛的乞丐，也毫不犹豫地掏出皱巴巴的钱投入募捐箱……与此同时，全国各地的政府和群众纷纷伸出援助之手，慷慨解囊，尽自己所能提供帮助。许多地区还与灾区形成了"一省帮一重灾县"的固定对口支援方式，如山东—北川、北京—什邡、上海—都江堰。各地区发挥一方有难、八方支援的精神，不计代价，不讲条件，紧急派出大批抢险、医疗卫生、通信抢修等队伍全力参与搜救被困群众、救助伤员、防控疫情、抢修基础设施等工作，同时向灾区运送矿泉水、方便面、奶粉、饼干、帐篷、活动板房等大批救灾物资。这些帮助和支援为灾区渡过难关提供了重要的物质条件和精神鼓励。这就是铁骨柔情的中国人，只要有他们在，中国就大有希望。

6. 抗震救灾精神的集中表述

胡锦涛同志在抗震救灾先进基层党组织和优秀共产党员代表座谈会上把抗震救灾所体现的精神概括为"万众一心、众志成城，不畏艰险、百折不挠，以人为本、尊重科学的伟大抗震救灾精神"。深入理解这一精神的实质，包含有三个方面的含义。

第一，万众一心、众志成城，体现了中国人民战胜各种灾难的坚强信念。危难面前，各部门密切协调配合，各省份对口支援，社会各界自发动员，各项爱心捐助活动有序进行，显示出空前的团结，体现了中国人民团结奋进的强大力量。

第二，不畏艰险、百折不挠，体现了中国人民泰山压顶不弯腰的英勇气概。在抗震救灾的伟大实践中，面对极其惨烈的空前灾难，面对极其严重的超常困难，广大军民临危不惧、奋不顾身、舍生忘死，哪里灾情危急就向哪里冲去，哪里有生死考验就向哪里挺进，哪里有受灾群众就向哪里集结，展现了中国人民压倒一切困难而不为任何困难所压倒的超人勇气，体现了中华民族的惊天地泣鬼神的英雄气概，有了这种精神，我们就无往而不胜。

第三，以人为本、尊重科学，体现了对人民的高度关爱、对科学的高度尊重。以人为本，是抗震救灾精神的"内核"。抗震救灾的一切力量，在以人为本的理念下行动。从拯救生命到伤员医治、群众安置、灾区重建，党和政府一系列有效措施，始终彰显着以人为本、生命至上的核心主题。

地震，震垮了我们的家园，但震不垮民族的脊梁。抗震救灾精神集中体现和丰富发展了传统的中华民族精神，进一步彰显了中华民族的英雄气概。我们中华民族，每遭重大灾难的打击蹂躏都会得到新的淬炼、激励与升华、赋予新的内涵且迸发出无比强大的力量。正是在这种淬炼、激励与升华中，彰显了中国力量，扬励了民族精神，为我们展现了中华民族光明的前景。

（二）抗震救灾精神展现了中华民族的巨大凝聚力

2008 年 5 月 12 日的四川汶川特大地震，使中华民族精神又经受了一场现代洗礼，并迸发出前所未有的巨大凝聚力、生命力与创造力。具体而言，主要表现在以下几方面。

1. 中华民族的凝聚力得到了空前发挥

在这次抗震救灾斗争中，全国上下快速、高效地行动起来，党和政府领导层的决策魄力，人民军队的战斗力，基层组织和普通百姓的向心力，青年志愿者的创造力，国家和公司企业的财力，知识阶层的智力——这种种力量都被充分调动起来，汇成了一股强大无比的社会动员力量，显示了中华民族的空前团结。地震发生后，党中央、国务院和中央军委的主要领导，都在第一时间赶赴地震灾区，和灾区人民心连心。正是得益于他们的英明而坚强的领导，使得万众一心的民族凝聚力有了坚强的核心，从而使伟大的民族精神得以彰显。灾害摧毁了有形的建筑，但摧不垮人民的主心骨。广大共产党员和基层干部日夜奋战在抗震救灾第一线，勇挑重担，无私奉献，为灾区人民撑起了一片天、树起一面旗，成为广大群众最直接的带头人、贴心人，而10万人民子弟兵则发挥了中流砥柱的作用，特别是在抢救生命的过程中，冒着余震冲在最前面的往往就是被受灾群众称为"新时代最可爱的人"的他们。而在数以千万计的普通群众中，也迸发出了巨大无比的潜力，涌现出了一大批闻名遐迩的英雄母亲、英雄教师和英雄少年。在抗震救灾第一线和大后方，还活跃着一支富有激情活力的生力军，那就是多达14.6万、以"80后"为主的志愿者大军。当然，改革开放30多年所积累起来的丰厚的国家和企业财力，为抗震救灾的顺利施行提供了相当强大的物质基础支持。仅以汶川地震发生后第14天为止计，各级政府的财政投入就近150亿元，而以企业界为主的国内外各界资助更接近300亿元。中国知识阶层自然不甘落后，5月20日，由思想文化界发起了"爱的奉献"募捐晚会，当场募捐15亿元。谁曾想到，在市场经济中似乎爱国激情不足的中国人民在此次抗震救灾中却是如此团结一心。平时好像斤斤计较的出租车师傅们自觉排队救助伤员，平时备受冷落的献血车旁挤满了争先恐后伸出臂膀的热心人，平时的陌路此时此刻却是共患难的兄弟姐妹……抗震救灾使中华民族的爱国主义热情空前高涨，以爱国主义为基础的民族凝聚力得以进一步增强。亿万同胞同心同德，守望相助，实践再一次证明：爱国主义是中华民族凝聚力的源头活水。

2. 一方有难，八方支援

在灾害发生的第一时间，党中央、国务院向全党全军全国人民发出了抗震救灾的紧急号令，全民动员，万众一心、众志成城，打

69

响了一场与时间赛跑的抗震救灾战役。一方有难，八方支援。在全国乃至全球华人范围内，迅速掀起一浪高过一浪的救助灾区、支援灾区的爱心大行动。震后不到两小时，温家宝就飞赴灾区，现场组织指挥救灾。10万子弟兵快速反应，以雷霆之势奔赴灾区，迅速展开救援行动。近400支专业救援队，4.5万余名医务人员也在第一时间赶赴一线，与此同时，以"80后"为主的10多万志愿者奔向灾区，展开了惊天地、泣鬼神的生命营救大行动。各地政府、公司企业、社会团体、个人纷纷伸出援助之手，慷慨解囊，踊跃捐款捐物，各种救灾急需物资从全国乃至世界各地源源不断地运往灾区。中华大地到处呈现温暖深沉的人性光辉，奔涌着热浪翻滚的爱心洪流。"一切为了灾区，全力支援灾区"，"中国挺住！四川挺住！汶川挺住！"，"中国加油，四川加油"，"我们都是汶川人"，成为震撼神州的最强音。中华民族在灾难面前所表现出来的民族精神感天动地，令世界动容。正是全体国人都怀有一种为民族分忧、替国家解难、向人民负责的使命感，正是中华民族团结互助、同舟共济的光荣传统，正是万众一心、众志成城的民族凝聚力，转化成为战胜特大地震灾害的强大力量。

3. 众志成城，消弭了裂痕

在抗震救灾的伟大实践中，中国人民的精神和力量在灾难的砥砺中急速提升。抗灾之急如火如荼，每个人都责无旁贷，社会横向的人际关系和纵向的干群关系呈现一个全新的境界。所有人内心的善意和爱意，都被主动调动起来，汇成一条宽阔的爱河。在巨大灾难面前，原本已开始出现间隙和断裂的中国社会各阶层和群体放弃一切成见，积极行动起来，地不分南北，年不分老幼，人不分贵贱，上下归心、全民一愿，纷纷向灾区人民伸出援助之手。全社会所传递过来的无处不在、无时不有的关心、关切、关怀与爱意，让灾区人民深受鼓舞，倍感亲切。

4. 举国哀悼，全民参与

为了表达全国各族人民对汶川大地震遇难同胞的深切哀悼，国务院决定，4 月 19—21 日三天为全国哀悼日。举国上下为平民百姓举行国家哀悼，这在中华五千年文明史上尚属首次。当我们听到那四处拉响的声声警报时，我们感受到的与其说是呜咽与哭泣，不如说是号角与呼唤。这呼唤是对生命的呼唤，对人性的呼唤，对以人为本全新理念和价值尺度的呼唤。当国家哀悼日各地人民在默哀后动情高呼"中国加油"、"四川雄起"、"汶川挺住"之时，他们的心实际上已经和受灾群众在一起了。于是，我们看到：从沿海到内陆，从城市到乡村，不分民族，不分老幼，不分单位与个人，为受灾同胞捐一份钱物，为灾区家园重建尽一份心力成为社会的主流和人们的自觉行动。人们有钱出钱，有力出力，奉献了自己的爱心和力量。

5. 团结协作、共克时艰

抗震救灾，彰显、传承和弘扬了中国人民的大团结、大协作精神。中华民族向来葆有团结统一的优良传统。灾难虽然发生在一时一地，但全民族人民却感同身受，视若己身。天灾无情人有情，齐心协力抗震救灾。这次抗震救灾是一次全体国人团结动员的极佳范本，也为中华民族团结协作、共克时艰的互助精神提供了最好的注脚。汶川大地震相当于数百颗原子弹能量被释放，致使 10 万平方公里的国土成为重灾区，但英勇顽强的中国人民没有被如此巨大的灾难吓倒，全国军民对灾区的火速支援，各地区、部门的相互配合，人与人之间的相互关爱，特别是帮助灾区人民重建家园所表现出来的社会主义团结互助精神时时处处温暖、抚慰着灾区人民的心，令世界赞叹。在党中央、国务院和中央军委的领导下，10 万子弟兵以应对现代战争的速度完成集结奔赴灾区，以大无畏的精神冒着余震不断的危险，争时间，抢速度，救生命。与此同时，来自全国各地的卫生救援队、消防救援队、地震救援队、防疫专家、心理专家、媒体记者、志愿者等也以最快的速度投入到抗震救灾的第一线。

围绕着抗震救灾过程中所呈现出的万众一心、众志成城的精神风貌，显示了中华民族骨肉相亲、血脉相连、团结互助的大仁大爱精神。万众之所以一心，那是因为我们有共同的祖国、共同的家园。众志之所以成城，那是由于我们都是中国人、都跳动着一颗中国心。这是一座固若金汤的"钢铁"长城，全赖于它是由全民族的血肉铸成。正是这种精神，增强了中华民族的自信心，给了我们前行的勇气和力量。因为它昭示着中华民族的精神没有被横流的物欲所淹没，中国社会也没有被所谓的矛盾和问题所撕裂；中国人民有信心、有力量、有智慧战胜一切艰难险阻，尽快完成灾后重建，并一路前行直至实现中华民族伟大的复兴梦。

（三）抗震救灾精神凸显了中华民族自强不息的精神

灾难特别能够砥砺一个民族的意志力，中国人民也有在巨大灾难中凤凰涅槃的能力。一部中华民族的历史，从某种意义上说，就是一部与自然灾害抗争的历史，中华民族是一个多灾多难的民族，我们的祖先，没有被灾难所压倒，而是以惊人的毅力和坚强的意志，一次次战胜自然灾害，一次次浴火重生，给我们留下了宝贵的精神财富："天行健，君子以自强不息。"可以说，自强不息是我们这个民族、国家以及每一个中国人作为民族发展进步的实践主体充分发挥主体能动性、自觉性、创造性，积极向上，勇往直前，奋发图强的重要民族品格。自强不息的精神是中华民族民族精神的精华，自古以来就受到广大有识之士的高度重视和极力倡导。孔子重视"刚"，他的处世原则是对于社会、民众有益之事要"为之不厌"、"不倦"，由之而来的个人生活态度是"发愤忘食、乐以忘忧"，由此奠定基础的社会生活态度是以天下为己任、竭尽全力奋斗到底、不达目的决不罢休。这种积极有为的思想倾向被孔子之后的儒家进一步发挥成系统的自强原则与刚健理论，"刚健而文明"由此而成为儒家重要的思想内容和社会理想，他们极力赞美"刚健笃实辉光"的人格。不仅儒家是主张积极进取、刚健有为的，墨家也有重任在肩"日夜不休，以自苦为极"的精神。以儒家为代表的刚健自强、宽厚仁德精神在长期的历史演化中逐步成为中华民族传统文化的基本精神。生命不息、奋斗不止正是在这种基本精神的长期滋养中形成的中华民族特别突出的民族特质。回顾历史、放眼世界，古往今来并世之列强，或有今而无古，或有古而无今，唯我中华民族亘古至今，几千年绵延不绝。其中一个十分重要的原因就是中华民族有自强不息、厚德载物、不畏艰险、百折不挠的精神，这种精神不仅使我们这个民族、我们的民族文化具有强大的生命力，而且使我们这个民族每遇空前劫难都能凭智仁勇、靠才力德而绝处逢生。

　　汶川大地震相当于数百颗原子弹能量被释放，致使 10 万平方公里的国土成为重灾区，无数山体滑坡移位，无数河流堵塞改道，无数城镇村舍转瞬间化为废墟，数百万人失去家园。这次地震震级之高，烈度之强，灾害之重，可谓中国有记载以来的历史之最。中国人民不仅没有被如此巨大的灾难吓倒，相反，伟大的抗震救灾实践再一次体现、诠释和展示了这种生命不息奋斗不止、千方百计战胜一切艰难险阻的伟大民族精神。只要有哪怕一点点生的希望，就决不轻言放弃，正是这种奋斗到生命最后一息的顽强意志和自强品格，在抗震救灾中创造出一个又一个生命奇迹，在废墟中生存的纪录被一次次打破。在生死界限就在眼前的严峻考验中，人们的等级观念、差别意识化为乌有，所有的人珍惜敬重的只有不可重复的生命。一切都在晃动，唯一不动的是民族自强的品格。特别令人欣慰的是废墟中传出的国歌声，"我现在活着、我很快乐"的那种顽强劲，使我们看到这种自强不息精神在我们下一代身上闪闪发光。具体来说，此次抗震救灾中自强不息的民族精神主要体现在以下五个方面。

　　第一，不屈不挠，奋勇抗争。面对灾难，如果不是站起来，就必然会被压下去。灾难来临后，中华民族强忍着悲痛，以镇静的心理、坚强的毅力、果敢的行动迎战灾难，抗击不测，不仅没有被灾难吓倒，不仅没有屈服于灾难，反而大胆地站起来，走上去，勇敢顽强地与灾难对抗，与死神赛跑，既不放弃一丝一毫获得生命的希望，也尽最大努力摆脱灾难带来的危险和威胁，力争早日消除灾难的破坏性后果，这种抗争精神无论是在灾民身上，还是在救援者身上都得到了最大限度的体现。自然灾难给人类带来的最大痛苦莫过于对无辜生命的无情摧残。但是，地震发生后，身处灾区的人民，面临接连不断的余震，迎难而上，不屈不挠，奋起自救互救，与死神抗争，与命运搏斗的情景，生动地阐释了中华民族自强不息精神的深刻内涵。100 小时，164 小时，179 小时，266 小时……不断被刷新的生命奇迹，见证了生命的顽强；北川中学靠吞墨水维持生命的孩子们在废墟下的歌唱，"幸福和快乐是结局"，让我们欣慰于求生意志的强大力量；像母亲护卫自己的孩子一样把两个学生紧紧地拥在自己身下的龙居小学女教师向倩；冒死将 10 多名还在午休的同学从床铺上摇醒逃生，自己却被压在废墟下永远失去了右腿的青川县木鱼中学年仅 13 岁的初一学生何翠青；从深山中翻山越岭背着 3 岁的妹妹徒步行走 12 个小时终于到达安全场所的北川县 11 岁的张吉万……如此多的救人与自救的事迹，又使我们坚信：只要有爱，就会坚强。正是广大灾区人民面对灾难不屈不挠，奋起自救互救的精神，赢得了全国人民和全世界人民的敬重。

第二，不畏艰险，顽强拼搏。8.0 级特大地震、特殊的地理条件和恶劣的天气，导致灾区交通、通信、电力全线中断，很多重灾区成为"孤岛"，这既对灾区人民的生命构成了威胁，也给抢险救灾带来了难以想象的困难。但是，"任何困难都难不倒英雄的中国人民"！为拯救被废墟掩埋的生命，为捍卫国家和人民的利益，抗震军民不畏艰险，顽强拼搏，展开了气壮山河的生死大营救。这方面的突出事例很多。这里仅举四个典型：

1.12 名勇士组成的村民敢死队。在彭州龙门山镇黑山村，在地震发生后，山村之外的回龙沟，还有 45 名被困群众生死不明。于是，由 12 名村民组成了一支敢死队，立即奔赴回龙沟。在 2.6 公里的山路上，有 10 处被山崩阻绝，每分钟都有山石坠下，在余震中简直是崩石如雨，随时都有生命危险。这 12 名勇士以大智大勇，克服重重困难，带领群众分批撤离，终于使 45 名受困群众脱离了险境。

2. 舍生忘死的女警察蒋敏。灾区女民警蒋敏在这次地震中失去了最为宝贵的两岁孩子，还失去了母亲以及爷爷、奶奶等 10 位至亲的亲人。在如此巨大的沉痛打击下，这个看似柔弱的女子却以"泰山压顶不弯腰"的英雄气概，一刻不停地投入抗震救灾的繁重工作。她像对待自己的孩子一样对待别人的孩子，像救助自己的亲人一样救助灾区的每一个灾民。由于她夜以继日地工作，以致昏倒在工作现场。

3. 从 1500 米高空跃下的 15 名空降勇士。交通阻隔、情况不明，给抗震救灾带来了严重困难。为了突破这道难关，队长李振波率领 15 名突击队员，身背小型卫星通信站、超短波电台、夜视仪，从高空跳伞，尽快摸清灾情。难关在于，汶川一带地形复杂，高山入云，峡谷险峻，飞机无法飞到通常进行跳伞所需要的 800—1000 米高度；再加上没有地面机场导航，没有地面标志指引，没有人接应，甚至没有相应的气象水文资料。既没有这样的空降训练，也没有这样的先例，其难度与风险可想而知。看来，只有拼死一搏了，于是他们每个人事先写好了遗书，奋不顾身、毅然决然地从 1500 米高空跳下。万幸的是，这 15 位勇士无一人伤亡或走散失踪，他们落地之后，迅速弄清灾情，用随身携带的卫星电话向中央通报了灾情。

4. 身先士卒的师参谋长王毅。汶川地震后，武警某师接到命令，要不惜一切代价，向震中汶川挺进，弄清灾情，恢复联系。师参谋长王毅主动请缨，带领 670 名官兵，组成一支现代化摩托部队。然而，这支部队刚行进到古尔沟一带，就受到山体塌方的严重阻挡。王毅果断决定，组织 200 名勇士，步行向汶川挺进。他们冒着余震的危险和山体滑坡的威胁，在漆黑的夜里，历经 21 小时，强行军 90 多公里，成为第一支到达震中汶川的救援部队，并迅即用卫星电话报告情况，使汶川同外界的联系在断绝33个小时之后，重新建立起来。

第三，万众一心，团结奋斗。汶川地震发生后，胡锦涛在第一时间作出重要指示，并亲赴四川灾区一线，指导抗震救灾工作。温家宝在地震发生后几小时抵达震区现场指挥，并将指挥部设到抗震救灾第一线，亲任抗震救灾总指挥。在震区的88个小时里，他冒着余震和危险奔走于四川灾区，爬上严重破损的建筑，划破手臂也不顾。在党中央、国务院和中央军委的领导下，海陆空全体解放军、武警战士、公安干警、卫生救援队、消防救援队、地震救援队、防疫专家、心理专家、媒体记者、志愿者等，急如星火，披星戴月，以最快的速度赶赴灾区，迅速投入到第一线的抗震救灾战斗中。"一方有难、八方支援。"各地政府、企业、社会团体、个人也纷纷伸出援助之手，慷慨解囊，踊跃捐款捐物，各种救灾急需物资从全国乃至世界各地源源不断地运往灾区。举国上下成千上万的同胞踊跃义务献血，各地频现献血长龙"挤爆"血站的场面。当国家哀悼日期间各地群众在默哀后动情高呼"中国加油"、"汶川挺住"的时候，他们的心已经与受灾群众一起跳动。围绕着抗震救灾斗争所呈现出的万众一心、团结奋斗的精神风貌，显示了中华民族骨肉相亲、血脉相连、团结互助的大仁大爱精神。正是这种精神，给了我们信心、勇气和力量，给灾区人民带来了温暖。这表明，中华民族的精神并没有被横流的物欲所淹没，中国社会并没有被发展很不平衡的矛盾和问题所撕裂；中国人民有信心、有力量、有智慧战胜一切艰难险阻，有信心、有力量、有智慧尽快完成灾后重建并继续沿着强国之路勇往直前。

第四，直面苦难、积极乐观。面对痛苦，不折不弯，面对灾难，坚强不屈，勇敢地站起来，勇敢地走出去，这是乐观主义的态度，也是积极的人生精神。在这次灾难中，笑对苦难，乐观看待人生，不屈不挠、开创未来是中华民族精神得到体现的又一方面。为了生命，要一直醒着看到曙光再现；为了生活，要一直笑着把痛苦轻轻抹去；为了未来，要迅速战胜对过去的记忆，甩掉灾难的阴影。我们看到，在灾难中，灾民固然有痛哭，有悲伤，但也不乏镇静和幽默，不乏乐观和坚强。不少遭灾者，面对灾难，仍旧从容地笑，坚强地活。不少灾区的群众，在震后一周内就开始为恢复生产、恢复正常的生活秩序而努力，着手重建美好的新家园。这种百折不挠、面向未来的乐观精神，是对付灾难、医治灾难创伤和痛苦的最好药剂，也是中华民族精神得以散发和发挥的最强动力。

第五，科技升华自强内涵。自强不是盲目蛮干，拼搏并非无谓牺牲，在抗震救灾中我们坚持依靠科学、运用科学，把科技的力量与顽强的斗志紧密结合起来，既充分发挥人的能动精神，又充分发挥科技的重要作用，攻克道道难题，化解种种风险，使科技成为战胜地震灾害的强有力支撑，使中华民族自强不息的可贵品格赋予了新的时代内涵、得到了新的升华。

总之，地震中淘洗的人性光芒，使我们认识到，自强不息是作为支撑中华民族历经沧桑、饱受磨难，但仍然繁衍至今，并充满旺盛生命力的重要力量之一。地震毁灭了人类创造的物质文明，但却以这种残酷的方式，使深深植根于我们民族深厚文化土壤之中的仁爱精神获得了生机。珍惜用生命代价换来的这一宝贵精神财富，就要求我们充分认识市场经济条件下人性的丰富性、完满性和复杂性，矫正被市场扭曲的人性，完善自强不息民族精神的多重内涵。

抗震救灾精神集中体现和丰富发展了中华民族不畏艰险、百折不挠的精神，进一步彰显了民族英雄气概。"多难兴邦、多难励党"这是深谙中华民族光荣而苦难历史真谛的党和国家领导人的精辟概括。在不断战胜艰难险阻中凝练成的不畏艰险、百折不挠的精神，深深地积淀在中国各族人民的集体意识和共同品质中，正如这次大地震所展现的那样，每遭重大灾难的打击蹂躏都会得到新的锤炼升华、赋予新的内涵且迸发出无比强大的力量。盘古开天辟地，女娲炼石补天，夸父追日，羿射九日，鲧禹治水等是中华民族不畏艰险、百折不挠精神的渊源。中国历史上无数可歌可泣的英雄俊杰在经受非人磨难中，历练出一种惊天地、泣鬼神的顽强意志，在中华民族精神史上写下灿烂篇章。在抗震救灾的伟大实践中，面对极其惨烈的空前灾难，面对极其严重的超常困难，广大军民临危不惧、奋不顾身、舍生忘死，哪里灾情危急就向哪里冲去，哪里有生死考验就向哪里挺进，哪里有受灾群众就向哪里集结，展现了中国人民压倒一切困难而不为任何困难所压倒的超人勇气，体现了中华民族的惊天地泣鬼神的英雄气概，有了这种精神，我们就无往而不胜。

三 弘扬抗震救灾精神，建设中华民族共有的精神家园

沧海横流，方显英雄本色。在 2008 年抗震救灾的伟大实践中，国人的灵魂得到了一次净化，公民的道德得到升华。源远流长的中华民族精神，在这场不期而遇的特大地震灾害中不仅得到高度弘扬，而且经历了现代洗礼，得到了锤炼、激励与升华。这就是胡锦涛同志所概括的万众一心、众志成城，不畏艰险、百折不挠，以人为本、尊重科学的抗震救灾精神。它是中华民族精神在面对突如其来的生死考验中谱写的崭新而伟大的新篇章，是中华民族精神在新时期的集中体现和新的发展，必将成为激励中华民族建设共有精神家园、实现伟大梦想的新动力。

（一）抗争救灾精神谱写了中华民族精神的新篇章

"在波澜壮阔的抗震救灾斗争中，我们用理想凝聚力量、用信念铸就坚强、用真情凝结关爱，大力培育和弘扬了万众一心、众志成城，不畏艰险、百折不挠，以人为本、尊重科学的伟大抗震救灾精神。"① 这是胡锦涛同志对中华民族抗震救灾中所体现的伟大抗

---

① 胡锦涛：《胡锦涛抗震救灾总结表彰会讲话》，《解放军报》，2008 年 10 月 9 日。

震救灾精神的最高概括、科学阐述和准确定位，具有重要的理论和实践意义。

1. 抗震救灾精神是克服一切艰难险阻的强大精神支柱

抗震救灾精神集中体现和丰富发展了中华民族以爱国主义为核心的中华民族精神，进一步增强了民族的向心力、凝聚力和战斗力，世界为之侧目。在突如其来的特大灾难面前，全党全军全国各族人民迅即动员起来，举国上下患难与共，目标高度一致，即抗震救灾是当前的第一要务。灾情就是最高命令，抗震救灾是全体国人上至总书记下至公司职员义不容辞的神圣使命。汶川地震发生后不到两小时，时任国务院总理的温家宝就赶赴现场。在震区的 88 个小时里，人们听到他坚定的话语："当前第一位的任务就是救人"①。在抗震救灾的第一线，人们从时任总书记"四个尽全力"的坚定语调中看到承诺、看到希望。国家最高领导人和灾区人民同甘共苦，零距离接触，手与手相握，心与心相通。在第一时间形成抢救生命的强烈责任意识与果断自觉行动，不仅是灾区第一线的灾民和救援人员在奋勇投入，夜以继日地战斗，就是远在天涯海角的人们也在以自己可能的方式勇敢担当。面对汶川特大地震给人民生命财产和经济发展造成的重大损失，我们看到广大干部沉着冷静，积极响应党和政府的号召，发扬艰苦奋斗、不屈不挠的精神，投入抗震抢险斗争和灾后重建的工作中。尽管灾区人民心里有多种次生灾害威胁的阴影，还有失去家园、失去亲人的沉痛打击，但恢复生产、重建家园的信念之火已熊熊燃起。在废墟上、在露天教室、在帐篷课堂里已传来琅琅书声；在田野里有了忙碌劳作的身影。这种积极乐观、奋发向上的精神为中华民族精神注入了新的时代内涵，维护了灾区社会秩序的稳定，使一切营救和灾后重建工作得以顺利地进行，使国家和民族能从灾害的创伤中迅速恢复过来。虽然大地

---

① 吴年荣：《抗震精神引领中华民族走向伟大复兴》，《赣东都市报》，2008 年 7 月 17 日（A01）。

震已经过去数年了，但万众一心、众志成城，不畏艰险、百折不挠，以人为本、尊重科学的伟大抗震救灾精神却历久弥坚，内化为中华民族的遗传基因。正如国外一些媒体所赞扬的那样——汶川地震的巨大灾情震动了整个世界，但让整个世界为之震惊的是中国人在面临灾难所展现出来的坚韧与顽强；在抗震救灾中释放出巨大的能量，达到一种新的境界，成就了中国的大国风范，足以使中国赢得全世界的敬意和赞扬。这种众志成城、共克时艰、团结协作、自强不息的抗震救灾精神必将成为中国未来克服一切艰难险阻、战胜各种天灾人祸的强大精神支柱。

80

2. 抗震救灾精神彰显我国文化软实力

在改革开放的伟大实践中，民族精神成为发展中国特色社会主义事业的强大精神支柱和动力源泉。以爱国主义为核心的新时代民族精神是我国社会主义核心价值体系的基本内容，是国家"软实力"的强大支撑。事实上，在抗震救灾的伟大实践中所凝聚而成的抗震救灾伟大精神，正是对爱国主义为核心的民族精神和以改革创新为主要内容的时代精神的凝聚与深化，是中华民族"软实力"的最好体现。

首先，抗震救灾精神彰显和弘扬了爱国主义的生命力、凝聚力和创造力。中华民族绵延流长的五千年文明史已充分证明，以爱国主义为核心的民族精神成为中华民族生生不息、薪火相传的精神支柱，是中华优秀文化"软实力"的强大支撑。抗震救灾精神集中体现和丰富发展了中华民族的爱国主义精神，进一步增强了民族使命感。"5·12"大地震发生后，上至党和国家的领导人下至普通民众，全民紧急动员起来全力投入，举国上下患难与共，前方后方同心协力，海内海外和衷共济。"先天下之忧而忧，后天下之乐而乐"、"苟利国家生死以，岂因祸福避趋之"的精神境界此时此刻在国人中付诸行动、经受洗礼。在大地震面前，各族人民再一次空前一致地团结起来。在这次抗震救灾中，很多基层干部包括普通群众强忍失去亲人的悲痛，舍小家顾大家，个人利益服从集体利益，民众的爱国主义精神和顾全大局的意识得到充分的体现，众志成城，万众一心，团结互助、无私奉献的爱国主义精神得到彰显和弘扬。

其次，抗震救灾精神也是中国特色社会主义制度优越性的一次彰显。汶川大地震的震级之高，烈度之强，灾害之重在中国灾害史创下了无数个之最。在10万平方公里的重灾区，山体滑坡移位，河流堵塞改道，城镇村舍化为废墟，交通道路遭到全面破坏，但在救援条件如此艰难的条件下，我们能够在短时间之内就取得抗震救灾的伟大胜利，一个很重要的原因就在于我们充分发挥了社会主义集中力量办大事的优越性。全国上下，从中央到地方，政令畅通，步调一致，万众一心，共建克难。救援速度之快捷，调度之科学，无一不显示出社会主义的强大力量和制度优势。可以说，抗震救灾的伟大实践，不仅让我们国人再次见证了中国特色社会主义制度的巨大优越性，也让世人为之侧目、为之惊叹！通过这次抗震救灾，全世界看到了一个文明进步、团结自信、开放透明的中国，尤其是伟大的抗震救灾精神更为我国赢得了世界广泛认同和赞誉。西班牙《世界报》在题为《一个摧不垮的民族》的文章中，称赞中国拥有举国动员的能力、勇往直前的决心和强大的团结互助的精神。文章说道："面对这次大规模的地震，中国政府以有效和坚决的方式作出了令人难以置信的迅速反应。""地震24小时内，2万军人到达灾区，另有3万人增援。这种快速动员反映出对有效救援的重视，中国要向世界表明，奥运会之际，它顶得住任何风波。""'以人为本'这一近年来在举国上下达成的全民共识，是此次抗震救灾精神遗产之核心所在，在惨烈的地震废墟中站起的是一个大写的'中国人'。"

总之，在这次抗震救灾中，快速决策、公开透明、以人为本、万众一心，团结协作等传统民族精神和新的时代精神都在行动中得到了体现，使整个世界重新认识了中国。伟大的抗震救灾精神宛如一座不朽的丰碑，将永远载入中华民族的史册，并为中国特色社会

81

主义伟大事业提供了强大的发展动力。

　　3. 抗震救灾精神是对伟大的传统民族精神的升华

　　伟大的民族精神在继承中绽放活力，在抗震救灾中淬炼、凝聚与升华，并注入了崭新的元素。胡锦涛在 2008 年 6 月 30 日召开的抗震救灾先进基层党组织和优秀共产党员代表座谈会上强调，万众一心、众志成城、不畏艰险、以人为本、尊重科学的伟大抗震救灾精神，是爱国主义、集体主义、社会主义精神的集中体现和新的发展，是我们党和军队光荣传统和优良作风的集中体现和新的发展，是中华民族精神在当代中国的集中体现和创造性发展。

82

　　第一，尊重生命的人本精神。从抗震救灾过程来看，以人为本位，尊重人的价值，关注人的生存，重视人的发展的民族精神已经成为我国危机治理的首要准则。在此次抗震救灾过程中，"生命高于一切"成为从政府到百姓共同的价值观，我们用"遗体"而非"尸体"来描述死难者启动了新中国成立以来规模最大的心理救援行动。这些都浸透着对生命的尊重，对生命的珍重正是对民生政治最好的阐释。为表达全国各族人民对地震遇难同胞的深切哀悼，国务院决定 2008 年 5 月 19 日至 21 日为全国哀悼日。在此期间，全国和各驻外机构下半旗致哀。停止公共娱乐活动。这是新中国成立以来第一次为普通百姓设立全国哀悼日，从本质上说，全国哀悼日是国家与一个个国民之间的最富有情感交流的相守和共鸣。这种对遇难同胞的哀悼，也表达了党和政府对人的价值的尊重和关爱，对人权的尊重和保护。抗震救灾使全国各地区、各行业及广大民众表现出一种普遍高涨的民族凝聚力，一个重要原因是我们亿万人民在此时真切感受到了作为人民主体的意义，真切地感受到了他们与这个国家、与这个社会、与这个民族、与这个政府休戚相关，命运与共。

　　第二，"多难兴邦"的反思精神。在北川中学的黑板上，温家宝写下了"多难兴邦"四个字。这是对师生的勉励，也是时任总理代表国人在灾难面前立下的誓言。8.0 级大地震无疑是我们这个民族一场特大的悲剧，但同时一个经受悲剧洗礼的民族是理性的内敛的，不虚浮不放纵，并因此而走得更踏实。灾难往往会激发民族精神、凝聚民族力量，成为民族发展、民族振兴的重要转机。多难并不必然兴邦。如果不肯踏在教训的阶梯上有力前行，对进步的补偿就不会自然而至。在应对大灾大难的实践中，中华民族再次审视自己，全社会开展了一场集体性的大反思，用理性的思考促进社会的进步以此来告慰死难者，中华民族真正从灾难中得到了补偿。正如胡锦涛在全国抗震救灾总结表彰大会上所指："一个善于从自然灾害中总结和吸取经验教训的民族，必定是日益坚强和不可战胜的。"多难兴邦，缘于反思——这就是中国人在经历此次大灾后所得出的理性结论。

第三，尊重科学、依法办事的现代性精神。此次抗震救灾之所以显得如此有力、有序、有效，其中一个很重要的原因就是：我们在整个救灾过程充分发挥了现代科技的力量，依循法治的原则做事。在抗震救灾过程中，既充分发挥人的能动精神又充分发挥科技的攻坚作用，把科技力量与顽强的拼搏精神紧密结合起来。毋庸置疑，大量的救灾、建筑、心理辅导、水利等方面的专家在抗震救灾过程中克难攻坚，充分发挥了专业救灾、科技救灾的支撑作用，他们的作用显而易见，无可替代。与此同时，把抗震救灾纳入法制轨道是此次救灾过程的一大亮点和特色。此次抗震救灾，从中央到地方，从政府到公民，都依法办事，启动应急程序，展开救援行动，包括为做好灾后重建工作，国务院还专门颁布了《汶川地震灾后恢复重建条例》，将应对自然灾害正式纳入法治化轨道，体现了法治精神，政府的应急能力得到明显提升。

第四，面向世界的开放精神。经过30多年改革开放的发展与积累，中国已然成为世界大国，在面对各种突发危机和灾难时，中国政府显得更加自信而开放。其中表现之一，就是我们专门制定了《政府信息公开条例》，条例要求：凡是"涉及公民、法人或者其他组织切身利益的，需要社会公众广泛知晓或者参与的"信息必须主动公开。此次汶川发生大地震后，政府依照《政府信息公开条例》要求在第一时间向公众作公布。事实上，在大地震发生仅仅几分钟后，人们便迅速从电视、网络、广播、手机等工具中获知了灾难真相。在整个抗震救灾过程中，中国各级政府建立起了及时、公开、透明的信息发布机制，"以公开为原则，以不公开为例外"成了新的信息发布准则。权威的电视、广播等媒体以24小时直播的方式，全面、深入、准确地滚动报道灾情和抗震救灾的进展情况，国务院新闻办公室和四川省每天召开新闻发布会，及时准确通报有关情况。也就是在第一时间，中国政府便允准并帮助境外媒体记者前往灾区进行不受限制的采访与报道。与此同时，中国政府作为受灾国首次接受俄罗斯、日本、韩国、新加坡等多国的国际救援人员参与救灾行动，并向国际社会主动表示希望优先紧急提供更多帐篷以解决灾区人民的急需之用。

第五，热情参与公共事务的公民精神。在此次抗震救灾过程中，各种社会力量尤其是民间团体和组织充分发挥了他们的组织动员优势，积小成大，汇聚成了一股强大的民间救助力量，成为除军队和政府专业救援队伍之外的第三支重要力量。可以说，在此次汶川抗震救灾过程涌现的10多万志愿者大军，开启了中国公民精神的一个新里程碑。他们对公共事务的热情参与，对公民社会的形成，对和谐社会的构建必将产生越来越大的作用。这种态势，既是中国公民社会逐步发育的结果，也是党的群众观在新的历史条件下与时俱进的结果。

总之，通过此次抗震救灾，中华民族精神经受住了一次空前严峻的考验，再次得以淬炼、凝聚与升华。伟大的抗震救灾精神是这场震灾留给我们民族的宝贵财富，我们必须善待之并善用之。

（二）抗震救灾精神是建设中华民族共有精神家园的重要财富

十七大报告提出要"弘扬中华文化，建设中华民族共有的精神家园"。众所周知，我们每个人乃至每个民族都有自己的精神家园，关键在于精神家园以什么做载体，这个载体决定着这个精神家园是否高尚。

"5·12"汶川大地震，是对中华民族的一次磨砺与考验，是对中华民族精神的一次洗礼和检阅。"多难兴邦"，在这次大地震中展现出的抗震救灾精神，再一次对中华民族精神在灾难中的凝聚、激励和支撑作用作出了生动的诠释，再一次充分证明了中华民族精神始终是支撑和促进中华民族繁荣和振兴的伟大力量。在这次抗震救灾中所彰显和发展了的中华民族精神，必将以其独特的魅力、耀眼的光芒，激励全国人民在发展中国特色社会主义的康庄大道上勇往直前。

不言而喻，除去物质和地理概念的家园外，人还应该有更高的精神追求，即精神的家园。所谓精神家园"是一个比喻，一个象征，它指的是人们的精神信仰和精神世界，是个人或民族共同的精神支柱、情感寄托和心灵归宿，是生命的价值追求和终极关怀"。[1]"一个民族，一个国家，如果没有自己的精神支柱，就等于没有灵魂，就失去凝聚力和生命力。有没有高昂的民族精神，是衡量一个国家综合国力强弱的一个重要尺度。"[2] 中华民族作为一个群体有其区别于其他民族的共有精神家园。中华民族共有精神家园是"由精神家园、社会认同和共有精神家园的概念组合推演而来"。[3]"由共同的文化根基、共同的时代精神和共同的价值目标所构成。"[4] 共同的文化根基反映了中华民族经过漫长的历史发展所传承下来的特有的文化传统、社会习俗、道德情感、精神意志等；共

85

---

① 纪宝成：《弘扬中华优秀传统文化建设民族共有精神家园》，《教学与研究》，2008 年第 4 期。

② 江泽民：《江泽民论中国特色社会主义（专题摘编）》，北京：中央文献出版社 2002 年版，第 395 页。

③ 陈仕平、陈燕：《新时期中华民族文化认同目标的解读——中华民族共有精神家园基本议题的剖析》，《湖北社会科学》，2008 年第 5 期。

④ 向玉乔：《中华民族共有精神家园的构成》，《光明日报》，2008 年 4 月 1 日 (9)。

同的时代精神就是以改革创新为核心的时代精神；共同的价值目标就是要在新世纪实现中华民族伟大复兴的"中国梦"。所以，要建设中华民族共有精神家园，弘扬和培育民族精神便是题中应有之义，借此形成中华民族共有的精神、观念、理想、目标和追求。"中华民族是具有伟大民族精神的民族。千百年来，中华民族之所以能够历经磨难而不衰，饱尝艰辛而不屈，千锤百炼而愈加坚强，靠的就是这种威力无比的民族精神，靠的就是各族人民的团结奋斗。越是困难的时候，越是要大力弘扬民族精神，越是要大力增强中华民族的民族凝聚力。"①

86

抗震救灾彰显和体现了中华民族精神价值与力量，在此过程中凝聚而成的抗震救灾精神对于中华民族精神家园的建设必将产生深远的影响。"5·12"汶川大地震极大地激发了伟大的民族精神，海内外广大民众爱国主义热情空前高涨，民族凝聚力和民族自觉意识空前提升，亿万民众齐心协力、众志成城、顽强拼搏、共克时艰，表现出"万众一心、同舟共济"、"一方有难、八方支援"、"自力更生、艰苦奋斗"、"迎难而上、百折不挠"的崇高品质，而在这些精神之中，始终贯穿着一条爱国主义的思想红线。抗震救灾精神是"九八抗洪"、抗击"非典"、抗击南方冰雪精神的延续与升华，是伟大的中华民族精神的集中体现，它既弘扬和提升了中华民族忧国忧民的爱国精神、刚健有为、自强不息的自强精神、仁民爱物、民胞物与的仁爱精神、天道为末、人事为本的人本精神，又锤炼和升华了以改革创新为核心，以人为本、自立自强、民主科学、讲究效率和开放包容等时代精神，是民族精神和时代精神汇流的中国精神，是中华民族精神的一种崭新形态。"伟大抗震救灾精神，集中体现和进一步发展了爱国主义、集体主义、社会主义精神，集中体现和进一步发展了我们党和军队的光荣传统和优良作风，集中体现和进一步发展了中华民族的伟大民族精神和当代中国

---

① 胡锦涛：《坚决打赢"抗非"攻坚战》，《南方日报》，2003 年 4 月 30 日。

人民的时代精神，是党和人民极为宝贵的精神财富。"①

　　民族精神是夯实民族认同基础和增强民族凝聚力、生命力和创造力的精神纽带；是提高综合国力和世界竞争力、实现中华民族伟大复兴的强大精神动力；是调动中华民族一切积极因素，激发广大群众建设中国特色社会主义的积极性和创造性的精神杠杆；是化解社会主义市场经济条件下工具理性恶性膨胀与价值理性遮蔽导致价值失序、扭曲挑战的精神利器；是战胜各种风险、危机和考验，全面推进中国特色社会主义建设的强大精神支撑。抗震救灾精神是中华民族精神的崭新形态，是社会主义核心价值体系建设成果的生动体现，同时也是全面建设小康社会、努力构建社会主义和谐社会和实现中华民族伟大复兴的宝贵的精神资源。因此，在全面建设小康社会、努力构建社会主义和谐社会过程中必须大力弘扬，"我们要在全党全社会大力弘扬伟大抗震救灾精神，使之转化为艰苦奋斗、重建家园的坚定意志，转化为推动经济社会又好又快发展的强大力量。"②

　　总之，在这次抗震救灾斗争中得到锤炼和升华的民族精神是中华民族一笔弥足珍贵的精神财富，在灾后重建以及以后的生活中我们必须百倍珍惜、大力弘扬。通过弘扬抗震救灾精神，形成中华民族奋发向上的精神力量与团结和睦的精神纽带，为推动科学发展、促进社会和谐输入源源不断的动力支持和精神支撑。

（三）让伟大的抗震救灾精神永放光芒

　　每当念及"5·12"这个特殊日子的时候，我们的情感顿时变得复杂起来：有感伤、有慨叹，间或夹杂着些许余悸。但充盈人们心底的，当是无尽的欣慰、自信和坚强。这其中，让我们记忆最深

---

　　①　胡锦涛：《胡锦涛抗震救灾总结表彰会讲话》，《解放军报》，2008 年 10 月 9日。

　　②　同上。

87

刻的,莫过于胡锦涛振聋发聩的声音:"在同特大地震灾害的艰苦搏斗中,我们的民族和人民展示出了十分崇高的精神。这就是万众一心、众志成城,不畏艰险、百折不挠,以人为本、尊重科学的伟大抗震救灾精神。"这精神,劲如东风,慰藉逝者,感召天下;这精神,洁似圣火,留存千古,永放光芒!

1. 高度重视抗震救灾精神在我国精神家园建设中的重要地位

所谓灾后重建,理所当然要包括物质和精神两方面的建设,两手都要抓,两手都要硬,一手抓现代化的物质家园建设,一手抓现代化的精神家园建设。两方面相得益彰,缺一不可,缺了任意一环,灾后重建都是单一和残缺的。显然,在抗震救灾中形成的抗震救灾精神是精神家园建设的核心内容和强大动力。此次抗震救灾中所彰显的"万众一心、众志成城,不畏艰险、百折不挠,以人为本、尊重科学"的伟大抗震救灾精神是中华民族的伟大民族精神在当代中国的集中体现和新的发展,是对社会主义核心价值体系的集中体现和全新诠释。弘扬抗震救灾精神,建设精神家园,是灾后重建的内在要求,是关系灾区快速恢复、科学发展的根本举措,是建设中华民族共有精神家园的客观需要。

灾后重建是一项巨大的工程,也是一项长期而艰巨的任务。记得地震刚发生后的电视节目上,央视的一位主持人一度哽咽地说:"为什么我们总是被这样的画面、被这样的声音感动,为什么我们总是看着看着就会眼含热泪,因为我们爱这片土地,这片土地上的人懂得相互关怀。"这些感动,延续着中华民族的传统美德,坚定着灾区人民的信心,激励着灾后重建队伍的斗志;这些感动,是我们共渡难关的共鸣,是我们重建家园的心声。因为有了这些感动,我们更加有力;因为有了这些感动,我们的心贴得更紧!

2. 让抗震救灾精神成为提升我国软实力的强大动力

国家软实力不是一种强制性的力量,它的发挥根本上是靠文化的吸引、精神的感召,具有极强的渗透力和超越性。灾难中形成的抗震救灾精神,必将成为推动中国社会进步的精神积淀,成为我国的强大"软实力"。弘扬抗震救灾精神,提高我国软实力,要抓好以下三项工作。

一是将抗震救灾精神贯穿国民教育和精神文明教育建设的全过程。为此,须做好以下六个方面的结合。

第一,把弘扬抗震救灾精神与人格化教育结合起来。古人云:"其身正,不令而行;其身不正,虽令不从。"李瑞环在《关于职工思想政治工作的若干问题》中指出:"思想政治工作要真正说服人,一靠真理的力量,二靠人格的力量。所谓真理的力量,就是宣传者、教育者所讲的东西必须合乎实际,反映事物的本质和社会进步的趋势;所谓人格的力量,就是宣传者、教育者必须言行一致,带头实践自己提倡的道德标准和价值观念。"思想意识的特殊性决定了弘扬抗震救灾精神必须建立在广大民众广泛认同的基础之上,必须靠引领和示范,而不能靠强制。身教胜过言传,先进人物的身体力行、以身垂范更容易增强宣传教育的感召力、吸引力和亲和力,更容易在广大群众中产生思想共鸣和心理认同,使人们自觉自愿去效仿和服从,从而收到"不令而行"的效果。因此,弘扬抗震救灾精神,必须以先进人物为载体,注重人格化教育。事实上,在抗震救灾斗争中,人格化教育已经得到了很好的体现和运用。中央要求"危难之时,各级领导干部要挺身而出、身先士卒,靠前指挥、全力以赴,充分发挥模范带头作用,真正成为群众的主心骨。关键时刻,共产党员要豁得出来、冲得上去,不畏艰险、勇挑重担,充分发挥先锋模范作用,真正成为带领群众前进的先进分子"。① 中华民族历来是一个多灾多难的国家,天灾人祸、内忧外患不断。中国特色社会主义是一项前无古人的事业,前进道路必然曲折而坎坷,在"当今世界正在发生广泛而深刻的变化,当代中

---

① 习近平:《抗灾领导干部要靠前指挥,真正成主心骨》,《中国新闻网》,2008年5月19日。

国正在发生广泛而深刻的变革。机遇前所未有，挑战也前所未有"① 的语境中，可以肯定的是，在前进的路上必然还会遇到这样或那样、可预见和不可预见的风险和挑战。因此，必须进一步加强人格化教育，大力弘扬抗震救灾精神。领导干部要带头讲党性重品行做表率，在新的考验中更加紧密地与人民心连心同呼吸共命运，始终战斗在第一线。宣传教育战线要大力宣传先进人物的英雄事迹，用先进人物的高尚人格激励广大人民，使人民学有榜样、赶有目标，从而将践行抗震救灾精神转化为一种高度自觉的行动。

第二，把弘扬抗震救灾精神与社会主义核心价值体系建设结合起来。伟大的抗震救灾精神，是中华民族传统精神和时代精神的集中体现和有机融合，是对社会主义核心价值体系的集中体现和全新诠释。在抗震救灾过程中，广大领导干部以身作则、身先士卒，始终战斗在抗震救灾最前线；广大解放军指战员、志愿者、医疗工作者、新闻工作者奋不顾身、连续作战，用自己的行动生动地践行了社会主义核心价值体系，在全国人民中间产生了巨大的引领和示范效应。弘扬抗震救灾精神，必须进一步强化社会主义核心价值体系建设，增强全国人民的忧患意识，保持团结奋进、自强不息的精神状态；进一步强化全体国民的责任意识、使命意识，弘扬社会公德与职业道德，传播真善美，传递正能量；进一步高扬爱国主义旗帜，坚持公平正义，坚持四项基本原则，坚定对中国特色社会主义道路、理论和制度的自信。

第三，把弘扬抗震救灾精神与传承我国传统文化精粹结合起来。中华文化源远流长、博大精深，是中华民族永远不能离别的精神家园。在中华民族传统文化精神家园中蕴藏着极为丰富的宝藏，如"诚意、正心、修身、齐家、治国、平天下"的人生理想，"天下兴亡，匹夫有责"、"舍生取义"的爱国情怀，"仁义礼智信"的基本价值，"天行健，君子以自强不息"的奋进态度等。而抗震救

---

① 《十七大报告辅导读本》，北京：人民出版社 2007 年版，第 2 页。

灾精神正是传统文化精粹在当代中国的集中体现和新的发展。通过对传统文化的去粗取精、去伪存真，可以使之变成我们内心的源泉动力，做到格物致知、知行合一、经世致用，从而达到"穷则独善其身，达则兼济天下"的精神境界。

第四，把弘扬抗震救灾精神与培育新时期人文精神结合起来。在此次抗震救灾过程中，"生命高于一切"成为从政府到百姓共同的价值观，人生苦短但生命无价，只要一息尚存，就要以百倍的努力抢救。为了顺利实现两个百年的中国梦，我们尚需借此东风，进一步弘扬以人为本位，尊重人的价值，关注人的生存，重视人的发展的人文精神，继续倡导"奉献、友爱、互助、进步"志愿者精神和团结互助、勇于担当的公民精神，练好文化内功，提升"软实力"，为增强和提高我国的综合国力奠定坚实的基础。

第五，把弘扬抗震救灾精神与深入学习和切实践行科学发展观紧密结合起来。科学发展观是中国特色社会主义理论体系的重要组成部分，是马克思主义中国化的最新理论成果，是发展中国特色社会主义事业的重要指南和战略思想。在这次抗震救灾过程中，党和政府以人为本的科学发展理念得到了淋漓尽致的展现。中央政治局九大常委先后深入灾区，以实际行动诠释着中国政府"以人为本"、"执政为民"的宗旨和理念。今后要大力弘扬抗震救灾精神，就必须与深入学习和切实开展科学发展观活动紧密结合起来，不断提高党执政兴国的能力，促进我国经济、政治、文化、社会和生态文明全面科学地发展。

第六，把弘扬抗震救灾精神与保持和发展党的先进性紧密结合起来。加强党的先进性建设是由中国共产党的性质、宗旨与执政地位决定的。始终保持和发展党的先进性，对于巩固党的执政地位、提高党的执政能力、完成党的执政使命至为重要。党的先进性是党的生命所系、力量所在，主要通过共产党员的先进性来体现。在伟大的抗震救灾实践中，各级党组织充分发挥战斗堡垒作用，广大党员充分发挥先锋模范作用，已经充分展示了党的先进性。但是，保

91

持和发展党的先进性，是一个长期的历史过程。因此，所谓大力弘扬抗震救灾精神，首先指的就是用抗震救灾精神教育党员、激励党员、磨炼党员，把弘扬和传承抗震救灾精神作为共产党员义不容辞的义务和责任。

二是把弘扬抗震救灾精神落实到我国的社会主义事业建设、发展的实践中去。

抗震救灾精神作为一种观念形态的东西，说到底是根源和服务于中国特色社会主义实践和现实的，因为，物质是第一性的、意识是第二性的，意识是对物质的能动反映。"5·12"汶川大地震是对中国 30 多年改革开放成果的大检阅，"与三十二年前唐山大地震救援相比，中国政府和民众在此次抗震救灾弘扬抗震救灾精神相关的国民教育体制、政治制度、法律体系与社会管理体系等制度的创新步伐和力度，为弘扬抗震救灾精神提供必要的法律保障和制度支撑，使抗震救灾精神深深浸润在中华民族的血脉里，体现在中华儿女的行动中……而所有一切的取得，归根结底源于中国改革开放三十年的积淀。"[①] 改革开放不但增强了中国的经济实力，也极大地改变了中国人民的精神面貌，为战胜地震灾害提供了坚实的物质技术基础和制度、观念支撑。中国共产党"以人为本"执政理念和公共服务型政府理念的确立和贯彻执行，孕育了人文关怀和人道主义精神；社会主义市场经济的建立和发展，铸就了自立精神和效率意识；中国民主政治的起步和法治社会的逐步形成，促进了民主精神和公民意识的成长；中国科学技术水平和管理能力提升催生了科学观念；30 多年的对外开放孕育了开放意识和国际视野；社会主义精神文明建设与社会主义和谐社会建设促进了诚信友爱、互帮互助精神的发展。抗震救灾精神的生成是中国 30 多年改革开放实践的必然结果。

① 刘万强：《汶川地震大救援展现中国改革开放 30 年积淀》，《中国新闻网》，2008 年 5 月 27 日。

因此，弘扬抗震救灾精神的基础，不在精神本身，而在改革开放和社会主义现代化建设实践。也就是说，弘扬抗震救灾精神，着力点在于把抗震救灾精神贯穿于各项工作中。"任何民族精神，既是以一个民族在文化传统的基础上形成的，又是对现时代实践活动中客观需要的回应。民族精神要真正深入人心、永葆活力，必须与时代相适应，与社会实践相结合。""一种精神的提倡和发扬，更根本、更主要的还在于实践。"① 弘扬抗震救灾精神，固然需要加强抗震救灾精神的学习、宣传、研究，但更重要的，是进一步增强改革开放和建设中国特色社会主义的自觉性，秉承"聚精会神搞建设，一心一意谋发展"的原则，大力加强中国特色社会主义经济、政治、文化、社会建设，扎实推进改革开放事业。只有当改革开放和中国特色社会主义事业进一步发展了，抗震救灾精神才能得到更好的认同和践行，中华民族伟大的民族精神才能得到不断丰富和发展。为此，须始终做到"两个结合"，即：

把弘扬抗震救灾精神与恢复灾后重建紧密结合起来。汶川大地震仅过百日，国务院就迅速通过了《汶川地震灾后恢复重建总体规划》，计划用3年左右的时间，全面完成重灾区的恢复重建。这是摆在全党面前的一项伟大而艰巨的任务。而要顺利完成庞大的灾后恢复与重建工程，不仅需要巨大的人力、财力和物质投入，更需要全方位的智力投入和精神支持。可以说，如能把抗震救灾精神与灾后重建工作紧密结合起来，那么就能做到事半功倍。由此，我们需努力做到：第一，全民共建。以"万众一心、众志成城"的英雄气概，举国上下和灾区人民手挽手、心连心，共同参与灾后重建共享，一定能够实现我们的目标。第二，科学创建。以科学的精神、科学的思维、科学的规划指导灾后恢复重建，灾区一定能够建设出更加美好的灾后家园。第三，创业重建。以自力更生、艰苦奋斗，不怕艰险、百折不挠的精神为支撑，把国家投入、全民支持和

① 李文海：《延安精神的时代价值》，《思想理论教育理论导刊》，2003年第6期。

自主创业有机结合起来,在废墟上重建的家园一定会更加美丽。第四,人文重建。进一步弘扬以人为本位,尊重人的价值,关注人的生存,重视人的发展的人文精神,把灾区建设成为安居乐业、生态文明、安全和谐的新家园。

把弘扬抗震救灾精神与我国发展战略的调整紧密结合起来。面对世情、国情和党情的变化,党中央和国务院及时做出了转变经济发展方式,继续深化改革开放,促进社会全面发展的重大战略调整,做出了中国特色社会主义建设"五位一体"总布局的战略决策。值此之际,一定要把弘扬抗震救灾精神和贯彻落实中央重大战略决策有机结合起来,我们才能打赢这场攻坚战。为此,我们需要树立和增强以下四种意识:第一,大局意识。要树立全国一盘棋的自觉意识,统筹好国际国内两个大局,统筹兼顾公平与正义,是当前对党员干部的根本要求。第二,责任意识。大力弘扬抗震救灾精神,最重要的就是充分发扬各级党组织的战斗堡垒作用和广大党员的先锋模范作用,真正做到平时看得出来,关键时刻站得出来,危急关头豁得出来。第三,忧患意识。在全面参与全球化的新的时代背景下,我们一定要增强忧患意识和机遇意识,既充分认识世界经济环境急剧变化给我国经济发展提出的新问题新挑战,又充分认识我国经济发展的基本态势和长期向好趋势;既做好应对世界经济最困难最复杂局面的充分准备,又善于从国际国内条件的相互转化中用好发展机遇、创造发展条件,审时度势、科学决策。第四,创新意识。要充分发扬以人为本、尊重科学的精神,不断提升原始创新、集成创新、引进吸收和再创新能力,推动产业结构调整和优化升级,促进经济、政治、文化、社会和生态文明的全面协调发展。

三是把抗震救灾精神常态化、制度化。

抗震救灾精神是中华民族在非常状态下焕发的民族精神。灾难会将人心向善的一面激活,然而随着时间的流逝,这种精神很容易逐渐退化甚至消失。"灾难总能够激发人性美好的面相,但灾难终将过去,人性之美如何能凝为稳定的道德信念,长久地嵌入人心,这更是对国人的考验。"① 如何将抗震救灾精神转化为一种常态，使其成为恒久影响和支配人们的言行的精神动力，是我们必须思考的问题。破解这一难题的根本之道在于制度建设。因为，制度更带有根本性、全局性、稳定性和长期性，这是被人类文明发展的历史反复证明了的一个真理。制度是一个规范范畴，它告诉人们能够、应该、必须做什么，或是相反，具有确定界限、形成秩序、提供预期、营造环境的功能，② 从而为价值观念的形成提供坚实的支撑和保障。缺乏了制度的规约和保障，抗震救灾精神只能逞一时之效、一时之功，难以积淀为人们稳定的心理结构。郎咸平教授在论及王石"金钱不应成为企业和个人的负担"和马云的"一元"捐款论的时候，曾一针见血地指出中国企业家之所以缺乏社会责任感，关键在于"我们是缺乏欧洲早期企业家 Profess 的信念，我们也缺乏欧洲晚期企业家法律的约束"③，有力地说明了制度建设对于弘扬抗震救灾精神的重要意义。

95

　　因此，要解决抗震救灾精神固化的问题，就必须大力加强制度建设。通过相关制度的设计和制度供给，建立一种长效机制，使抗震救灾精神内化为人们的心理积淀，成为人们的自觉精神追求，"大地震中人们表现出来的对他人的同情、关爱、无私奉献精神，能在多大程度上凝聚为相对稳定的道德信念，嵌入大多数人哪怕是少数人的心灵结构中，从而改进国人的精神状态？这取决于人们是否具有足够的道德反思能力，以及最重要的，社会中是否有一定的制度安排，能够在日常生活中不断地唤醒人们的心灵之善，把这种人皆有之又比较脆弱的善心，变成一种可持续的制度。"④ 为此，

① 秋风：《大地震检验国人精神体系》，《新世界周刊》，2008 年 5 月 20 日。
② 辛鸣：《制度论——关于制度哲学的理论建构》，北京：人民出版社 2005 年版，第 115 页。
③ 郎咸平：《马云或王石这么讲，你觉得奇怪吗》，《中国证券报》，2008 年 5 月 27 日。
④ 秋风：《大地震检验国人精神体系》，《新世界周刊》，2008 年 5 月 20 日。

必须将抗震救灾精神具体化为可操作的制度规范，增强制度的规范性和可操作性，比如公民社会的构建与规范、合理化道德自律与建构法治社会的边界、对权力机关的约束与监督机制等，这些都亟须党和政府在可预见的将来拿出切实可行的解决举措，并将其制度化、程序化和规范化。

纵观人类社会发展的历史，灾难终究是客观而不可避免的。灾难是一把双刃剑，它摧毁了物质世界，却锤炼了人的精神。恩格斯曾经指出："没有哪一次巨大的历史灾难不是以历史进步为补偿的。""艰难困苦，玉汝于成"，中华民族在几千年的发展中经历了太多的苦难和灾祸，但从来没有被灾难所压垮，始终生生不息，繁衍发展，形成了以爱国主义为核心的团结统一，爱好和平，勤劳勇敢，自强不息的伟大民族精神，铸就了在艰难困苦面前同舟共济、共克时艰的优良传统。这种伟大的民族精神和优良传统支撑着我们战胜各种艰难险阻、惊涛骇浪。

20 世纪初，鲁迅先生曾郑重指出："惟有民魂是值得宝贵的，惟有他发扬起来，中国才有真进步。"[①] 回望 2008 年，无情的地震虽然摧毁了数百万人的美好家园，夺取了数万人的生命，然而我们仍然深切地感受到伟大的抗震救灾精神所体现的中华民族自强不息、勤劳勇敢、不畏艰难、敢于抗争的大无畏英雄气概；团结一心、患难与共的爱国主义精神，中华民族巨大凝聚力、向心力和感天动地的人性光芒。经过这场抗震救灾斗争，中华民族经历了新的磨砺，中国共产党经历了新的磨砺，民族精神得到进一步的锤炼、洗礼和升华。我们坚信，在中国共产党的领导下，只要我们一如既往地高擎中华民族的精神火炬，大力弘扬万众一心、众志成城、不畏艰险、百折不挠、以人为本、尊重科学的抗震救灾精神，即便在前行的道路上还会出现险滩恶浪，中华民族也一定能从艰难中奋起，在困境中振奋，将多难化作兴邦的源泉，谱写出美好生活的新

---

① 《鲁迅选集》（第 2 卷），北京：人民文学出版社 1995 年版，第 244 页。

篇章，实现中华民族伟大复兴的中国梦。

抗震救灾彰显中华民族精神

温家宝：亲临灾区，安慰民众

在四川发生"5·12"强烈地震之后，时任总理温家宝在5月14日上午就来到四川省北川县看望受灾群众，在他向群众讲话时，双手一直紧紧搂着两个从北川中学塌陷的教学楼中逃生出来的孩子。他爬上破损的建筑，满含热泪地安抚流泪的孩子，手拿扩音器高声喊话。在抵达受灾最严重的地区后表示，"党中央没有忘记这里"，并指挥伤员抢救的工作。在视察许多受到严重破坏的学校中的一所时，温家宝穿行于泥水、水泥碎块和瓦砾堆之间，当看到营救人员在努力挖掘两名被困孩子时"热泪盈眶"，并向压在缝隙里的孩子们喊，"我是温家宝爷爷，孩子们一定要挺住，一定会得救！"

医生：抢救病人，临危不惧

在大地一次又一次晃动的间隙，都江堰人民医院的麻醉师陈峰，对手术台上的病人杨方友，轻轻说了一句话："我们都在，不要担心"。杨方友没有说话，在这地震随时可能带走生命的时刻，他信任为他留下的医生。

此刻，陈峰的5名同事和一名实习生，正紧张地为杨方友做化脓性阑尾炎手术。窗外，他们的同事和病人都已转移到空旷处。总共4层的住院大楼空了，只剩下这间手术室里，还有人争分夺秒忙碌着……

那一刻，陈峰没有想过，也许手术还没做完，他已经再也走不出这扇门。他想的很实在，如果带着手术中的病人一起出来，他们将无法同时携带手术器械，而且病人极易感染。作为医生，惟有给病人尽快做完手术，这是唯一的选择。

初三男孩：手刨4小时，抢救同学

地震前，向孝廉是漩口中学初三（5）班的学生，地震发生时自己在 3 楼的教室上课。"突然整个教室晃动起来。老师慌忙喊我们跑，我们就争相往门外涌。"在走廊上时，她感觉天旋地转，站立不稳。跑到一楼时，就有楼顶的水泥倒下来，噗的一下压在她身上。"我心想完了，就什么也不知道了。"

向孝廉是被同班同学马健喊醒的。"他在外面喊，孝廉，你在哪里？我就醒了。他一再说，你要坚持，你要坚持……"向孝廉身上压着厚厚的泥土和水泥块，马健就用双手在外面刨。"我哭着告诉他，马健，你别走，如果你要走，就等我死了再走吧。马健说，我不会走，你是我们班上年纪最小的，也是生命力最旺盛的，这点困难难不倒你。"

大约 4 个小时后，马健终于把她刨了出来。这时，马健的双手血肉模糊。"他抱着我，我们痛哭起来。紧接着他就背着我向学校大门口走去。刚走到门口，先前我被压住的地方旁边一堵墙壁突然倒塌。如果晚几分钟，我还会连累马健，我们两个都出不来了。"

军人：废寝忘食，奋力救人

截至 5 月 14 日 19 时许，救援队伍已经进入四川重灾区的所有市县。数万名军人已经开始抢救伤员、转移群众、清理废墟。

徒步急行军的疲倦、20 多个小时未进食的饥饿、余震和山体滑坡可能带来的危险，这一切，都被这些敢打硬仗的中国军人抛到一边。灾区天气恶劣，他们冒雨搜救。缺乏挖掘机械，他们就用手去挖刨。这些"最可爱的人"再次在灾难面前展示了他们的爱和力量。由于交通阻断，大型机械进不了灾区现场。救援官兵正在不停地寻找生存者，发现之后就采取一切可能的手段搬除压埋物。

教师：以自己的死，换孩子的生

5 月 13 日 23 时 50 分，救护车的鸣笛声响彻汉旺镇——中国地震应急搜救中心的救援人员在德阳市东汽中学的坍塌教学楼里连续救出了 4 个学生。

"我外甥女是高二（1）班的学生，要不是有她们老师在上面护着，这 4 个娃儿一个也活不了！"被救女生刘红丽的舅舅对记者说。

"那个老师呢?"

"唉……他可是个大好人，大英雄噢!"说着，刘红丽舅舅的眼圈红了。他告诉记者，那是一位男老师，快50岁了。

14日一早，设在学校操场上的临时停尸场上，记者从工作人员手中的遗体登记册里查到了这位英雄教师的名字——谭千秋。他的遗体是13日22时12分从废墟中扒出来的。

"我们发现他的时候，他双臂张开着趴在课桌上，身下还死死地护着4个学生，4个学生都活了!"一位救援人员向记者描述着当时的场景。

99

就是这双曾传播无数知识的手臂，在地震发生的一瞬间从死神手中夺回了4个年轻的生命，手臂上的伤痕清晰地记录下了这一切!

被困孩子：身处绝境，坚韧求生

5月12日中午两点半左右，李安宁正在她所在的北川一中高一年级上地理课。教室突然就摇晃起来。当时她在四楼，没超过20秒钟，楼就塌了。

在黑暗中待了很长时间，大约有10个小时吧，李安宁说，一些苏醒过来的、活着的同学就一起喊话。有人大声喊："高一（7）班的，我们要出去，要挺住。"还有的人喊："我们出去了一定要好好学习。"

"不知是谁起的头吧，我们活着的人都开始唱歌，唱了好多，一齐唱。"李安宁说，她现在记得最清楚的，唱的一首歌是光良的童话，里面有一句"幸福和快乐是结局"。

躺在绵阳市中心医院的走廊上，李安宁等着医院的救治。她的左腿骨折了，但李安宁没有显出疼痛的样子，这位文静的女生看着我们笑笑："没事，我不怕疼。"

案例解析

汶川大地震，死伤无数，国家遭受了无以计数的损失，但是在地震发生后，全国人民，从国家领导人到国家各级公务员，从人民子弟兵到白衣天使，从白发苍苍的老者到蹒跚学步的儿童，众志成城，万众一心，全力以赴帮助地震灾区渡过难关。

这些案例通过选取"5·12"大地震后，国家领导人、医生、军人、教师、救助者和被困者六种不同身份的人对地震所作的积极而迅速的反应，展现了中华民族万众一心、众志成城，不怕困难、顽强拼搏，一方有难、八方支援的宝贵民族精神，展现了新时期的爱国主义情怀。抗震救灾精神不仅是一个伟大的民族在崛起之前吹响的前进集结号，它更是一个多灾多难的民族勇往直前，奔向一个富强，民主，自由的领路人。中国用自己对待灾难的表现体现了一个民族的成熟，赢得了世界的尊重。

第三章 公民之善

——抗震救灾精神促进公民道德建设

伟大的抗震救灾精神，是中华民族传统美德的延续升华，是伟大的民族精神在新时期的集中体现。抗震救灾彰显中华民族精神，体现了公民道德建设的时代要求，丰富了社会主义道德建设的内涵，弘扬抗震救灾精神，必将更加有力地推动公民道德建设。

一 抗震救灾中的道德亮色

2008 年 5 月 12 日的四川汶川大地震是一场残酷的自然灾难，是新中国成立以来破坏力最大的地震，其强度之大、烈度之高，令举世震惊。我们无法回避灾难，但我们可以选择如何面对灾难。地震留给我们伤痛，也留给我们思考和启示。当时间流逝，激情归于平淡，就公民道德建设而言，我们不能不思考这样一些问题：如何把在这场大灾难中迸发出来的人间大爱延续下去？怎样把抗震救灾过程中凝练出来的伟大抗震救灾精神发扬光大？这特别值得我们关注和思考。

（一）抗震救灾中的道德之善

在这次四川大地震的历史性事件中，人们在哀伤、同情、关怀和互助中，不知不觉地使自己的心灵得到了洗涤和抚慰。抗震救灾行动中，呈现出道德之善的巨大力量。

1. 党和政府以人为本执政理念的人间大善

在地震发生后的第一时间里，党和国家领导人就给予了高度的关注。胡锦涛作出的第一反应就是救人要紧。在地震当晚召开的中共中央政治局常委会议上，特别强调的就是抢救伤员，抢救人的生命。温家宝作为抗震救灾指挥部的总指挥，亲临第一线，负责救援工作，他提出，抢救生命，只要有1%的希望，我们就要尽100%的努力。充分体现了关爱生命、以人为本的全新执政理念。这种对生命的珍惜本身就是人性善的光辉的巨大体现。

2. 人民军队冒险救人的利他精神

人民解放军与武警部队在抗震救灾工作中发挥了巨大的作用，在整个抗震救灾过程中，他们始终战斗在第一线。他们中，有从1500米高空跃下的勇士，有身先士卒的师参谋长王毅，正是有着这样精神的10万人民子弟兵，他们急灾区人民之所急，把拯救每个受灾群众的生命放在压倒一切的首要地位。正是在这些人民子弟兵冒着生命危险的救援下，幸存者得到安置，伤病员得到救助，灾区人民得到慰藉，因而受灾群众把人民子弟兵称为"新时代最可爱的人"。

3. 人民教师自我牺牲的人性光辉

在四川汶川大地震中，人民教师第一个站了出来，他们勇往直前，以大无畏的精神，为了保护学生，不惜牺牲自己的生命，他们以实际行动，维护了人民教师的尊严，展示了人民教师的人性光辉，成为了新时期人民教师的楷模。让我们首先来看教师谭千秋生命最后的姿势。5月13日23时50分，救援人员在四川省德阳市绵竹市东汽中学的坍塌教学楼里连续救出了4个学生。"要不是有他们的老师在上面护着，那4个孩子一个也活不了！"绵竹市教育局的工作人员对记者说。"我们发现他的时候，他双臂张开着趴在课桌上，身下死死地护着4个学生，4个学生都活了！"一名救援人员这样描述当时的场景。年轻漂亮20多岁的舞蹈老师汤鸿，震发时正在为学生排练迎"六·一"节舞蹈节目。发现险情后，她把学生推向墙角，把她们抱在自己怀中，垮塌的楼房倒在她的身上……尸体被找到时，她俯身趴在那面墙的角落里。她的怀里，3个女孩活了下来。龙居小学向倩老师，双手环抱将三名学生紧紧搂于胸前，用自己的身体将学生保护于身体下，自己身体却被倒塌的楼板砸成了三段。20岁的女教师袁文婷为了拯救学生，一次又一次冲进教室，柔弱的双手抱出了一个又一个孩子。当她最后一次冲进去后，楼房完全垮塌了……老师是人类灵魂的工程师，他们平时没有多少豪言壮语，没有多少英雄壮举，然而，在生与死的关键时刻，他们向我们昭示了什么是师德的高尚，什么是师表的力量，什么是民族之魂。

103

4. 举国哀悼日的设立凝聚道德意志的坚韧

为表达全国各族人民对四川汶川大地震遇难同胞的深切哀悼，经国务院研究决定，2008年5月19日至21日为全国哀悼日。这是我国历史上第一次从制度上为自然灾害死难的普通百姓降半旗致哀。哀悼日的设定，重申了国家责任，凝聚了民族情感，及时响应了民众的呼声，让全国人民充分感受到了一种人道主义的尊严与光芒。《新京报》一篇题为《全民默哀：一次珍贵的国民教育》的评论员文章说："为特大灾难事故中的遇难同胞设立全国哀悼日，兼具了国民认同感教育、同胞手足情教育、人道主义教育等多重教育价值，其必将影响几代人。所以除了在亲身经历的直接教育意义之外，它还必将通过历史教材的方式传递出长久的共同价值。"

5. 普通群众迸发出的巨大潜力

这次抗震救灾中涌现出了一大批英雄母亲。生死关头，这些父母们张开双臂为孩子撑起生命的天空。这中间，有江油市的女干警蒋小娟，为了抗震救灾，她把自己刚刚出生六个月的孩子托付给家人，而为与自己毫无关系的受灾群众的九个孩子哺乳；远在北京的一位妇女，为了支援灾区，毫无保留地把自己一生的积蓄捐给了灾区。在巨大的灾难中，还涌现了一大批小英雄。他们中有9岁的林浩，林浩同学先后救出了两名同学；还有年仅3岁的郎铮，郎铮在废墟中被困 17 个小时，当他被救出时，躺在门板做成的临时担架上的敬礼感动了无数中国人。

6. 志愿救助与爱心捐助体现出的社会责任感

从天而降的灾难瞬间摧毁了美好家园、鲜活生命，看看那些妻离子散、家破人亡、一片废墟的景象，任何一个有同情心的人都会流下眼泪。人们的关注也从未这样凝重、集中和聚集，人们的爱心从未这样喷薄而出，数以万计的志愿者奔赴灾区。从一名乞丐将一天乞讨所得到的钱全部捐给捐款处，到腰缠万贯的南方老板扔掉生意，跑到灾区当义工，抢救伤员；从成都数百"的哥"冒着余震赶往都江堰抢救伤员，到南京拾荒老人把零钱换成百元钞票塞进募捐箱；许许多多城市，献血长龙将血站挤满。各式衣着各方口音，近 20 万志愿者奔向灾区；大江南北长城内外，全国各族人民伸出援手。志愿救助者和爱心捐赠的数量达到新中国成立以来最大的数量。据民政部网站发布的数据，截至 2009 年 5 月 12 日，全国共接收国内外社会各界抗震救灾捐款 659 亿元。其中，"特殊党费"97.3 亿元；捐赠物资折价 107.16 亿元，已全部拨给灾区使用；捐赠款物合计 767.12 亿元。

中华民族在大难面前的表现令世界动容。美国媒体载文指出：在这场举国上下的民族行动中，世界看到中国人民百折不挠，再铸民族之魂。俄新社赞誉说：一个能够出动 10 万救援人员的国家，一个企业和私人捐款达到数十亿的国家，一个因争相献血、自愿抢救伤员而造成交通堵塞的国家，永远不会被打垮。这次抗震救灾，从第一刻起，便在前所未有的公开透明中进行。中国的透明度令世界瞩目，地震发生不到半小时，震情就得到了公开报道。国务院新闻办公室、受灾地区政府的发布会天天举行。及时准确公开透明的信息传播，安定稳定了局面，凝聚了力量。

这不能不说是一种伟大的奇迹！恩格斯说："没有哪一次巨大的历史灾难，不是以历史的进步为补偿的"，这何尝不是一种积极的道德补偿呢？如果说风调雨顺和和平环境下，高尚行为容易产生惰性，产生"三个和尚没水吃"的依赖感。在灾难中，人们的精神惰性和依赖性却一下子醒了，积极性得到了激活扩张，就像温家宝说的"多难兴邦"，地震成了美好道德之花的土壤，成了凝聚力、忠诚感和坚强崛起的催化剂。应该好好梳理我们曾经做出过的高尚举止和坦荡作为。这些慷慨激昂的道德之花是社会宝贵的精神财富，我们应该将她继续发扬光大，让凝聚力更强大，心理合力更整齐，使我们的道德建设向前迈上一大步。

（二）重新认识和肯定同情心教育的作用与价值

汶川大地震，不仅考验了中国人民，也赢得了世界。使中国人民乃至世界各国人民的真爱与同情得到了充分的展示。这种同情，表现了人类的共同本性，展现了人性的光辉。也使我们不得不进一步思考同情在整个道德体系中应有的位置和价值。

1. 同情的内涵

关于同情，人们也许会简单地理解为一种居高临下的施舍感情，其实这种理解并不是完全的。我们完全可以从哲学的角度来认识，从古到今很多哲学家对此有过论述。比如英国哲学家休谟就认为同情是同感，个人在想象中产生了与他人同样的感觉，如同感同身受，其实这就是同情；中国古代哲学家孟子则认为，同情是恻隐，是道德的基础，正所谓仁之端也；而德国哲学家尼采认为同情是对弱势群体以及痛苦的认同。还有人认为，同情就是一种怜悯。那么，我们到底应该怎样来认识同情呢？

第一，同情是同感。

休谟在《人性论》中对同情进行了论述。休谟认为，"一切人的心灵在其感觉和作用方面都是类似的。凡能激动一个人的任何感情，也总是别人在某种程度内所能感受到的。正像若干条弦线均匀地拉紧在一处以后，一条弦线的运动就传达到其余的弦线上去；同样，一切感情也都是由一个人迅速传到另一个人，而在每个人心中产生相应的活动"。① "当我看到任何情绪的原因时，我的心灵也立刻被传递到其结果上，并且被这样的情绪所激动。"

休谟认为同情是人性中一种强有力的因素。"人性中任何性质在它本身和它的结果两方面最引人注目的，就是我们所有的同情别人的倾向，这种倾向使我们经过传达而接受他们的心理倾向和情绪，不论这些心理倾向和情绪同我们怎样的不同，或者甚至相反。"他认为同情是人先天具有的，自然地植根于人性之中，正是由于同情，人与人才能进行情感的交流，才使道德得以产生。休谟指出："广泛的同情是我们的道德感所依靠的根据。"他认为同情发生的过程实质上就是人们情感推移和传递的过程。"凡能激动一个人的任何感情，也总是别人在某种程度内所能感受到的。正像若干条弦线均匀地拉紧在一处以后，一条弦线的运动就传达到其余的弦线上去。"

第二，同情是恻隐。

孟子在《公孙丑》中指出"人皆有不忍之心"，并指出"恻隐之心，仁之端也"。孟子为了证明人人都有不忍之心，而举了一个例子，"今人乍见孺子将入于井，皆有怵惕。恻隐之心，非所以内交于孺子之父母也，非所要誉于乡党朋友也，非恶其声而然也。由是观之，无恻隐之心非人也。"② 通过这一事例说明：其实无论是哪一个人，当他看到小孩将要掉入井中的时候都会伸手相救，这不是因为为了获得一个好的名声而取悦于乡党，也不是因为与孩子父母相熟，其根本原因是因为每一个人都有与生俱来的同情心。同情心就是善心，是一种美德。

第三，同情是理解与共鸣。

在休谟看来，同情本是一种仁慈之心，而这种仁慈之心是一种

---

① 曾刊新、李建华：《道德心理学》，长沙：中南大学出版社2002年版。

② 孟子：《孟子·公孙丑上》，杨伯峻、杨逢彬注译，长沙：岳麓书社2000年版，第7页。

天然的情感，是道德的基础，同情心包括了理解、怜悯与共鸣。而尼采认为同情不需要人们接受，反之却应该抛弃。他认为，"要拯救不幸的难人，不是你的同情，而是你的勇往"。①

尼采之所以否认同情，并不是他否认同情所代表的理解与共鸣，而是否认怜悯。他认为，怜悯对于人们走出困境起不到多大的作用，要真正走出困境，需要的是关怀和帮助而不是同情。

2. 同情的特征

英国的亚当·斯密在《道德情操论》中也认为"同情"这种情感是先天的、人人皆有"这种情感，就像人类天性中的其他与生俱来的情感一样，决非只是道德高尚仁爱的人才具有……即使是罪大恶极的流氓，十恶不赦的罪犯，也不会没有怜悯和同情。"亚当还从理性的角度分析了这一情感的由来，他认为只有和受难者进行换位思考，通过想象对方当时的感受，才能产生同情"由于我们无法直接体会到别人的感受，所以除了去想象那种处境下应该会有的感觉外，我们无法知道别人的感受……凭借想象，我们把自己放在他的处境中，设想自己忍受着同样的痛苦，我们似乎进入了他的躯体，并在某种程度上同他融为一体，因而知道他的某些感觉，甚至还会体会到某种与他相同的感受"。只有这样，通过在想象中与受难者换位，才能被受难者的感受影响而产生同情。同情、恻隐这种情感是和想象力紧密联系在一起的。

从上面的分析可以总结出同情的两个基本特征：

（1）心灵的内容，即痛苦、烦恼和不快。这一特征总与人生的负面情绪体验不可避免地联系着。有专家明确指出：第一，同情心是基于对他人的负性情绪或情境的理解而产生的对他的情绪反应，包括悲伤、关心和缓解他人负性情绪的愿望。第二，心灵指向，总是指向他人。当一个人有了恻隐之心时，就会表现出一种对他人的忧虑、担心和关切，且这一关切是纯粹道德指向；想象他人的痛苦

①　李洁：《徘徊在叔本华和尼采之间》，《世界哲学》，2006 年第 4 期。

到了自己这里，自己已经进入对方的躯体，和对方心灵相通。简单地说"恻隐之心"就是用自己的心感受他人的痛苦。在休谟看来并不是所有的受难者都会引起同情，只是那些与我们有关系的人，"由于接近、相似或因果关系，我更同情与我有关的人。我邻居的病确诊以后，我的心很沉重，如果是在报纸上看到一个陌生人得了同样的病，我的心情就不至于如此。因为我与邻居的关系密切……如果我们与某些人有共同之处，他们的情感就会打动我们；相反，如果我们与另外一些人很少共同之处，他们的情感就很难触动我们。"

（2）同情是一种美德，纯然是善的。孟子以"孺子将入于井"为例，他认为凡是路遇此事的人都会对将要入井的无知孩子突然产生一种惊惧心痛之情，直至该幼童安然无恙后，他们的内心才会得以平静。这种情感"非所以内交于孺子之父母也"；也"非所要誉于乡党朋友也"；更"非恶其声而然也"。总之，这一恻隐之心，没有其他的私心杂念，纯然是善的，绝对的，无条件的具有道德价值。这一意愿的绝对善性不随后来的行为或效果而转移——哪怕这个孩子没有得救，也不影响这一恻隐之心的高尚性。而且这一恻隐之心一旦显现，便不会停滞在主观意识的层面上，必将转化为一种实践精神，使人们"乍见孺子将入于井"必将采取某种行为来消除内心深处的惊惧、伤痛与不忍。因而"恻隐之心"这种道德情感纯然是出自一种对他人的关切，并且只是关切如何避免和解除他人的痛苦，决不是为了使自己获得某种利益，满足某种欲望。

3. 同情所具有的道德价值分析

（1）同情心属于道德情感。道德情感归属于社会意识形态，是道德领域的重要组成部分，它基于一定的道德认识，对现实的道德关系和道德行为产生着重要的影响。它是一个人根据一定的道德标准，在处理相互道德关系和评价自己或他人的行为时所体验到的心理活动。① 而道德情感是产生道德行为的力量和源泉。道德从本

---

① 曾刊新、李建华：《道德心理学》，长沙：中南大学出版社 2002 年版。

质上说是以人为主体的，是人合目的性的现实表现和价值形态，这种目的基于人的需要而直接与人的情感一致，它是通过需要确立的人与人之间的一种情感关系，是由人与利益的价值关系衍生出的人与人、人与自然、人与社会之间的价值关系。

人们道德活动中的情感体验也依不同的心理而表现出主观的、想象的、理论的体验形式，并逐步提升其过程。在道德活动中所产生的道德情感体验，反过来影响人们的道德活动。而同情心是当今人类情感中最具有广延性、迁移性和共振性的基本道德情感之一。

明代心学大师王阳明认为，此心即彼心。不仅人心是相同的，人心与宇宙也是相同的。这种万物共同心就是"仁"。"仁"的定义与孟子所使用过的"恻隐"心理体验一脉相承。王阳明论证了，人们之所以会不"忍"，是因为"仁"能使人们与所看到的"不忍"之物成为一体。无论是小人还是君子，只要不被自私的欲望所掩盖，都能表现出德行。这里的"仁"指的是同情心。只要人们都拥有一颗同情之心，人世间最美好的情操"仁"就能体现出来。可以说，社会上的贪婪与杀戮等恶行，就是因为同情心被蒙蔽而引发出来的。然而，一旦人们通过增强同情心的方式来修养品性，"仁"的美好品德和"仁"与生俱来的善良本性就会重新呈现，这样，人类高尚的道德情操也会放射最灿烂的光芒。

（2）同情心是良心的重要组成部分。良心就是人们在履行对他人和社会的义务的过程中形成的道德责任感和自我评价能力。[①]同情心是良心的重要组成部分，它作为社会关系的产物，自然会受到社会关系的影响。因此，只要有一定的社会关系，就必然有共同的利益，如果不接受别人给予的爱，自然也就不会有同情，甚至于不会有感情。良心作为一种道德准则，是评价人的行为的善恶标准，是道德准则的内在化。因此，如果没有良心，就没有人们的内在约束，没有对人们社会行为的监督。所以说没有道德，就不会有

---

① 曾刊新：《道德与心理》，武汉：湖北教育出版社1988年版。

良心，而没有良心，自然就不会有同情心。

根据孟子的观点，构成良心的具体成因有侧隐、羞恶、是非和辞让之心。侧隐之心指的是同情心，是对他人的痛苦所抱的切肤之感，即把别人的苦痛当作自己的苦痛的"通感反应"。羞恶心，是对同情心的积极补充。因为单有同情，还只会停留在"通感反应"中；只有产生羞恶心，才会付诸行动，把同情转化为对被同情者的实在的爱或支援。是非心，这是对善恶、黑白、曲折所抱的正义、公平态度，也是对自己节操的一种检查。它是同情与善恶的正确结合，它同情"真"又憎恨"假"。感情上支持的东西，必定是理智上肯定的东西。辞让之心，是指对大事要讲原则，对小事要谦让和忍让，在非原则性的小事上求大同存异。由此可见，同情心、羞恶心、是非心和辞让之心是良心的重要组成部分。只有它们四者相辅相成，人们才会形成良心，继而形成高尚的品德。

道德同情引发的亲社会行为具有非常重要的作用，就像休谟所说："在此，好像有必要承认，他人的幸福与痛苦不是完全与我们无关的景象，相反，他人的幸福无论是从其原因还是从其结果上看，都像灿烂的阳光或精耕细作的田野美景一样，给人以神奇的快感和满意；而他人的痛苦迹象则宛如一块阴沉沉的乌云或荒芜的风景，给人的想象投上一种令人伤感的沮丧。"① 由此可以看出，同情具有多么重要的作用。

（三）重视同情心教育，发挥以同情心为核心的道德情感的作用

我们说，道德行为既包含理性的因素，又包含了感性的因素，是二者的有机统一。道德理性是一种外在于主体，不以个人主观愿望为转移的客观要求，它以道德规范、原则的形式表现出来。而情感则是一种价值上的选择，它源于现实生活中好恶倾向。因此，在

---

① ［英］休谟：《人性论》，北京：商务印书馆 1980 年版。

道德实践中，道德理性与道德情感是一同起作用的，只有在二者共同的作用下，才会产生一个实际的道德行为。

情绪或情感是有能量的。例如，情绪能量理论认为：情绪作为一种能量，是由脑生理机制及其整个生命机体的相应反应决定的。这种能量在人的生理健康水平下不会消失，只表现为潜在的平和，一旦受到外界刺激就会激活转化为情绪。因此，没有情绪能量的释放便不会有人的行为发生，在鲁洁、王逢贤编著的《德育新论》中曾指出四点：人对道德信息的接受是以情绪活动为初始线索，人对道德价值的学习以情感体验为重要的学习方式，人的道德行为的发生受情感的引发和调节，人以情感为核心的动机系统是个人发展的内在保证。这充分说明了情感，尤其是道德情感在道德实践中的重要性，在曾钊新、李建华等著的《德性的心灵奥秘》一书中，更加明确地指出了道德情感的三种功能效应：催化效应，指由道德认识转化为内心信念的过程中道德情感起着契机和催化剂的作用；砝码效应，指在人们进行道德活动时，道德情感本身可以对行为价值起一种估量和评价作用；指示效应，指在道德行为中，道德情感作为重要的显示器，指示着主体行为选择的协调进行。我们在实际的道德教育中，一定要巧妙地运用道德情感的这些功能效应，使道德教育成为被教育者的一种内在体验，增强其主动参与性，净化心灵，培养道德情操。通俗地讲，只有性格开朗、勤劳善良、正直诚实、情趣高尚、富有同情心的人，才会有真正崇高的理想和追求。他们小时候活泼上进，热爱小动物，热爱生活，关心父母，关心周围的人，在成长的过程中进行适当的同情心引导和教育，长大后就能热爱生活、热爱家乡、热爱祖国、热爱世界，能以一种积极的心态面对生活、面对社会。一个人的理想和道德只有建立在这样的基础上才是可靠的。如果从小缺少同情心和爱心，不去培养道德情操、道德行为和道德习惯，长大了再去灌输道德认知，那就晚了。所以，我们培养同情心应从孩子做起。

总之，同情心是一切道德的基础。一个具有同情心的人才能给其他人带来关心和友爱、快乐与成功。当我们感受到同情心在逐渐减弱时，我们应加强对同情心的培养，注重同情心的教育。青少年是国家的栋梁，对他们的教育至关重要。在青少年的道德教育中，一定要充分发挥和挖掘同情的力量，让他们从同情开始逐渐发展其道德理性，所以，对他们要多一点感性的、形象的、情感的东西，少一点枯燥的、形式的、冷冰冰的说教，从家庭到社会形成理解人、关心人、同情人的道德教育环境，形成公共利益和道德语言的共同体，造就良好的道德情感氛围，这样才会顺应他们的心理要求，收到良好的效果。在"5·12"大地震中，很多学校要求学生献爱心帮助灾区，很多同学因老师的命令或家长的要求，都会对灾区捐款或捐物。老师和家长一般都认为这样的形式可以帮助孩子培养同情心，使学生更有爱心。但在现在的社会环境下，很多同学通过捐款捐物并没有真正培养起同情心，而是把捐助行为看作一种义务，一种自身的优势。无形中给了他们一种优势感。假如没有真正理解同情心，强要人做某事，可能变为一种施舍或例行公事，容易让他们产生居高临下的优越感。这种因老师的同情要求学生捐助他人而形成的表象同情是没有价值的，真正的同情不是例行公事，是真正的情感表白，是理解式的同情。学生因自身年龄、经历的限制，对很多事情缺乏理解，老师就要在这个时候将自己的理解过程更简洁更直白地表达出来，帮助学生理解整个事件。

二　发扬抗震救灾中的志愿精神，促进公民精神的成长

　　党的十七大提出要加强"公民意识教育"，因为公民社会的成长是社会主义市场经济的必然结果，也是中国社会自我更新、自我完善的生命力的表现。公民社会的建立和公民意识的强化是中国社会发展的必然结果，也是中国社会自我更新、自我完善的生命力的表现。公民社会的建立和公民意识的强化离不开公民精神的养成，

112

而抗震救灾中大批志愿者的出现为公民精神建设提供了契机。
"5·12"地震后大批志愿者和民间组织积极投身于抗震救灾和灾后
重建，上千万公民在前方后方充当志愿者，数不清的群众自发前往
遍布全国的献血点无偿献血。这是中国的社会组织和普通公民第一
次以这样的规模主动参与社会公共事务，这既标志着中国公民社会
的兴起，也表现出中国特色的公民精神正在形成。让我们通过以大
量活跃在汶川灾区志愿者所体现出来的志愿精神为出发点，对公民
精神的成长作一探析。

（一）四川汶川志愿者特点及作用

在抗震救灾第一线和大后方，有一支富有激情、充满活力的
年轻队伍，这就是志愿者。这支志愿者队伍，人数多达 14.6 万
人，在整个抗震救灾工作中，处处都活跃着他们的身影。而他们
大多都是改革开放后成长起来的"80 后"这代人，由于他们在
抗震救灾工作中的出色表现，很大程度上改变了人们对当代中国
年轻人的看法，使人们对当代年轻人充满了希望，对我国社会的
未来充满了希望。正是他们，还组成了当代中国所独有的公民社
会雏形。

1. 四川汶川志愿者特点

四川汶川灾后重建志愿者呈现有以下特点：志愿者学历普遍
较高，拥有大学本科学历的志愿者约占 43.58%；其中主要是以
"80 后"为主。从团中央公布的数据看，从 2008 年四川省汶川
大地震发生后至 2009 年 3 月，全国有近 516.2 万志愿者赴受灾
地区开展服务工作。党团员志愿者在灾后重建服务中发挥了突出
作用，有关调查统计显示，中共党员约占志愿者总数的
32.92%，共青团员 46.45%，两者加起来占被调查人数的
79.37%，他们中有 60.52% 的人是处在 18 岁至 25 岁的年龄阶
段。而恰恰需要我们关注的是这些人曾经是被人们称之为"最没
责任心的一代"和"垮掉的一代"。而正是这些人，在这次抗震

救灾中发挥了巨大的作用，做出了重要的贡献，改变了人们对"80后"一代年轻人固有的看法。

2. 四川抗震救灾工作中志愿者的作用

在汶川抗震救灾中，活跃着一支近20万人的志愿者大军，他们急灾区人民之所急，对灾区人们饱含深情厚谊，面对艰难困苦，不计个人安危，深入灾区，为灾区人民进行心理辅导、伤残护理、辅助救治、卫生防疫、分发救灾物资、协助维护秩序等工作。在抗震救灾中做了大量的工作，赢得了当地政府和灾区人民的交口称赞。

第一，志愿者成为政府救灾的有力补充。

在灾后重建工作中，政府工作考虑的更多是整体和宏观，而志愿者则不同，他们更多的是从细微处着手，从局部开展工作，从而成了政府救灾工作的重要补充。在整个救援工作中，志愿者的工作细致入微，如涓涓细流，虽然不是什么轰轰烈烈的大事，但却解决了好多受灾群众需要解决的问题，起到了政府工作无法关注的拾遗补阙的作用。

第二，志愿者为灾后重建提供了大量人力。

灾后重建，百废待兴，急需大量物质和各种专业人才，单靠政府，力量有限，这时，志愿者的作用就充分显示出来了。志愿者队伍，人员年轻，学历较高，思想素质好，因此，当他们得到西部计划项目办发出的通知，就迅速从全国各地赶往灾区，为灾区群众提供志愿服务，这在很大程度上解决了灾区人才缺乏的问题。

第三，志愿者精神弘扬发挥了中国社会主义价值观。

在这次抗震救灾工作中，志愿者充分展示了新时代年轻人良好的公民素养，人本理念、生命价值、公民意识等价值理念得到了重塑，进一步促进了我国文化力量的提升，充分展示了社会主义价值观。美国《时代》周刊以《被唤醒的中国》为题的评论说："在这次危机中，一种新的自我意识觉醒了，人们认识到了中国人的同情心和慷慨精神。这是一种集体顿悟，整个民族突然间意识到，在

20年经济繁荣中，他们改变了多少。"志愿者为抗震救灾做出的贡献有目共睹，志愿者为建设社会主义和谐社会做出的努力温暖人心。它不仅体现了中国人民在灾难面前的坚强、理性和人心的凝聚，更是一场生动的国民教育和道德实践载体。在救灾和灾后重建中，志愿者表现出强烈的舍己为人精神，以他人利益、集体利益和公共利益为重的社会主义价值观得到弘扬和发挥。

第四，志愿者活动有利于塑造良好国际形象。

中国志愿者灾区服务的大行动，引起国外和我国港澳台地区的广泛关注和高度评价。从外电报道看，关于中国四川灾区的志愿服务，他们有两个"没想到"：一是没想到志愿者参与救灾服务这么快，几乎与部队、医生同步，展现出中国的救灾体制正由国家动员转向民间主动参与，政府、市场与社会组织之间合作的格局。二是没想到政府放开和欢迎外国志愿组织、国际志愿组织参与救援服务，并且提供支持措施。国际志愿者与我国志愿者同在四川灾区服务，让世界各国真正看到了中国的志愿精神和公益慈善精神在弘扬，文明进步程度在提高，从而也看到中华民族凝聚力的增强，中国国民精神的体现，这就是中国软实力的关键。

党的十七大报告提出了"加强公民意识教育，树立社会主义民主法治、自由平等、公平正义理念"，由此可见，公民精神培育和公民道德的提升已经引起中央高层的重视。如何把在抗震救灾中宝贵的志愿精神与作为道德建设重点的公民精神结合起来，是一个特别值得深入思考的问题。

（二）志愿精神与公民精神具有高度契合性

"公民"作为一种法定资格被基本法确定下来，在我国是相当晚近的事情。在漫长的封建专制统治时期，只存在从属和依附于国家的"臣民"、"庶民"、"子民"、"顺民"，直到1954年颁布的《中华人民共和国宪法》以及以后历次修改的宪法中，我国权威性法律文件中才出现"公民"一词。这表明，我国政治文化传统中远没有生成与现代社会相关联的公民精神，而中国社会自开启了现代化进程之后，公民精神又是构建现代社会的和谐状态所必需的基本因素，这已经成为一种普遍的共识。那么到底什么是公民精神呢？简言之，公民精神是把自己当作一个公民，自愿承担相应的社会义务，并意识到自身责任和勇于承担这一责任的主体性精神。具体分析，公民精神的内涵主要应从两个方面来看，一是社会公德领域；二是政治领域。

第一，社会公德领域的公民精神。

这一领域是人们对公民精神最普遍的理解。早在古希腊，将好的公民定义为具有善良美德的民众，即具有勇敢的、宽宏大量的和善良的品质。中国现阶段对公民精神的基本解释也是公民应具有基本的道德修养，具有追求美好生活的共同价值观，即公民规范道德体系。这个体系的内容包括以文明礼貌、助人为乐、爱护公物、保护环境为主要内容的社会公德；以爱岗敬业、诚实守信、奉献社会为主要内容的职业道德；以尊老爱幼、男女平等、夫妻和睦、勤俭持家、邻里团结为主要内容的家庭美德。总之，是一系列良好的社会风尚的统一，主要集中在道德层面。但对公民道德的认识要与传统封建礼教的"臣民道德"和"良民道德"区分开来。传统的道德思想是束缚人民行为的封建等级制思想，现代的社会公德不能是愚民的忠君思想，更不能要求公民无条件地顺从政治权威的统治。要区分这一点，就需要强调公民精神政治领域的含义。

第二，政治领域的公民精神。

首先，公民意识到自己的公民身份，并实现权利和义务的平衡状态。传统观念认为公民的权利与义务是统一的，随着现代民主文化的发展，普遍认同应将公民的权利意识放在第一位。因为只要公民的人格尊严得以强化，个人利益得以增进，就可以促进公民自主地履行其义务，而不是被动地服从。但是，当代中国的情形走到了另一个极端，即在市场经济的背景下，公民对自身权利的关注达到了历史前所未有的高度。虽然这是公民精神形成的必经过程，但单

纯的功利性权利观并不是真正意义上的公民精神。不可否认，市场
经济的竞争机制必然导致贫富分化，影响社会和谐的发展，这就需
要公民发挥公民精神，寻找权利与义务之间的平衡点。即追求利益
的同时，认同社会财富应按比例平等分配的正义原则。在正义原则
的基础上，公民会主动承担起社会的责任，比如纳税、捐助贫困、
维护社会秩序等。正义原则的内化就是公民权利和义务的平衡点。

　　其次，以法律为核心的民主法治意识。法治与道德是现代社会
赖以维持秩序的两大基石，社会的无序状态则体现了这一国家公民
精神的缺失。如果没有民主法治精神，那么我们所追求的公民精神
就不是现代化的公民精神。公民精神的法治意识体现于公民对法律
的信仰和服从，公民以法律价值观判断和评价人与人之间的关系，
最终将民主法治内化为一种精神，指导自己的行为，使之升格到民
主法治文化的高度，而不仅仅停留在制度层面。这一公民精神无疑
是促进我国民主政治建设的最佳途径。

　　最后，公民精神的最终体现应是公民具有参与政治生活的品
性。这种政治参与意识必须是基于理性的主动参与。目前，我国公
民的政治参与还处于形式主义的被动参与状态。只有公民的积极参
与意识得到充分合理的展现，公民精神的最高层次，即公共层次才
能得以表现。概而言之，在公民精神的诸要素中，主体意识和权利
意识是公民精神的基础，参与意识和参与行动是公民精神的集中表
现，借此所表现出的公共责任意识和乐善好施的博爱精神则是公民
精神的核心。

　　作为公共生活的一个重要领域，志愿服务是志愿者本着自由意
志和对社会负责任的态度，以助人、利他、不受酬的博爱精神，以
组织形态提供的社会公益服务，以表达对社会的积极关怀。而志愿
服务实践所彰显的自主意识、参与意识、公共责任意识和利他精神
就构成了志愿精神的内核。可见，公民精神和志愿精神都是在现代
公共生活中成长起来的，虽然两者在具体表现形式上各有侧重，但
显然在本质内涵上具有高度的契合性。正是这种内在一致性，使志

117

愿服务精神成为培育公民精神的沃土。

（三）志愿服务对公民精神培育的内在机制分析

志愿精神与公民精神既有内在一致性，也是培育公民精神的一条重要途径。具体说来，志愿服务对公民精神的培养具有重要的作用。

1. 志愿服务有利于培养参与者的主体意识、权利意识与参与意识

主体意识和权利意识是公民精神的基石，也是公民精神区别于传统臣民意识的本质属性。在中国传统历史条件下，民族精神中是缺乏主体意识和权利意识的。孙中山先生认为这种情况的发生是专制君主制度的结果，他指出国人"由远祖初生以来，素为专制君主之奴隶，向来多有不识为主人、不敢为主人、不能为主人者。"[①]现代志愿服务作为一项自主、志愿的组织化公益活动，为公众参与社会公共生活，培养主体意识提供了一条重要渠道，也是现代人独立人格的展示。志愿服务事业的日益兴起本身就是公民主体意识觉醒的表现，同时志愿服务实践又进一步增进了公民的主体意识、权利意识和参与意识。

公民身份是通过积极参与各项社会事务来表现的。志愿服务作为志愿者参与公共事务的渠道，通过志愿者在自身参与中培养其公共意识，实现其参与公共事务的权利，有效提升了其参与意识。参与者是否主动参与以及参与意识是否浓厚，直接表示了个人在这个社会中是否具有了作为人的尊严，独立人格是否得到了承认，这就意味着是否真正具有公民资格和精神。近年来，志愿服务事业日益发展，其服务范围从传统的社区服务、扶贫助弱向当下的环境保护、政策参与等社会领域不断拓深，从而大大拓展了志愿者参与社

---

① 沙莲香：《中国民族性：二》，北京：中国人民大学出版社 1990 年版，第 29 页。

会公共事务的广度和深度，也使参与者在参与社会公共生活中大大提升了权利意识和参与意识。

2. 志愿服务培养了参与者的共同体意识与公共责任意识

早在古希腊时期，雅典公民便在《雅典公民誓言》中宣称"不管是独自一人还是与大家一起，我们都将为城市的理想和神圣的事业而努力奋斗；我们将永不停息地激发公共的责任。"① 从此我们可以看出，共同体意识和公共责任意识在公民精神的原初含义中就是其核心内容。这里所说的共同体意识，是公民对国家和民族的认同感和归属感，也是公民对自身所属组织的认同和归属，其实也就是对自己祖国的热爱。社会学家费孝通认为，国民共同体意识之萎缩根源于我们传统社会结构的"差序格局"特性。因为差序格局的社会关系是"以'己'为中心，像石子一般投入水中，和别人所联系成的社会关系……像水的波纹一般，一圈圈推出去，愈推愈远，也愈推愈薄。"② 与此相对应的道德责任也"愈推愈薄"，到了公共领域，就几乎不存在了。

改革开放以来，随着社会主义市场经济体系的确立，崇尚自由、追求平等的市场精神凸显了社会成员的主体意识和权利意识，为公民精神的生长空间提供了经济条件。但是，市场经济是法制经济，但就目前而言，我国的法制建设还很不健全，市场经济也尚不完善，从而导致拜金主义、享乐主义和极端个人主义思想滋生蔓延，致使一些人为了追逐个人利益而损害他人和社会利益，一定程度上引发公共精神的危机，从反向构成公民精神的消解力量。

志愿精神作为现代社会的正能量，能增进社会凝聚力和社会认同感，并能培养志愿者的共同体意识，从而将不同社会群体中具有志愿精神的个体凝聚在一起，促进社会不同阶层的交流与了解，进

① 陈昌曙：《重视工程、工程技术与工程家》，刘则渊、王续琨：《2001 年技术哲学研究年鉴》。

② 费孝通：《乡土中国》，北京：北京出版社 2005 年版，第 34 页。

而有利于消弭社会分歧，激发其参与公共事务的义务感和责任感。正如密尔所言："由公民参与社会事务……他会从心里感受到他是社会的一份子，凡有益大家的事就对自己有益。在缺乏公共精神教育的地方，个人所处的社会地位既然无足轻重，他们除服从法律和听命于政府外，也极少感到对社会负有什么责任。他们朝夕所想，无非是对个人或家庭的利益和责任，这种人从不会想到集体的利益，及和他人一起共同追求的某些目标。"[1]

（四）拓展公民精神培育的路径

当代中国，需要培养中国特色的公民精神，除培育公民具有正义、信任、友善、自尊、忠诚等一般的道德修养之外，应该特别注意构建公民精神，其途径可以从以下方面进行。

1. 将公民教育作为一门课程在教学中设置

应该说，在我国国民教育体系中，有关于公民教育的教学内容，但系统性不够，因此，将公民教育作为一门课程在教学中设置很有必要。在公民教育中，需注重培养学生选择和评判各种思想观念的独立态度。首先，学校公德教育应注意教育的大众性，不应盲目追求儒家绝对高尚的理想道德教育，把学生培养成贤人或圣人，与现代社会相脱离。现代公民道德教育应注重公民参与社会生活的公共性教育，即公民在独立人格的基础上，理性参与社会公共事务的能力。其次，现在的学校教育仍然没有改变传统的灌输式的"禁锢"式教育方式，严重地束缚了学生的思想。真正好的教育应该打开学生的思维，开阔学生的视野，尊重学生的个性，教会学生独立的思考和批判性的思维。最后，学校的公民精神教育需要有丰富的内容，不是单一的说教，要结合当代中国的具体国情并借鉴国外的成功经验，紧跟时代的步伐，将家庭、社会与学校教育结合起

---

① 王冀生：《高等工程教育概论》，成都：电子科技大学出版社 1989 年版，第 12 页。

来，重点发挥学校教育的引导作用。

2. 推进民主法制建设，增强公民的法治意识

现阶段中国的民主法制建设有了长足的进步，但公民的法治意识仍不健全，这就需要大力推进民主法治建设，在法治建设中从立法、司法、执法及宣传等各个环节全面展开。首先，进一步加强立法工作，健全和完善社会主义法制体系，逐步与政治文化的发展相适应；其次，要重视司法监督的作用，在司法监督的基础上引进社会监督，促进公民政治参与的实现；再次，要强化执法力度，建立和完善科学的行政执法体系，使法律得到有效的执行，避免有法不依现象的发生；最后，要特别注意培养公民的宪政意识，宪政也是民主体制的基础之一，培养公民的宪政意识，有助于公民了解自身的权利和义务，对公共权力有更加清醒的认识，减少以权谋私及权力滥用。

3. 拓宽公共生活空间，培育公民参与意识

参与意识是公民精神的核心内涵之一，其重要性不言而喻，有人说："在 20 世纪，一个地区要想取得社会经济的发展，更多的是要靠这个社会中的以关注公共事务为内容的公民精神。"① 公共生活是培育公共精神的土壤，公民通过公共生活的广泛参与，培育公民精神。公民精神的养成是一个长期的过程，不是单纯的知识学习就能够实现的，而是在公共生活的实践活动中逐步习得的。公民精神本质上就是一种参与精神，对公共事务的关注和对公共事业的投入是公民美德的关键标志。在社会生活中，随着个人对社会公共事务的参与，他就会逐渐认识到努力赢得别人的合作和注意别人观点的重要性。在社会事务的参与中，通过努力，得到收获，只有这样，对公民精神所蕴含的内涵才能理解得更加深刻。

4. 促进公民社会的完善，建立政府与公民之间的交流平台

公民社会是指存在于国家之外的自愿成立的正式和非正式的社

① ［美］帕特南：《使民主运转起来》，江西人民出版社 2001 年版。

会团体和网络。当代中国正在逐步形成公民组织，他们在市场失灵、政府失灵、维护社会公平的领域发挥着不可低估的作用。强大公民社会的形成，在一定程度上限制了政府对社会的控制范围。政府面对日益纷繁复杂的社会事务，应该逐渐将部分管理职能交由公民组织来完成，这是社会文明与社会发展的需要，可以促进政府向有限政府的过渡，并防止行政权力的滥用。而且，通过公民社会作用的实现，公民精神可以得到很好的培育。因为公民精神关注社会整体的福祉或较大的利益，当公民参与到以公共利益为纽带的社会团体中时，其个人意识会被强大的集体意识所取代，从而会为了公共利益而积极参与社会公共事务。在积极参与中，公民自觉思考的主体精神逐渐得以形成。对此，政府应对公民团体加大扶持力度，从社会自治的干预中逐渐退出，适当让出部分社会资源，调动人民群众广泛参与社会治理的积极性，培养社会力量，实现公民的政治参与行为。

几千年的封建专制统治，造成我国严重缺乏公民精神传统。要在民主还不发达、法制不健全的氛围下培育现代公民精神确实有很大的难度。我们应该根据我国"长期的人治事实和权力依顺（贯性）"的国情，从上到下，从政府领导做起，树立良好的领导形象，尤其是民主、清廉、法治形象，做一个"称职"的公民，为其他公民建立一个具体的参照系。每一位公民、每一个家庭和团体组织也应将公民精神的内化为己任，共同实现社会和谐稳定的发展。毫无疑问，公民精神的培育和缔造是个长期而系统的过程，不可能一蹴而就，须从不同层面探索其培育路径。但无论过程有多长，系统有多复杂，传统的阻碍有多大，我们都应对它的培育持有足够的信心与耐心，因为以其为林在支撑里相互匹配的民主政治是人类社会发展的必然趋势，也是不可阻挡的历史潮流。

危难凝聚人心，更激励人心。2008年5月四川汶川爆发的特大地震灾害，如一块巨大的磁石顷刻之间把全国人民迅速集结起来。抗震救灾过程中的每一件事情、每一个人物无不牵动着13亿中国人民的心。全国人民与灾区同胞心连心、同呼吸、共命运。当救灾官兵冒着强烈的余震、泥石流，背着60余公斤的器材和各种给养，徒步翻山900多公里的山路，把生的希望和全国人民援助的暖流带给断绝音信数日的受灾群众时，人们无不为人民子弟兵的勇往直前的顽强精神慨叹和折服；当人民教师在营救学生中以自己的血肉之躯支撑起爱的翅膀护卫起学生时，人们无不为他的舍己为人的高尚师魂而敬佩和悲切；当一个又一个挑战生命极限的幸存者从废墟中营救出来时，人们无不为他们的坚韧不拔的意志所敬佩而喝彩；当千里迢迢从异地自驾车风尘仆仆赶到灾区的志愿者与国家救援队一同日夜奋战在满目苍痍的废墟时，人们无不为志愿者的无私奉献精神所感动和激励。正是这一切，凝聚成了伟大的抗震救灾精神。

三　大力弘扬抗震救灾精神，增加公民道德建设新动力

抗震救灾精神生动地表征为"勇往直前，顽强拼搏"的奋发精神，"众志成城，共克时艰"的团结精神，"舍生忘我，乐于奉献"的奉献精神，"一方有难，八方支援"的友爱精神，"以人为本，生命至上"的人本精神。大力弘扬抗震救灾精神，加强国民素质教育，是当前和今后时期的一项重要任务，我们要以弘扬抗震救灾精神为契机，积极开创公民道德建设新局面。

(一) 总结升华抗震救灾中的新精神，提升公民道德建设层次

对于这次抗震救灾中出现的新思想、新观念，我们应大力进行哲学总结与理论升华，使之熔铸到中华民族精神的底蕴中去，努力把这次抗震救灾中所涌现出的新思想、新观念渗透到人们的思维方式和价值观念中，重新审视生活的意义、生命的价值及人与人的新型和谐社会关系，使整个民族的思维方式和价值观念得到现代升

华，真正提高全民族的道德水准。

1. 更加重视以人为本，开创道德建设新局面

这次抗震救灾，一个重要特点，就是关爱生命，以人为本。在整个抗震救灾中，不惜任何代价为抢救每一个普通人的生命，充分显示了"以人为本"的全新执政理念。也正是这一点，为中国政府在国际社会上赢得了广泛认同。重视生命，尊重生命，以人为本，在这次抗震救灾中一再在人们的耳边回响，成为抗震救灾的最强音。就像复旦大学历史系钱文忠教授所说，"张扬生命的价值，将生命置于至高无上的地位，这是这场抗震救灾的共识。""正是为了生命，我们决不轻言放弃；正是为了生命，我们拼命坚持。"

在生命黄金期 72 小时内，救灾工作的第一要务就是救人！这是这场抗震救灾的共识和最亮点，也是这场抗震救灾激发出来的我们民族的最高意识。在此次灾难中，许多生命奇迹诞生，许多受难者打破了一个个医学生命理论的极限，残垣废墟之下，有我们孩子坚强的笑容、坚强的歌声、坚强的话语。可乐男孩的乐观，敬礼娃娃的童真，唱"两只老虎"的小女孩，还有"没事"的阳光女生的形象令人难忘。也正因如此，"正是为了生命，我们决不轻言放弃；正是为了生命，我们拼命坚持。"被救者与救援者的不轻言放弃，正是因为坚信生命在，希望就在。灾难终将过去，而抗击汶川地震中彰显出的生命价值、精神价值，已经融入我们民族的血脉，永不淡忘。

"以人为本"是科学发展观的核心，是对马克思主义指导思想的新丰富，它以人民群众为本，是建立在群众观基础上的，是以确认人民群众作为历史创造者，作为国家和社会主人翁为前提的。"以人文本"在思想政治教育领域也是个常论常新的议题，把它当成思想政治教育的理念是毋庸置疑的。在实践中，思想政治教育活动对"以人为本"的解释常常显得不够彻底和力不从心。众所周知，从一般意义上来说，以人为本就是要尊重人、维护人，尊重人的价值，维护人的尊严和利益，本身带有强烈的实践性。抗震救灾

中的一切工作都是以科学发展观作为指导思想，始终将"人"放在第一位，给予广大人民群众最大的关心、信任、尊重，急人所急，真正把灾区人民群众的需要作为需要。灾区人民群众深切感受到了来自党和全国人民的人文关怀，才自觉认同了自己的国家和社会制度，才信任了党和政府，并使得他们战胜了恐惧和悲伤，逐渐坚强起来，积极投身于生产自救和重建家园中，这不能简单概括为人的素质的升华，而应该更加透彻地看到，实践中坚持"以人为本"产生出来的巨大力量和令人称奇的效果。因此，思想政治教育应该积极把高高在上的理念化的"以人为本"真正践行到思想政治教育实践当中。

125

　　2. 更加重视现实的个人的价值，让道德教育回归现实生活

　　（1）重视现实的个人的价值，把道德教育回归到现实生活。对于传统道德，人们众说纷纭，应该说，传统道德对于统一人们的思想，规范人们的行为还是起了重要的作用，但是，传统道德过于注重说教，忽视人们现实生活的情感体验，忽视人的生命需求，忽视个体的价值选择，过分强调服从甚至盲从，因而极大地压抑了人的自由和全面的发展。这次抗震救灾中出现的思想政治教育取得的快速、显著的效果不能不让人惊叹。这启示我们：道德教育应回归现实生活。而人的现实世界无非是他们的实际生活过程。马克思指出："全部人类历史的第一个前提无疑是有生命的个人的存在。"①这里所说的个人不是抽象的个人，而是现实中的个人。人的道德品德的养成与体现就发生在每个现实的个人中，正是现实中的生命个体。

　　（2）道德教育应回归到青少年主体的生活。青少年是社会的未来，是未来社会建设的主体力量。因此，应该把道德教育回归到青少年主体生活中去。如果我们在教育中以成年人的标准去对青年人提出要求，道德教育必然是失败的，而且也是片面的。道德教育

---

　　①　《马克思恩格斯选集》第 1 卷，北京：人民出版社 1995 年版。

的价值就在于关注受教育者当下自身发展的现实状况，创造条件满足他们发展的需要，而不是培养脱离社会生活的"温室里的花朵"。因此，道德教育必须要回归到青少年主体的生活中。真正关注道德主体的情感、意志、需要等非智力因素，尤其是对需要的肯定和关心，才能解决传统道德教育所未能解决的道德问题，为青少年提供正确的选择。

重视现实的个人的价值，意味着道德教育回到青少年主体本身的生活之中，显现生活本身的目的，把人、人的生命看成是目的的存在，即把人的德性看成作为生活、生命存在的有机成分，使得道德教育真正是为了人的生活之敞亮、生活意义与价值的完满，而不是为了高居于生活之上的某种外加之目的。重视现实的个人的价值，确立起青少年的主体地位，我们就易于避免把道德教育简单地等同于科学知识的教育，使得道德教育过程是一个对生命个体各个方面的关心过程、提升过程。使得包括潜意识、本能和最高级的精神需要等在内的主体要素都在健全人格塑造的道德教育视野之中。这样青少年就会逐步地抬起头来，挺起胸来，这样就易于使个体完成从"义务感"到"崇高感"，从"良心"到"本心"，即到达道德自由阶段，真正的道德和真正道德的人才能产生。这时，主体已经认识到了道德与人类崇高和尊严的必然联系，他履行社会道德需求不仅是自愿的，而且成为心灵的一种内在需要；这已经不是出于某种外在功利的考虑，也不是纯粹自我约束、自我控制的结果，而已经成为一种行为习惯。

5. 针对青年一代的特点，建立现代德育核心理念

这次抗震救灾不仅使当代青年一代的精神和灵魂经受前所未有的激荡和洗礼，也直接检验了学校思想教育效果。当前，我们既要把伟大抗震救灾精神作为青年思想教育最生动、最有说服力的教材，也要反思青年思想教育工作，正确把握青年思想道德建设方向。

树立新的现代德育核心理念。现代德育要树立以人为本的核心

128

理念。从过去管理人、束缚人、约束人转向为了人、尊重人、解放人。以人为本是现代德育的价值理想和思维源点。现代德育逻辑支点的核心是不断提升人的素质建设水准。人的发展是最根本的。人是教育的中心，也是教育的目的；人是教育的出发点，也是教育的归宿；人是教育的基础，也是教育的根本。一切教育必须以人为本，这是现代教育的基本价值。现代人的自我尊严、自我价值不再需要外来肯定，也没有统一价值尺度，更不能用金钱标准来衡量，而是人的自我认同、自我体验、自我实践。以人为本的德育理念的真谛是，尊重青年主体，尊重青年人格，尊重青年个性，尊重青年基本权利和责任。德育是引导，不是去左右；德育是影响，不是去支配；德育是感染，不是去教训；德育是解放，不是去控制。以人为本是对人性的唤醒和尊重。真正的德育是以人为本的德育，让人体验美好，体验成功，体验快乐，体验崇高，培养积极的人生态度，鲜明的价值判断，丰富的思想体系。

现代德育要高度关注人的自由、幸福、尊严、终极价值。用现代人的精神培养现代人，用全面发展的视野培养全面发展的人。现代德育要体现人文关怀和道德情感。人文关怀和道德情感是一种巨大的感召力量和博大的精神力量，主要目的是让人体验生命过程，感悟生命价值。德育是做人的工作的，人是有理性的，也是有感情的，感情支配思考方向，理性决定思考结果，只有以情感人，才能以理服人。无论现代教育手段多么先进，都不能否定面对面的教育工作；无论现代传媒多么发达，都不能代替人与人之间的感情交流融合；无论各项制度多么完善，都不能忽视人文关怀和道德情感。现代德育要用真理的力量、人格的力量、道德的力量、情感的力量，将外在规范要求内化为思想品格。

现代德育要认同人的主体地位，了解人、尊重人、服务人。准确把握青年思想脉搏，不仅要掌握群体特点，还要关注个性特征，不仅要把他们看作教育法律关系中的权力主体，还要把他们看作能动的、有创造力的行为主体，真诚关爱青年健康成长，坚持解决思想问题和解决实际问题相结合，从青年发展需求出发，把职业发展、心理健康、帮困育人作为人生指导的重要内容，把教育着力点从消极防范和控制转向积极引导和真诚服务上来。

现代德育根本任务是人的自我完善和人的自我实现。从过去为社会培养合格人才转向促进人的全面发展，从社会本位转向青年个体本位。现代德育要充分尊重和肯定人的价值。人的价值分为社会价值和自我价值。社会价值一定包括自我价值，但绝对不能代替自我价值。人的社会价值在于个人对社会的贡献，人的自我价值在于人的自我发展。它表现为个人的自我选择、自我超越、自我完善、自我实现。马克思讲："共产主义者既不拿利己主义反对自我牺牲，也不拿自我牺牲等反对利己主义。无论是利己主义还是自我牺牲，都是一定条件下个人自我实现的一种必要形式。"马克思这段论述颇具现代眼光。现代德育的实质是造就德育的主体，造就具有自主道德意识、道德行为的社会成员。这需要人的自觉参与，主动学习、实践、感悟、体验、反思、修炼。青年是德育主体，不是灌输客体。德育是社会要求，也是青年自我发展、自我生存的要求。我们要善于将社会要求转化为自我要求，因为任何教育只有转化为自我教育，才能真正达到教育的效果。现代德育同样可以培养青年的创造力、竞争力、判断力、亲和力以及独立人格。

依据现代德育的根本任务，德育必须关注人的个性发展。德育的终极目标是促进人的全面发展，而人的全面发展归根结底只能落脚在人的个体发展上。抽象的人是根本不存在的，只有具体的现实的人的存在。人的个体发展没有统一模式，没有千篇一律，没有千人一面，没有万人一格，而是充分展现了人的自由个性。现代德育的深刻性，不在于抽象的主体性，而是体现在具体的、历史的、有个性的个人身上的主体性，变抽象为形象，变概念为具体。因此，现代德育必须直面社会开放和价值多元的现实，正视道德冲突，解决道德困惑，让青年自己掌握批判的武器，提高青年的道德辨别力、判断力、选择力、创造力，学会判断选择，学会自己面对人生，创造生活。

4.明确现代德育内容，培养高素质现代公民

教育的首要任务不是培养科学家、学者，而是能超越世俗，走向崇高，实现人格的提升。

教育的目的不是简单地传授知识，而是建立一种新的文化，包括我们对世界的生活态度，思维方式，价值取向。教育所要聚焦的目标，就是为青年立德、立业。立德，就是教育青年形成诚实、守信、热爱生活、崇尚自然、善于接纳他人和与他人合作等基本的道德素养；立业，就是培养青年形成善于学习、善于发现、善于创新的能力和勤奋学习的品质。现代公民在性格、气质、意志、心理、欲望达到和谐统一。现代公民素质包括：

（1）健全人格教育。人格是人的社会自我外在表现。国家现代化的核心是人的现代化，人的现代化的核心是人格现代化，而人格现代化的核心是人道德素养的现代化。健全人格必须是传统理想人格的道德、理想、情操、信念和现代人格的独立、自由、民主、诚信意识的统一。当今世界和价值观变化迅速，健全人格教育是迎接迅速变化所做的最好准备。一旦放松对人格的塑造，就会迷失自己，随波逐流，不会承担对民族社会的责任。

（2）人文素质教育。人文素质体现了一个人的思想道德修养，一定的思想道德观念总是以一定的文化底蕴为基础，一定的人文意识又总是蕴含着一定的价值观念。高层次道德感和社会责任感主要依靠文化积淀。文化，根本在化，内化、融合、升华、超越，把正确做人做事的道理渗透到人的灵魂。人生道路能否走好，取决于人的素质。文化素质对人生道路具有决定性的影响。民族复兴说到底是文化复兴，人生成功说到底是文化的成功。人文素质教育重点是教会青年精神成人，在价值根基上懂得做人道理。

（3）社会责任教育。对社会有无责任感，是检验人生境界高低的尺度。社会责任感不是抽象的，具体体现在对家庭、他人、集体、民族的情感、态度、责任和义务上。人什么都可以没有，但不

能没有事业；从丢掉什么都可以，但不能丢掉志气，人忘了什么都可以，但别忘了自己的父母，别忘了国家。积极引导青年从对自己负责做起，养成对自己的信心、对父母的孝心、对他人的关心、对社会的爱心、对祖国的忠心，由信自强，孝敬父母，关爱他人，心系社会，胸怀祖国。

（二）运用抗震救灾伟大实践为教材，增强道德教育实效性

思想政治教育的功能在汶川大地震的抗震救灾中得到了充分发挥，并取得了让世人为之惊叹的效果，让世界看到了瞬间迸发出来的中国力量，惊叹蕴藏在中国人身上的优秀品质。这不仅是对思想政治教育长期教育效果的肯定，也对灾后如何加强和改进思想政治教育具有重大的启示。在这次抗震救灾伟大斗争中，涌现出许许多多感人肺腑、催人泪下、荡气回肠的事迹，为开展思想道德教育提供了生动、鲜活、有力的教育素材。在开展思想政治教育中，要充分挖掘、利用这些素材，不断增强思想政治教育的实效性。

1. 找准教育的"基点"，把核心价值观与朴素价值观教育相统一

在此次抗震救灾伟大斗争中，从地震发生后党和国家领导人在第一时间赶赴灾区亲自指挥救援工作到党和国家领导人作出的把抢救受困群众放在第一位的重要指示；从党和国家领导人亲赴灾区看望慰问人民群众到党和国家领导人多次强调"只要有一线希望，就要尽百倍努力"的重要指示；从人民子弟兵奋不顾身抢救灾区人民群众生命到海内外媒体对中国共产党和政府领导抗震救灾工作的高度赞誉。这些活生生的事实，生动而有力地体现了党和政府为国为民和始终坚持以人为本的执政理念。

在开展思想政治教育时，要找准教育的"基点"，切实把思想政治教育的"立足点"放在坚持核心价值观与朴素价值观的统一上。充分认识到构建核心价值观的根基和基石，切实把核心价值观的构建与朴素价值观的养成有机统一起来，引导青年紧紧围绕

"党和政府不惜一切代价抗灾救灾为了什么"、"取得抗震救灾伟大胜利靠的什么"、"透过灾害处置看到什么"等问题广泛开展大讨论，充分认识�价值观"第一位"的重要地位，全面理解党和政府始终坚持的以人为本执政理念，从而不断引导青年进一步坚定政治信念，坚定爱党、信党和铁心跟党走的信仰，坚定共产主义远大理想，由党把对党的无限忠诚、对国家和人民的无限热爱，转化到投身具体生活实践中去。

2. 采取开放式的教育方式，把正面引导与发挥青年主体作用相统一

经验证明，一场大的自然灾害发生后，只有及时做好解疑释惑工作，把党和政府抗震救灾的政策措施以及灾后重建的各种安排，向群众说清楚、讲明白，才能消除灾区群众的思想负担，解除其后顾之忧，稳定民心。"5·12"大地震发生后，各级政府从以人为本、执政为民的理念出发，坚持信息公开，认真贯彻《政府信息公开条例》，充分保证人民群众的知情权，为扎实有效开展思想政治工作打下了牢固的基础。

在抗震救灾伟大斗争和整个救援过程中，我们党和政府采取了最大限度的开放，欢迎国内外媒体记者全程介入监督、公开报道。党和政府的这一举措，取得了全世界人民的广泛赞誉和支持。正因为我们党和政府在抗震救灾斗争中的开放、公开、透明和无畏，让我们在舆论中始终牢牢把握住了主动权。同时，也正因为我们党和政府始终以对人民高度负责的态度，向世界全面开放我们在抗震救灾中所做的一切努力，向世界充分展示党、国家和军队爱民为民的崇高境界，让我们赢得了全世界人民最广泛的支持、援助和盛赞。同样，我们在对青年开展思想政治教育的具体实践中，也会面临一些现实问题。我们应始终在坚持正面引导的基础上，将正面引导与充分发挥青年主体作用有机地统一起来、结合起来、贯通起来，以开放式教育方式主动出击，使青年在正面教育引导和群众性自我教育中，不断增强对事物的认识、认知能力，增强辨析能力，从而化

解和解决好青年的思想顾虑和种种疑惑，不断增强教育效果。在工作实践中，始终以对青年的高度负责的态度、以无畏的精神和胆魄，做到不掩、不藏、不推诿、不回避，直面种种矛盾和困难，坚持在加强正面引导的同时，敢于将青年高度关注的热点、焦点和敏感问题晾晒于阳光之下，引导青年广泛开展群众性大讨论、主旨演讲、批驳歪理等活动，大力引导青年以辩证的思维和发展的观点分析和看待问题，不断增强其对事物的认知水平和辨析能力。

3. 以模范行动为有力牵引，把理论教育与实际行动相统一

领导干部的表率作用，是最有力的思想政治工作。在这次抗震救灾斗争中，上至时任的胡总书记和温总理，下至每一个参与救灾的党员干部，无不亲临一线，身先士卒，模范表率，始终与灾区人民群众在一起，始终视人民群众的利益高于一切，奋勇抗灾救灾，用行动书写了共产党人的崇高品质，展示了党和政府的良好形象。我们可以看到，哪里灾情最严重、哪里危险最大、哪里困难最多，哪里就有领导干部的身影。地震就像一块试金石，检验着灾区的每一名干部。事实证明，当地绝大多数干部在灾难中经受住了考验。他们在抗震救灾中起到了主心骨和模范带头作用，他们的身体力行、身先士卒起到了稳定民心、增强信心、团结民心的重要作用。可以说，广大领导干部用自身行动进行了一次生动深刻的思想政治工作。

正因为有千千万万共产党人的模范带头，极大地激发和鼓舞了广大灾区人民自信自强、奋勇自救、顽强不屈的坚强意志。我们党和政府的执政理念和执政能力，也因此再一次得到了国际社会盛赞和普遍认同。在开展思想政治教育中，就要切实以模范行动作坚强有力的牵引，始终坚持说与教、知与行的相统一，从而最大效益地增强思想政治教育效果。俗话说，"说到不如做到"。开展思想政治教育，则是既要说得好更要做得好。只有"说得好"，才能开宗明义地阐明教育主旨，统一青年思想，指导青年言行；也只有"做得好"，才能立"说"，为"说"提供坚强有力的支撑和后盾，

132

为广大青年引领思想航向，指引言行方向。二者是辩证的统一体，既不可偏颇，缺一不可；又相辅相成，相得益彰。只有说教与知行的统一，才能真正达到开展思想政治教育的目的和效果，才能更好地引导青年不断校正人生观、世界观和价值观。

4. 要有实践作为支撑，把解决思想问题与解决实际问题相统一

这次抗震救灾伟大斗争之所以能够有力、有序、有效地迅速展开，使广大受灾地区的人民群众不惊慌、不放弃，反而更加坚信、信赖党和政府，在最短的时间内稳定和安定下来，既源于有党和政府的坚强有力的领导和指挥，源于党和国家领导人对抗震救灾工作一再强调"只要有一线希望，就要尽百倍努力"、"不放弃、不抛弃"和"尽最大可能抢救生命"等一系列重要指示精神作指引，更与党和政府在灾民安置和保障等工作中所做出的具体实际的举措，以及党和政府所做的大量卓有成效的工作息息相关。开展思想政治教育，就是要有具体实践作为有力支撑，坚持解决思想问题与解决实际问题相统一。光有口号没有行动，终是水中月、镜中花；光对青年讲大道理提要求，却不能从根本上解决关乎青年切身利益的实际问题，这样的思想政治教育必定事倍功半。道德教育要获得青年的认同和支持，在内心产生契合融通社会发展需求的情感因素，就要采取利益驱动和说服等内在化的变革，关心青年的实际需求。试想一下，"皮之不存，毛将焉附？"而且，青年之所以出现这样或那样的思想问题，都与其工作生活中面临的实际问题有着丝丝关联。所以，开展思想政治教育，不能只在思想引导上花心思，还得在帮助青年排忧解难上使力气。只有真正找准其思想问题症结，并切实采取有力措施排其忧、解其难、帮其困，其思想问题才能迎刃而解。也只有这样，思想政治教育才有实效性，才有其现实意义，才具有强大的生命力和号召力。

5. 将心理辅导与思想政治工作充分结合起来

大地震给灾区广大人民群众留下了严重的心理创伤。许多灾区

群众陷入极度恐惧、悲伤、绝望之中，悲痛欲绝，情绪泪丧，从噩梦中无法自拔。这迫切需要各方对灾区进行心理援助，对灾区群众进行心理疏导。但是曾经一个时期，许多思想政治工作者将心理辅导与思想政治工作对立起来。传统的思想政治工作，从内容到形式，给人的印象都是比较"高调"的，工作路径也大多从宣讲、灌输开始，关注宣讲内容往往甚于关注宣讲对象，着眼点侧重于用政治理论武装人、塑造人和改造人。而心理辅导却好像处处从"低处"入手，把人的认知困境、情绪状态和心理健康等作为重要的工作内容。

党的十七大报告在部署"推动社会主义文化大发展大繁荣"时，明确提出了"加强和改进思想政治工作，注重人文关怀和心理疏导，用正确方式处理人际关系"的要求，明白无误而又鲜明地向我们昭示了思想政治工作的新思路与新策略，即要把思想政治工作同心理辅导结合起来，注重人文关怀和心理疏导。

道德教育必须针对公民特点，研究他们的身心特征、思维方式、接受规律上的特点，贴近实际、贴近生活、贴近社会，努力寻找公民道德建设和公民实际需要的最佳结合点，把教育意图和公民实际需要最大限度地统一起来，既满足个人实现自我价值的需要，又把个人发展和国家需要结合起来，做到"立意高，起点低"。"立意高"指公民道德建设从长远来说是一种民族精神的价值取向和观念的培养，必须把教育上升到民族精神的高度，用爱祖国、爱人民、爱社会主义要求公民具备高层次的境界，在情感教育和伦理要求的基础上，使公民树立起报国的责任感和义务感，注重民族责任和使命感的培养；"起点低"指公民道德建设要夯实基础，重视个人的利益和发展。公民道德建设不是建立在空洞的理想化的说教上，它的存在有赖于一套行之有效的政治制度安排机制和现实的利益感受性作为前提条件。公民道德建设的实施也离不开客观条件的保障和促进，必然要有坚实的经济基础作支撑，才能有说服力，不至于变成空洞的说教。

6. 充分利用现代传播媒介，加强舆论引导

人类已经进入了信息化和网络化时代，从民群众获得信息的渠道与政府部门几乎相同，其速度也不分伯仲。尤其是由于文化多元化的影响和民主意识的增强，过去那种单向的你说我听、你讲我通，只能具有一种思想、一种意识的思想政治工作模式已经一去不复返了。而科学技术的进步和人民群众的思想解放既给思想政治工作带来了改进的契机，也带来了冲击。这次灾情之严重，前所未有。数十天里，胡锦涛、温家宝走遍了整个受灾地区。他们把群众关心的热点难点问题作为工作的重点，认认真真访民情，诚诚恳恳听民意，鼓励全国人民万众一心，众志成城进行抗震救灾。在最危险的地方，我们总能看到中央领导人的身影，这让我们深刻感受到党和政府救灾抢险的决心和对人民群众的深厚感情。中央领导的身先士卒，是对灾区群众最生动有力的思想政治工作，而这些画面通过新闻媒体传播到全国各地后，便让开始对全国人民进行的一次生动的思想政治教育。不论是灾区群众，还是我国其他地区的民众，还有世界其他国家的民众，无不为我国领导人与民众中的平凡百姓、教师，甚至儿童英雄事迹的宣传感到震撼、崇敬，使人潸然泪下。对这些模范事迹进行宣传时，不仅利用了传统的电视、广播、报告会等形式，更充分利用了网络、手机短信等新形式。"5·12"地震发生后，中国网民的力量和热情得到了充分展现。许多门户网站充分利用网络互动性强的特点，开设了抗震救灾的专题网页，设立了向地震遇难者默哀、献花的虚拟平台，制作宣传抗震救灾英模事迹的视频、图片、诗歌等，还有的网站利用自身的影响积极筹款筹物援助灾区，许多著名论坛还积极联络、组织各地网友组成志愿队赶赴灾区，网络上出现的许多诗歌、视频、图片等都使人感到心灵的震撼和教育。总的来看，网络、手机短信等新的传播形式在这次抗震救灾斗争中发挥了积极、正面的作用，它们坚持正确的舆论导向，充分激发了广大网民尤其是青少年的爱国热情和民族精神，激励了干部群众战胜灾害的斗志，凝聚了社会各界力量，众志成

城，共渡难关。

7. 发扬爱心文化的巨大能量

在汶川大地震刚刚发生的时刻，之所以能够迅速形成四面八方、人流如潮，共同奔向四川汶川的巨大洪流，诚然它是人类大爱之心的凝聚。也正是这种大爱之心的凝聚，才炼成了"万众一心、众志成城，不畏艰险、百折不挠，以人为本、尊重科学"的伟大抗震救灾精神。同样道理，汶川大地震后形成的伟大抗震救灾精神，也是人类爱心精神的充分展示，更是中国人社会主义大爱情怀的由衷表达。

136

爱心文化的基本特征，在于它是人类独有的理性自觉的无私情感。人类之所以伟大，在于人心具有自觉的意识；而人心的自觉，则在于具有无私之情感。换句话说，就是人类能够超乎利害得失来看待利害得失，并且还能正确地处理利害得失。对于这一特征，那些亲历汶川大地震灾难的人们必定会有真情实感。因为，这是被血与火的事实所证明了的。同样，在震后的恢复重建中，那些成千上万的援建者和许许多多的爱心人士的忘我奉献，进一步说明了正是这种人类独有的理性自觉和无私情感，才凝聚成了一道道爱的长城。从这个意义上说，爱心文化是抗震救灾和恢复重建的不竭动力。

爱心文化的最高层次，是大爱。大爱之大，在于它是无边无疆之爱。而无边无疆之爱的动因，则在于人心的自主、自由、灵活和向善的主观能动性特质。人心的这种主观能动性特质，决定了人类真、善、美的道德境界。由此，人们进一步看到，人类的大爱精神，将是人类走向大同、走向和谐的深厚文化资源；中国人的大爱精神，也一定是中国建设社会主义现代化的深厚文化资源。在抗震救灾和恢复重建最困难的时候，是全国人民乃至全世界的爱心人士，特别是那些夜以继日地战斗在重建工地上的援建者，共同用爱心给灾区人们带来了光明，创造了幸福和快乐。汶川大地震后形成的伟大抗震救灾精神，是人类爱心精神的充分展示，更是中国人社会主义大爱情怀的由衷表达。由此，人们进一步看到，人类的大爱精神，将是人类走向大同、走向和谐的深厚文化之源；中国人的大爱精神，也一定是中国建设社会主义现代化的深厚文化之源。

（三）公民道德建设迫切需要社会主义核心价值观的指导和引领

1. 社会主义核心价值观的主要内容

党的十八大报告明确指出："倡导富强、民主、文明、和谐，倡导自由、平等、公正、法治，倡导爱国、敬业、诚信、友善，积极培育和践行社会主义核心价值观。"十八大报告从三个基本层次阐述了社会主义核心价值观的主要内容，是对社会主义核心价值体系建设实践作出的重大理论创新，对进一步促进社会主义核心价值体系教育，具有十分重要的现实意义和长远的历史意义。

党的十八大提出的"三个倡导"就是从国家制度层面、社会集体层面、公民个人层面为社会主义核心价值体系建设指明了方向。

首先，"倡导富强、民主、文明、和谐"是立足于社会主义核心价值观的国家制度层面。我们知道，中国特色社会主义现代化建设的总体布局就是经济建设、政治建设、文化建设、社会建设和生态文明建设。总体布局都有一个共同的价值追求目标，就是要通过经济建设、政治建设、文化建设、社会建设和生态文明建设，实现全面建成小康社会和中华民族伟大复兴的中国梦。这个宏伟目标从价值追求角度来说就是要达到"富强、民主、文明、和谐"，即经济上要越来越富强，政治上要越来越民主，文化上越来越文明，社会和生态上要越来越和谐。"富强、民主、文明、和谐"的核心价值观集中体现了中国特色社会主义现代化的价值目标和价值追求，符合当代中国共产党人和全体中国人民寻求民族复兴中国梦的共同愿景，是一个凝聚人心、鼓舞士气、激发活力、振奋精神的价值目标。

137

其次，"倡导自由、平等、公正、法治"是立足于社会主义核心价值观的社会集体层面。自由、平等、公平、法治体现了中国特色社会主义的基本社会属性，是马克思主义的基本要求，也是中国共产党人的一贯价值追求。改革开放以来，随着我国社会主义市场经济体制的建立和社会主义民主政治的深入发展，广大人民群众的民主法治意识越来越强，自由平等观念日益深入人心，维护公平正义的要求也越来越高。正是适应广大人民群众这种新期待、新要求，我们党更加自觉地把自由、平等、公平、法治等理念深入扎实地体现到党的各项理论和实践之中。党的十七大报告强调要"树立社会主义民主法治、自由平等、公平正义理念"。十八大报告则把"倡导自由、平等、公平、法治"作为"积极培育和践行社会主义核心价值观"、推进社会主义核心价值体系建设的一项重要内容。由此可以看出，自由、平等、公平、法治是当代中国共产党人坚持科学发展、坚持以人为本、坚持执政为民、坚持依法治国伟大实践的集中价值体现，也是我们坚持和发展中国特色社会主义的核心价值追求。

最后，"倡导爱国、敬业、诚信、友善"是立足于社会主义核心价值观的公民个人层面。爱国、敬业、诚信、友善四位一体集中体现了社会主义国家公民的基本价值追求和道德准则要求。党的十八大正是在继承和发展我们党关于社会主义核心价值体系思想的基础上，紧密结合全面建成小康社会和发展中国特色社会主义的新需要，从公民层面提出了"爱国、敬业、诚信、友善"的社会主义核心价值观。"爱国、敬业、诚信、友善"的社会主义核心价值观，集中体现了中华民族传统美德、中国共产党人革命道德和社会主义道德的精华，是中国共产党人对马克思主义公民道德和价值理念的新发展。加强对全体公民的价值观、道德观教育是一项长期而紧迫的任务，尤其是面对当前社会经济利益和分配方式多样化的趋势，面对全面建成小康社会和人民群众精神文化需求的不断增长，面对世界范围内各种思想文化的相互激荡，如何形成社会的主流价值观、如何把公民价值观道德观教育提高到一个新水平，这是摆在全党和全国人民面前的一个重大课题。

社会主义核心价值观的三个基本层次是有机联系、内在统一的。"富强、民主、文明、和谐"是中国特色社会主义的基本价值追求，它体现的是我国经济建设、政治建设、文化建设、社会建设和生态文明建设的内在发展要求；"自由、平等、公平、法治"是中国特色社会主义的基本社会属性，它体现的是我国作为中国特色社会主义社会的总体价值趋向和整体目标要求；爱国、敬业、诚信、友善体现的是社会主义国家全体公民的基本价值追求和道德准则要求。三个层次的核心价值观相互联系、相互贯通，集中体现了国家、集体和个人在价值目标上的统一，体现了国家目标、社会导向和个人行为准则的统一，是马克思主义价值理论中国化的最新成果。

2. 目前我国公民道德建设迫切需要社会主义核心价值观的指导和引领

孟德斯鸠在谈到国家体制和建设时曾强调："共和国需要品德。"他描述了一个国家当"品德消逝的时候"，就会弥漫物欲、贪婪、野心和权力的放肆，国家的发展、公民的幸福就都不可能实现。毛泽东也曾说，"正确思想一旦被群众掌握，就会变成改造社会、改造世界的物质力量。"十八大报告提出了富强、民主、文明、和谐的国家发展目标，提出了自由、平等、公正、法治的社会建设理念，当然也就非常需要具有爱国、敬业、诚信、友善品德的公民素质的力量。爱国、敬业、诚信、友善，是对公民品德的倡导，也是公民应具备的基本道德素质。

公民道德建设主要包括三个方面。一是树立公共道德。社会成员之间有着内在的相互依赖关系，个人的生存与发展不可能脱离社会和他人。只有认识自我与他人、自我与社会的内在关系，才能系统了解自己的社会角色，明确自己的社会责任，认识自己与社会其他成员之间的相互关联和彼此间的义务。二是提升职业道德。各行业要依据社会主义核心价值观制定行业标准，引导行业行为，形成职业道德规范。三是注重家庭道德。家庭是最基本的社会单元，也是培育核心价值观的重要领域。随着我国社会结构的改变，特别是人口流动性的增强，家庭的结构也发生着变化。要增强个人的家庭责任感，倡导相互尊重、互敬互爱、和谐幸福的家庭生活。

社会主义核心价值观本身包含了公民道德建设的基本内容。爱国、敬业、诚信、友善是我国公民应遵守的基本美德。十八大报告同时提出了"公民道德建设工程"和"立德树人"的任务。以社会主义核心价值观引领公民道德建设，是核心价值观内化、培养合格公民的必然要求。所以，我们今天要打造"富强、民主、文明、和谐"的国家，建设"自由、平等、公正、法治"的社会，要凝聚民心就必须从公民主体的爱国、敬业、诚信、友善等核心品德的大众化抓起。

3. 我国公民道德建设任重道远

改革开放 30 多年，我国经济社会得到了迅速发展，人民生活水平得到了极大的改善，在收获丰硕的经济成果的同时，也面临着很多的挑战，比如信仰迷失，道德失守，世界观、人生观、价值观偏离等。因此，用社会主义核心价值体系重塑当代公民的核心价值观，关系到我国经济社会能否持续、健康、稳定地发展。

当然，我们必须清醒地认识到：在社会急剧转型期，加强公民道德建设是一项长期而紧迫的任务，不可能一蹴而就。面对社会经济成分、组织形式、就业方式、利益关系和分配方式多样化的趋势，面对全面建设小康社会，人民群众的精神文化需求不断增长，面对世界范围内各种思想文化的相互激荡，道德建设有许多新情况、新问题和新矛盾需要研究解决。必须适应形势发展的要求，抓住有利时机，巩固已有成果，加强薄弱环节，积极探索新形势下公民道德建设的特点和规律，在内容、形式、方法、手段、机制等方面努力改进和创新，也需要全社会都积极行动起来、攻坚克难、常抓不懈，公民道德建设才可能提高到一个新的水平。

作为社会主义核心价值体系最基础、最核心的部分，社会主义核心价值观可以集中反映我国和谐社会所追求的价值尺度和文化观念。价值观是人生观和世界观的核心与基础，在当今价值观多样化、文化多元化的社会转型期间，在青年大学生中旗帜鲜明地倡导社会主义核心价值观，能够更深层次地影响青年大学生的思想认识与行为方式，提高思想政治教育的实效。

社会主义核心价值观的内涵。爱国主义是社会主义核心价值观的基础。爱国主义作为一种社会意识，也是调节公民和国家关系的基本政治规范和道德规范。在中华民族五千多年的发展历程中，爱国主义始终是国家统一、民族团结的精神纽带，集中反映了中华民族的独特性格、价值取向和共同信念。所以，尽管不同的时代，爱国主义具有不同的时代特征，但作为一种正义的力量始终一脉相承。从陆游的"位卑未敢忘忧国"到文天祥的"人生自古谁无死，留取丹心照汗青"；从范仲淹的"先天下之忧而忧，后天下之乐而乐"到林则徐的"苟利国家生死以，岂因祸福趋避之"，都是古代知识分子爱国情怀的生动写照。近年来，我国制定的公民道德规范和社会主义荣辱观教育，都把"爱国"放在首位。作为一脉相承的社会主义核心价值观，决不能切断历史文化的血脉和传统，只能在继承的基础上结合新的社会发展和时代要求予以创造性地发展。

倡导富强、民主、文明、和谐，倡导自由、平等、公正、法治，倡导爱国、敬业、诚信、友善是社会主义核心价值观的主要内容。目前我国公民道德建设迫切需要社会主义核心价值观的指导和引领。发挥社会主义核心价值观的指导和引领作用，扎实推进公民道德建设。我国公民道德建设任重道远。

（四）动员社会力量，拓展公民道德建设的途径

加强公民道德建设，既是时代赋予我们的一项任务，又是我国

141

社会现实发展的需要。就当前社会而言，加强公民道德建设，必须结合我国社会的现实状况，结合时代要求，努力探索当前形势下公民道德建设的新情况、新途径，把公民道德建设提高到一个新的水平。

1. 营造浓厚的公民道德建设氛围

公民道德建设是一项长期的系统而复杂的工程，需要全社会的通力合作、共同努力，在全社会形成共识。这就需要全社会上上下下、方方面面，从家庭到学校到社区，从政府到民间，在全社会形成公民道德建设的浓厚氛围。这其中，大众传媒更是有着不可替代的巨大作用。大众传媒社会影响大，传播迅速及时，有着特殊的渗透力和影响力，因此，运用大众传播进行广泛的社会宣传，塑造公民道德建设的氛围，大力宣传"真、善、美"，鞭挞"假、恶、丑"，努力弘扬社会正气，不断提高人们的道德素养，为推动公民道德建设做出应有的贡献。

2. 公民道德建设应加强教育与法律相结合

教育、特别是思想政治教育，对于公民道德建设具有非常重要的作用，在一定程度上说，一个社会的道德风貌如何，取决于一个社会的教育尤其是思想教育的水准。而人们的道德品质的高低，也很大程度上与该社会的道德教育水准密切相关。但在现实社会条件下，人们普遍受到利益驱动，人们要想抵御来自方方面面的诱惑，完全靠内在于心的个人道德是很难做到的，还必须依靠外在法律的作用。如果在现实社会中，道德行为得不到法律的保护，不道德的行为又受不到法律的制裁，单靠个人道德就很可能造成道德的决堤。因此，我们必须将道德和法律两种手段结合起来，把引领与约束结合起来，通过宣传教育培养良好的道德行为，通过法律强制打击各种犯罪。

3. 深入开展学习先进的群众性道德实践活动

随着社会主义市场经济的发展，人们的思想观念也在发生着深刻的变化，一些与市场经济相适应的道德观念也得以产生和发展。

但是，毋庸讳言，在现实社会中，也出现了大量的与社会主义现代化建设不相适应的道德失范现象，如诚信缺失、见利忘义、贪图享乐、贪污腐化等丑恶现象。其根源在于人们没有把公民道德要求内化为道德意愿，没有以自己的身体力行，以公民道德规范约束自己的行为。道德离不开实践，社会实践是推动道德发展的基础。因此，这就需要我们在全社会形成共识，在全社会开展广泛的道德实践活动，努力营造学习先进、崇尚先进、争当先进的良好社会风气，先进人物是时代精神的追求者，先进人物能够在平凡的本职岗位上取得突出成绩，这与他们严于律己和对自己的崇高道德要求是分不开的，是道德理想人格化的具体体现，对社会，对人民群众的言行具有示范、引导、榜样的作用。

4. 充分利用大众传媒产生良好的社会影响

思想政治教育要如同抗震救灾中思想政治教育一样取得快速、显著的效果，就必须充分利用大众传媒产生良好的社会影响。大众传媒传播速度快、覆盖范围广，以图片、声音、画面、文字等的形式能够极大刺激人们的感官，有助于思想道德的宣传与教育。

大众传媒信息承载量大，信息发布有声有色，动中有静，能够极大地吸引人们的眼球，如果我们把道德教育因素融于这些信息中，就能够让道德教育悄无声息地发挥出它的作用。同时，大众传媒具有开放性，能够将人们各种情绪和观点释放出来，把握人们的思想动态，有助于了解道德教育的潜移默化作用，让人们在不知不觉中接受教育。而且，大众传媒能够弱化对道德教育功能发挥的限制。道德教育功能的发挥容易受到内部和外部的制约，内部因素主要来自于道德教育者的素质和态度以及受教育者的水平等的影响，外部因素主要是社会环境各种因素的作用。最后，大众传媒能够自然地整合多种道德教育方法，如果我们把这些方法恰到好处地配合在一起，就可以为道德教育功能的发挥搭建很好的平台。

5. 要把抗震救灾精神融入人民群众的生活实践过程

抗震救灾精神应当坚持贴近生活的原则，努力创造条件使广大人民群众在生活中更好地体验抗震救灾精神的巨大力量。灾难不是每天都发生，生活却是每天要继续，要使非常状态下迸发出来的抗震精神永存，还需把它转化成日常生活中人们需要长期具备的精神和品质。以此来引导广大人民群众，让广大人民群众认识到抗震精神并没有也不会随着大规模抗震救灾的结束而消逝，它其实蕴含在我们每天的生活中，让广大人民群众时刻体会到抗震精神的魅力，并把它作为自己工作、生活的指引。要让广大人民群众明白，不仅在国家有难时、在大是大非面前，我们每个人要讲责任、讲奉献，要团结一致共渡难关，在日常的工作和生活中，我们每个人无论干什么，也都应该明确自己的职责。

马克思主义的实践观告诉我们，社会生活在本质上是实践的，社会实践活动是人发展的决定因素，是人们形成正确认识和思想观念的最重要、最基本的途径之一。因此，利用多种形式的实践活动弘扬抗震救灾精神也是非常重要的。利用各种文化机构发挥直接面向群众的优势，开展各种生动活泼的弘扬抗震救灾精神的实践活动，使广大群众从中受到感染、教育和启发。各级组织围绕抗震救灾精神积极开展各种道德实践活动和群众性创建活动，把弘扬抗震救灾精神渗透到人们日常生活中。总之，只有把抗震救灾精神与生活实践结合起来，才能使两者相互促进，发挥各自的优势，从而进一步推进社会主义道德的建设。

著名哲学家康德说过："有两样东西，我们越是经常和持久地思考它们，对它们历久弥新的崇敬之情就会更加充实我们的心灵：这就是我头顶的星空和我心中的道德。"道德的力量是巨大的，公民道德建设必须与时俱进，必须与我们的各项工作结合起来，努力把握公民道德建设的时代要求，积极探索有效的建设途径，以大力弘扬抗震救灾精神为新的动力，求真务实，扎实推进，才能更好地推动公民道德建设向纵深发展，为社会主义现代化建设提供良好的道德基础。

成都好人把受灾孕妇带回家

绵竹市 22 岁的孕妇曹培静在何存全、赖玲珑夫妇的悉心照顾下顺利产下宝宝。

汶川大地震发生时，绵竹市九龙镇 22 岁的孕妇曹培静双腿被埋在废墟下，所幸的是公公把她刨了出来，但家已变成废墟，身为交警的丈夫又不能陪伴她。她那无助的眼神，让前往运送救灾物资的成都志愿者何存全一家人不安。5 月 16 日，何存全和妻子赖玲珑不顾朋友的劝说和反对，再次驱车前往灾区，把即将生产的曹培静带回了成都的家，进行悉心照顾。6 月 13 日，曹培静在省妇幼保健院顺产了一个 6.8 斤的小男孩。昨日，曹培静依依不舍告别何存全一家，抱着乖宝宝在丈夫李永兴陪同下出院回家了。

孕妇无助的眼神牵动他们的心

汶川大地震发生后，正在上班的 41 岁何存全再也坐不住了。5 月 14 日，何存全联系上做食品批发生意的好朋友叶仁先女士，两个人准备筹集一车的物资运往灾区。这时，很多人加入到他们的爱心行列中来，不到两个小时就筹集了 7 卡车的水、牛奶、方便面、粉丝。下午 5 时，他和妻子赖玲珑带领救灾车到达重灾区绵竹九龙镇。在九龙镇指挥部卸物资时，一名孕妇引起了他们的注意，这名孕妇脸色苍白，眼神直直地看着一个地方，脸上渗出颗颗汗珠。她丈夫 24 岁的绵竹市交警李永兴一直在鼓励着她："一切都会好的，你们母子一定会平安。"

这个孕妇叫曹培静，地震发生时她一个人在家休息，父母在外干农活，丈夫在绵竹当交警。地震后，她的双腿被埋在废墟中，曹培静的公公急忙回家将她刨出来，所幸的是只是受到惊吓，并无大碍。

不顾劝阻毅然接孕妇回家

"曹培静那无助的眼神真让人担忧啊！"从九龙镇回家的路上，何存全心里像压着一块石头，憋得发慌。

"我们应该帮他们一把，干脆把那个孕妇接回家吧，"回家的路上，何存全忽然对妻子赖玲珑说。"是啊，他们真的很惨，但是不知道她和她的家人愿意不愿意？""接？不接？"那一夜，何存全失眠了。

"兄弟，让我们给她多送点钱，也可以帮她渡过难关。"得知何存全要把孕妇接回家时，他朋友劝他打消这个念头，毕竟去九龙镇的道路已经被封闭了。16 日上午，经过一天思想斗争后，他们还是决定把她接到成都。

16 日，何存全联系上了九龙镇抗震救灾指挥部。当天晚上 7 时许，他和妻子开车前往九龙镇，晚上 9 时他们终于达到曹培静住的棚子。临走时，曹培静的公公眼里含着泪，不停地说着谢谢。5 月 17 日清晨，何存全和妻子发现洗澡间的地上，竟然铺了一层薄薄的泥沙。何存全说，看到这层泥沙，可以想象灾区的老百姓生活的艰辛，这层薄薄的泥沙让他心里很不是滋味，更加坚信自己的选择是正确的。

悉心照料生下 6.8 斤男婴

其实，最让何存全和赖玲珑不放心的是胎儿的健康，5 月 17 日上午，何存全和赖玲珑陪着曹培静到妇产科医院做了全面检查，除孕妇受到一些惊吓外一切正常，医生嘱咐多保养。为此，赖玲珑每天都到菜市买鸡、鸭、猪蹄、排骨、猪膀……变着花样给曹培静做好吃的。

6 月 4 日，赖玲珑决定陪同曹培静再到医院进行体检，但是体检结果有些让人担心：由于孕妇受到惊吓，胎儿羊水偏少，胎儿可能偏小。煲粥、适当锻炼、心理安慰……回到家后，赖玲珑更是悉心地照料她。

6 月 11 日，赖玲珑再次陪同曹培静到省妇幼保健院体检，医生告诉她们，曹培静快要生产了，需要住院。赖玲珑医院家里两头跑，回家熬汤，然后赶半个小时的车送到医院，看着曹培静喝下。随后又跑商场，买来婴儿服。

6月13日凌晨1时，曹培静在省妇幼保健院顺产生下了一个6.8斤重的胖小子。看着胖乎乎的婴儿，赖玲珑笑了，曹培静哭了，那是感激的泪。

前天，曹培静出院了，因为家里有政府搭建的房子，总算有了个落脚的地方。赖玲珑虽再三挽留，曹培静还是决定回到老家。临走时，赖玲珑买来婴儿奶粉和用品一直送到车站。昨日何存全出差回来了，他说，等一段时间他将和妻子赖玲珑再去看望曹培静一家。

深情告白　曹培静："这个月让我终生难忘"

记者通过电话联系上了曹培静和李永兴，他们表示，在成都的这个月让他终生难忘。电话里，曹培静含着泪说："赖阿姨每天变着花样给我做饭、熬汤，我从来都没有吃过这么好吃的东西。"曹培静说，每次赖阿姨都把汤端到床前，看着她把汤喝完，才会笑着离开。

"为了帮我运动，每天早上或者晚上，赖阿姨都会陪我在外面散步，还给我讲解孕育孩子的知识。"曹培静说，唯一让他们遗憾不安心的是，由于何叔出差在外，他们没办法当面跟他告别，说上一声谢谢。

案例解析

何存全是笔者的一位朋友，他为人仗义，待人热情，热心公益，在"5·12"汶川大地震中主动担当志愿者，把即将生产的曹培静带回了成都的家，进行悉心照顾，直到孩子生产并满月后才将其亲自送回，此事后来被《成都晚报》报道出来，产生了广泛的社会影响，被誉为"成都好人"。在汶川大地震中，有成千上万的志愿者活跃在地震灾区，他们为灾区人民做了大量的工作，受到了社会的普遍赞誉，他们是公民社会的脊梁。

　　汶川地震之前，绝大多数中国人并不知晓何谓"志愿者"。汶川地震，开启了中国的"志愿者元年"。这是人道主义、人性光芒的一次井喷，也是公民责任、道德意识的一次觉醒。在承受了物欲横流、信仰缺失、道德迷惘、人性冷漠等种种苦闷后，一场巨大的灾难激发了一次精神的"革命"。汶川地震震裂了大地、震塌了房屋，却修复了社会的道德裂痕、树起了国民的人性丰碑。浩浩荡荡的志愿者大军表明，中国人并不缺少善良的同情心、悲悯的情怀和温暖的友爱，也勇于与自己的国家和同胞共同担当苦难。扶贫济困、守望相助的美德没有丢失，"天下兴亡、匹夫有责"的情结也没有死亡。当这些根植在中华民族心灵深处的传统道德资源与生长在西方文明土壤上的志愿者理念相撞击，爆发的便是感天动地的人间大爱。而在更深的层面，这也是改革开放 30 多年社会进步、精神积淀的果实。

148

第四章　生命至尊

——抗震救灾与以人为本

汶川特大地震惊天动地。同样惊天地、泣鬼神的是，在这场灾难中开展的对人的生命的大抢救。在一切价值中，人的价值是第一位的，而尊重人的价值首要是对一个个鲜活的个体生命之爱护、尊重。抗震救灾，抢救人的宝贵生命，真正实践了我们党的"以人为本"的执政理念。

一　以人为本与科学发展观

汶川地震，举世震惊，这是对中华民族凝聚力的考验更是对党执政能力的考验。在以胡锦涛同志为总书记的党中央的坚强领导下，全国各族人民同灾区人民同呼吸、共命运，充分体现了以人为本的科学发展观。使以人为本这一汇聚中国传统文化精髓和人类共同文明成果的价值追求，扎根于中国大地，服务于人民。

（一）以人为本的科学内涵

早在古希腊时期就有"以人为本"的思想。普罗泰戈拉把哲学研究的对象由自然转向人，他提出"人是万物的尺度"①。英国

---

① 北京大学哲学系、外国哲学史教研室编译：《西方哲学原著选读》（上卷），北京：商务印书馆1981年版，第54页。

学者阿伦·布洛克在《西方人文主义传统》一书中指出，"古希腊思想最吸引人的地方之一，在于它是以人为中心，而不是以上帝为中心。"① 当人类历史进入到欧洲中世纪，哲学的地位沦落为"神学的婢女"，而人的地位也被神所淹没。随着文艺复兴的到来，人文主义思潮兴起，高扬人性，否定神性，成为一时之潮流，人文主义提倡以人为本，这种人本主义自然就成为中世纪神本主义的对立面，在人与神的对立中，充分肯定人的地位和人的价值。

在西方哲学史上，费尔巴哈的人本主义思想，是马克思主义人本思想形成的重要理论来源，他对人的本质的认识具有特殊重要的意义。马克思说，费尔巴哈的伟大功绩在于"创立了真正的唯物主义和现实的科学，因为费尔巴哈使'人与人之间的'社会关系变成了理论的基础原则。"② 不过，费尔巴哈虽然肯定了人的地位和作用，但并没有从根本上解决人的问题，更没有从根本上解决人的本质问题，也没有正确回答实现人的自由和解放的途径。

直到马克思主义的产生，才真正解决了人的本质问题。马克思、恩格斯批判地继承了人类历史上特别是哲学史上的积极成果，才真正解决了人的本质问题，为"以人为本"思想奠定了科学的基础。从马克思主义的"以人为本"观出发，我们可以把"以人为本"概括为，"以人为本"是一种对人的主体地位及其在社会发展中的作用的充分肯定，它强调了对人的尊重，对人的价值的肯定。同时说明，只有尊重人、依靠人、解放人和为了人，才能真正实现"以人为本"。

从马克思主义的"以人为本"观出发，我们可以把"以人为本"概括为，它是一种对人在社会历史发展中的主体作用与地位的肯定，强调人在社会历史发展中的主体作用与目的地位；它是一

150

---

① ［英］阿伦·布洛克：《西方人文主义传统》，董乐山译，上海三联书店1997年版，第14页。

② ［德］马克思：《1844年经济学—哲学手稿》，人民出版社1979年版，第111页。

种价值取向，强调尊重人、解放人、依靠人和为了人；它是一种思维方式，就是在分析和解决一切问题时，既要坚持历史的尺度，也要坚持人的尺度。

以人为本是一个关系概念，它可以表现为四种基本关系，即：人与自然的关系、人与社会的关系、人与人的关系、人与组织的关系。

第一，在人与自然的关系上，"以人为本"就是世界的主体，人通过对自然的改造，获取人类所需要的物质生活资料，在改造自然的同时，改造人类自身，使人的生存质量和生活质量不断得到提高。

当代中国发展的一项重要任务就是不断提高人们生活的质量，以满足日益提高的物质文化生活需求，使人们在日益优化的自然环境中工作与生活。虽然现实的环境未必尽如人意，但对未来美好生活环境的追求却是人们共同的向往。

只是过去一段时间以来，我们过于注重了经济的增长，忽视了生态环境的保护，以致生态环境日益恶化，严重违背了"以人为本"。当前，我们必须加强对环境保护的宣传教育，不断提高公众的环保意识，努力保护生态环境，改变过去那种"见物不见人"单纯追求 GDP 增长模式，注重人与自然和谐相处，注重生态文明，确立一种科学的新的生态环境观念。

第二，在人和社会的关系上，"以人为本"就是要坚持社会公平，维护社会正义，使社会发展与人的发展同步，使社会发展成果惠及全体人民，为广大人民群众提供一个和谐公正的社会环境。

只有人才是一切活动的最终目的。"以人为本"就是要充分满足人的发展。如果说在物质匮乏、经济落后时代，人们追求物质财富的积累有一定的合理性，但当人们告别了物质短缺时代，我们仍然坚持"以物为本"、"见物不见人"，那就犯了方向性的错误。这就需要从"以物为本"的发展逐步走向"以人为本"的发展，充分满足人的发展的需要。我们应努力创造一个良好的社会环境和人文环境，为人的全面发展提供广阔的空间。在当代中国，提出

"以人为本"是相对"以物为本"而言的，是对过去只追求经济增长这种见物不见人的发展方式的超越。

第三，在人和人的关系上，就是强调平等、公正，使人们在发展中有均等的机会，真正做到兼顾公平。在现实生活中，我们既要尊重困难群体的基本需求，尊重他们的合法权益和独立人格，也要为精英群体创造良好的环境，为他们的发展提供广阔的空间。

改革开放以来，我国的综合国力有了很大的提高，物质财富得到了极大的增长，但现实的问题是，改革开放的发展成果并没有平等地惠及到广大人民群众，甚至于形成了严重的分配不公，导致了社会矛盾的日益突出。这就必然造成社会的紧张和社会矛盾的日益尖锐，当前我国各种群体事件时有发生，这一方面是因为改革中的不完善所致，但其中重要的原因就是社会分配不公所引起，这就需要引起我们高度的重视，真正做到机会均等，为人们提供平等竞争的机会和条件。如果在社会转型中大多数人丧失利益且得不到有效帮助，改革不仅难以继续下去，而且不利于社会和谐。

第四，在人和组织的关系上，既要满足组织的发展，也要为个人的发展提供良好的条件。

长期以来，我们过分强调了制度，强调了集体，强调了组织，忽视了个人，忽视了个人的需要与个人的自我发展，漠视了人的基本需求、合法权益和独立人格。其根本就是将组织和个人绝对对立起来。其实，强调个人服从组织，个人服从集体，本意并没有。这里的关键是我们只强调了服从这一面，而忽视了对个人的满足这一面，这就造成了集体与个人的不对等，以致忽视和扼杀了人的基本需要。因此，我们既要强调个人对组织、对集体的服从，也要注重对个人需求的满足，为每个人潜能和能力的发挥提供相对平等的机会与平台、政策与规则、管理与服务，使人各尽其能。

江泽民同志明确提出，"我们建设有中国特色社会主义的各项事业，我们进行的一切工作，既要着眼于人民现实的物质文化生活需要，同时又要着眼于促进人民素质的提高，也就是要努力促进人的全面发展"。① 这是我们党在经历了几十年建设和改革的实践后所得出的重要结论。党的十七大报告中在关于"以人为本"有一段很完整的阐述："必须坚持以人为本。全心全意为人民服务是党的根本宗旨，党的一切奋斗和工作都是为了造福人民。要始终把实现好、维护好、发展好最广大人民的根本利益作为党和国家一切工作的出发点和落脚点，尊重人民主体地位，发挥人民首创精神，保障人民各项权益，走共同富裕道路，促进人的全面发展，做到发展为了人民，发展依靠人民，发展成果由人民共享。"② 这段文字与已往中央公开发表的有关论述相比，新增加了两点重要思想：一是首先强调"全心全意为人民服务是党的根本宗旨"，意味着"以人为本"的实质就是为人民服务，是党的宗旨的另一种表达方式。二是提出"尊重人民主体地位，发挥人民首创精神"，意味着在"以人为本"的内涵中，贯彻了辩证唯物主义的主体思想和历史唯物主义的群众观点，即人民是社会历史的主体，是一切社会财富（包括物质财富和精神财富）的创造者，是推动社会发展的主要力量。而这正是坚持"以人为本"，主张一切工作都要以人民利益为出发点和落脚点的根据所在。

"以人为本"的"人"，是一个复杂的系统概念，大致包括两层含义：既是指全体社会成员，即马克思所说的"每个人"、"一切人"，也是指人民，因为人民占人口的绝大多数，是社会历史的主体，创造历史、推动社会发展的主要力量。因而是"人"这个概念外延的主要部分。当然每一个具体的个人是"人"这个概念不可或缺的组成要素。与"人"对应的"本"，既是指作为社会主体的每个社会成员的存在，以及个人的各种权益；又是指由个体集合为整体的人民群众的存在，以及他们共同的根本利益。对"人"

---

① 江泽民：《在庆祝建党八十周年大会上的讲话》，人民网，2001 年 7 月 1 日。

② 胡锦涛：《高举中国特色社会主义伟大旗帜为夺取全面建设小康社会新胜利而奋斗——在中国共产党第十七次全国代表大会上的报告》，新华网，2007 年 10 月 15 日。

和"本"的认识，只有从第一个层次上升到第二个层次，按照统筹兼顾的原则正确认识和处理两个层次，即个人和群众、个人利益和公共利益的关系，才是全面地深刻地把握了以人为本的科学内涵。因而讲"人"，片面强调集体、忽视甚至否认个人，或者片面强调甚至归结为只是个人，否认集体、人民的主导作用都是片面的。

（二）科学发展观的核心是以人为本

2007 年 6 月 25 日，胡锦涛同志在中央党校省部级干部进修班发表重要讲话，他重申科学发展观的核心是"以人为本"。通过近年来的实践有力地证明，这一论述是非常及时的、正确的。它正确概括了新中国成立至今，尤其是改革开放 30 多年来，社会主义建设的经验，集中体现了科学社会主义基本原则与中国实际情况的内在统一，社会主义社会发展客观规律与广大人民群众根本利益的内在统一。胡锦涛同志强调指出："我们党的根本宗旨是全心全意为人民服务，党的一切奋斗和工作都是为了造福人民，要始终把实现好、维护好、发展好最广大人民的根本利益作为党和国家一切工作的出发点和落脚点，做到发展为了人民，发展依靠人民，发展成果由人民共享。"[1]

"以人为本"之所以是科学发展观的核心，是因为它简明扼要、正确精辟地概括了实现科学发展所必须坚持的出发点、主体、动力、目的等基本原则。这些正是构成科学发展观核心内容的基本要素。理解以人为本，还必须坚持马克思主义的科学的世界观和方法论，从理论上深化对"以人为本"精神实质的认识。

十一届三中全会以来，我们实现了拨乱反正和思想大解放，实现了经济转型，实现了由贫穷到温饱再到小康的历史性跨越，实现了邓小平同志提出的前两步战略目标。21 世纪以来，我们正在全

---

[1] 胡锦涛：《高举中国特色社会主义伟大旗帜为夺取全面建设小康社会新胜利而奋斗——在中国共产党第十七次全国代表大会上的报告》，新华网，2007 年 10 月 15 日。

面建设小康社会，努力实现中华民族的伟大复兴。为此，我们更应该关注"以人为本"，关注人的价值诉求和全面发展，这就要求我们在发展过程中，既要关注经济发展，也要关注政治和文化的发展；既要关注社会进步，也要关注自然和生态环境的保护，实现从经济到政治、文化、社会、生态的全面发展，把促进人的全面发展作为社会发展的根本目标。

坚持以人为本，促进人的全面发展，是全面建设小康社会和实现现代化的必然要求。进入 21 世纪，我国进入了全面建设小康社会、加快推进社会主义现代化的新的发展阶段。改革开放以来，我们成功地实现了由贫穷到温饱又到总体小康的两次历史性跨越，实现了现代化建设的前两步战略目标。21 世纪头 20 年，是我国迈向第三步战略目标的关键时期。在这个时期，我们要建设惠及十几亿人口的更高水平的小康社会，使经济更加发展、民主更加健全、科教更加进步、文化更加繁荣、社会更加和谐、人民生活更加殷实。这是一个经济、政治、文化、社会、生态和人的全面发展的系统集成的目标体系，它相对于前两步目标来说，又是一次质的飞跃，它不仅关注物的目标，更关注人的目标，处处体现着"以人为本"的价值诉求。这就要求我们制定方针政策时既要关注经济指标，也要关注政治和文化指标；既要关注社会指标，也要关注自然和生态指标；既要关注近期指标，也要关注远期指标。一句话，就是要把促进人的全面发展作为社会发展的根本目标。应该看到，我国在经济发展中还不同程度地存在着以消耗资源为代价，破坏生态，污染环境，危及人的生存环境的状况；从当前我国经济和社会发展所面临的问题看，城乡差距、地区差距、居民收入差距持续扩大，就业和社会保障依然压力巨大；教育、卫生、文化等社会事业发展滞后，人口增长、经济发展同生态环境、自然资源的矛盾加剧。这种状况如果不尽快加以改变，现代化建设的第三步战略目标就难以实现。改革开放以来现代化建设的实践表明，只有树立以人为本的科学发展观，以人的全面发展为价值目标，我国现代化建设的战略目标才能如期实现，社会主义制度的优越性才能得到充分体现。

坚持以人为本，促进人的全面发展，是顺应当代人类社会发展趋势的必然选择。在当代世界，和平与发展是时代的主流，经济全球化和政治格局多极化不可逆转，追求发展特别是经济社会可持续发展，成为世界各国共同关注的目标。随着当代社会的变化，社会发展观也发生了深刻变革，即从增长理论到发展理论再到后来的可持续发展理论。党的十五大在总结改革开放实践的基础上，明确地提出了建设中国特色社会主义经济政治文化的基本纲领，提出了可持续发展战略。党的十六届三中全会提出的科学发展观，为可持续发展战略注入了新的内容，它集中反映了当代人类社会发展进步的必然趋势，是中华民族参与世界文明发展进程的历史性选择。

中国共产党把"以人为本"作为科学发展观的核心，凝结着对社会主义实践经验的深沉思考，适应了全面建设小康社会和社会主义现代化建设新阶段的迫切需要，进一步丰富和发展了科学社会主义的理论和实践。

（三）抗震救灾提升了政府诚信

政府诚信，是指特定国家形态中的各级地方政府官员及其行政决策，本着"主权在民"的思想还权于民，全力维护人民的根本利益，恪守对人民的承诺，不失信于民。政府及其部门作为公共权力机构或者公共权力的代理者信守规则、遵守诺言、实践践约的行为，既是政府诚信的基本要求，也是人们对政治统治的认可程度。要增强政府的政治凝聚力和感召力就必须取信于民，努力实现政府宗旨。今天的人民政府不同于历史上曾经存在过的私有制下的形形色色的专制政府，那些以鱼肉人民为本质的政府是完全不把诚信放在执政理念中，在其政府的领导者眼里，要不要诚信对于他们而言是无所谓的，朝令夕改有之，甚至恶意欺骗人民有之。不过，在一些时候，个别具有远见卓识的统治者也很重视政府诚信的树立，纵观历史，但凡有所作为的领导者在其施政过程中都将立信于民作为清明政治，与民休养生息的前提。中国先秦时代轰轰烈烈的商鞅变法，使积贫积弱的秦国一跃而成为战国七雄之首，为后来秦始皇统一中国奠定了坚实的基础，这场变法之所以能够取得如此巨大的成效，首先归功于商鞅重视政府诚信建设，从一开始就从恢复诚信入手，使广大群众和社会各阶层深感政府有令必行、有法必依的决心，整个国家上上下下都坚定不移地支持变法参与变法，使变法运动得以贯彻始终，即使是商鞅本人遭遇政敌攻击被杀身亡，但变法却一直坚持下去，最终成就一番事业。虽然政府诚信是现代民主政治的历史必然趋势，然而对于中华人民共和国而言，也是党领导下的人民政府经过与国际反华势力多次进行斗争的必然结果。20 世纪 50 年代初，中华人民共和国刚刚成立，以美帝国主义为首的西方资本主义国家极端仇视新中国，它们不惜出巨资针对中国大陆举办了"美国之音"、"BBC 英国广播公司华语节目"，大肆制造谣言，混淆视听。美国国务卿甚至亲自指示相关人员编造涉华新闻，当 1950 年中苏签订《中苏友好互助同盟条约》时，艾奇逊就以绝密电报指示美国驻法国大使散布流言说这个条约表面上是很平等的，但根据苏联的要求，毛泽东、周恩来不得不以秘密条款答应苏联的要求，此消息经美国法国报纸披露，再经"美国之音"、"BBC 英国广播公司华语节目"渲染，在中国社会引起极大关注；朝鲜战争爆发后，美海军第七舰队开进台湾海峡，"美国之音"、"BBC 英国广播公司华语节目"又竭力宣扬战争的恐怖，再次引起中国大陆广大群众的紧张和不安；中国出兵朝鲜以后，"美国之音"、"BBC 英国广播公司华语节目"再次加大对华宣传的力度，肆意编造中国志愿军在朝鲜作战遭受重大失利的战报，使中国民众对国内报纸所报道的朝鲜战场新闻的真实性大打折扣，乃至对新中国能否战胜美英为首的"联合国军"持怀疑态度，新生的人民政府权威受到严峻挑战。为此，不少民主人士建议人民政府采取措施予以反击以正视听。中共中央遂决定下决心与以"美国之音"、"BBC 英国广播公司华语节目"为代表的西方反华舆论进行针锋相对的斗争，在中共中央机关报《人民日报》的带动下，全国各大报纸纷纷刊登社会各界群众要求坚决禁止收听"美国之音"、"BBC英国广播公司华语节目"的消息，北京各大中学的师生员工纷纷走上街头向市民宣传抗美援朝的真实情况，中国人民志愿军英模事迹报告团不断赶赴各地作战地实情演讲，使国内的社会各阶层群众真正了解了朝鲜战场上中朝军队作战的情况，在事实面前，英美的舆论谎言不攻自破，中国国内的"亲美"、崇美和恐美心态逐渐消除，人民政府的公信力重新回到群众心中。但在十年"文革"期间，在一片"造反有理"的叫嚣声中，中国出现了世界历史上罕见的无政府主义状态，随着各级党委政府的被"打倒"或被"夺权"，"革命委员会"的取而代之，政府的公权力丧失，政府诚信也淡出人们视野。幸运的是，在1978年底，中共十一届三中全会召开后，随着我国政治体制、经济体制的各项改革措施的逐渐到位，"文革"时期的无政府状态彻底结束。中国政府的诚信度又重新回归社会，特别是在进入21世纪以后，中国的历史迈入21世纪社会主义和谐社会的建设时期，人民政府的诚信度大增，政府诚信力成为整个社会弘扬传统的中华民族美德的前导，成为社会各界群众拥戴政府的精神基础，成为政府管理社会事务的物质基础。

汶川特大地震的抗震救灾行动就很好地诠释了这一事实。在获悉地震发生的第一时间，党中央国务院立即召开紧急会议，研究成立抗震救灾总指挥部，发布紧急命令，出动人民解放军、武警部队、民兵预备役人员和医疗卫生人员，以最快速度地赶赴灾区，全力抢救灾区的被困人员；在余震频发的四川、陕西、甘肃等第一线灾区，党和国家领导人胡锦涛主席和温家宝总理时时亲临地震现场，有条不紊地指挥军民开展抗震救灾工作，体现了国家以人为本理念，体现了政府对基本人权的保护和关注。

从中央到地方，各级政府在抗震救灾中做到了各种信息的公开透明，全国民众都能在电视报刊上及时了解到来自灾区的消息，这在很大程度上增强了党和国家与人民群众之间的心灵沟通和情感信任。无论是灾情实时更新的"全国直播"、还是救援工作的"国际开放"、抑或是赈灾行动的"全球化"，政府所做的一切只有一个目的那就是旨在抚平公众的不安，凝聚民众坚定的力量，向世界展示了一个开放自信的中国。

地震过后，国务院依照各省、市、自治区的申请，确定了省、市、自治区支援灾区重建计划，即一个省对口帮扶一个受灾县市的政策，主要为受灾群众提供临时住所、解决受灾群众的基本生活、协助灾区恢复重建、帮助灾区恢复和发展经济、提供经济合作和技术指导等。项目的建设投入，既体现出党和国家对灾区人民的关怀，也实现了对灾区人民的承诺。

抗震救灾中，一切赈灾行动都按《防震减灾法》和《汶川地震灾后恢复重建条例》等法律法规进行。根据具体实际，相关部门还制定了一系列实施细则，如《浙江省对口支援青川县灾后恢复重建资金管理办法》等。出台了《抗震救灾款物管理使用违法违纪行为处分规定》，保证了抗震救灾款物及时地用于灾民救助和群众基本生活。充分显示了我国政府在建设"法治政府"、"服务政府"、"责任政府"的过程中，以负责任的承诺和行为取信于民，从而使整个社会形成了尊重法律、热于服务、勇担责任的价值导向。实践证明，我国政府诚信制度也正是在公开的原则上形成的。

二　抗震救灾与以人为本

一部人类的发展史，也是人类与困难和灾难的斗争史，与自己命运的抗争史。汶川大地震后，举国上下，抗震救灾，众志成城。这次抗震救灾最鲜明的特点，就是展现了以人为本的至高理念。这场抗震救灾的伟大壮举，凸显了以人为本的价值取向和高尚情怀。在这场斗争中，我们感悟到崭新的、震撼人心的时代精神的潮涌。紧随着山崩地裂后展开的奋战，始终以抢救人的生命、以抚平受灾的伤痛为首要的出发点。生命的价值，人民的安全，成为空前的最高音符，抗震救灾是深化对以人为本理念认识的生动课堂。坚持以人为本，要以人的生命为"本"，人的需要为"本"，人的全面发展为"本"，以良性互动促进人与人、人与社会、人与自然的和谐。抗震救灾的伟大实践，让人们心目中的"人"字变得更加光彩夺目。

（一）尊重生命，以人为本的切实体现

尊重生命、保障人权，是一种共同价值。且不论以欧洲和美国为代表的西方国家在对外交往中对人权或真诚或虚伪的念念不忘，即便是中国，也同样肯定这种价值。2007 年初，温家宝总理表示，"民主、法制、自由、人权、平等、博爱，这不是资本主义所特有的，这是整个世界在漫长的历史过程中共同形成的文明成果，也是人类共同追求的价值观。"[①] 正是赈灾过程中对这种超越国界、超越意识形态的价值的尊重，极大地改变了世界各国对中国政府的观感，为中国在全世界范围内赢得了广泛的赞誉。

张扬生命的价值是一个永不过时的课题，也是社会一分子应牢牢把持的理念。汶川地震偶然性的生命毁灭，不仅显现了生命的有限性，更昭示了生命的脆弱。生命如此短暂，命运如此奇诡，那么，人活着到底为了什么呢？汶川地震，以生命毁灭的终极性事件，教育国民要珍惜生命，要善待生命，不仅是自我的生命，还包括他人的生命。因为，在脆弱的生命面前，只有众多个体生命汇合成为一个生命整体，才能凝聚成为强大的生命力量。地震发生后，中国领导人"要不惜代价先救人"，"只要有一线希望，我们就尽百倍努力，绝不会放弃"的话语，传递着人文关怀，温暖着社会。更重要的是，我们不仅看到了对生者的关爱，也看到了对遇难同胞生命的敬重。汶川地震造成 8 万多人遇难，如何处理遗体，不仅是丧葬防疫问题，也是一个文化问题。为表示生者对死者的敬重，慰

---

① 《温家宝总理答中外记者问》，《人民日报》，2007 年 3 月 17 日（02）。

藉生者的心灵，救援人员对废墟中清理出来的遗体及时进行编号、记录、拍照、提取可供 DNA 检验的检材，建立地震遇难人员身份识别 DNA 数据库。为彰显全国人民的哀思，纪念逝去的同胞，中国政府于 2008 年 5 月 18 日发布公告，决定在 2008 年 5 月 19 日至 21 日为全国哀悼日，届时，降半旗、全民默哀、汽笛鸣响。当今世界，为公民的罹难设立哀悼日、降半旗，成为一种普适的国家文明准则。在伤亡惨重的重特大事故发生后的几天，由政府宣布设立全国哀悼日，也早已成为某种"国际惯例"。当"9·11"事件发生后，美国将 9 月 14 日定为全国哀悼日；当北奥塞梯人质事件发生后，俄罗斯总统普京签署命令，宣布 9 月 6 日和 7 日连续两天为全国哀悼日。设立全国哀悼日这一举措，不仅弥补了一直以来我们缺少国家层面的集体祭奠活动的不足，更为重要的是，政府以这样的哀悼方式表达了一个理性的社会所应具备的情怀，即不要冷漠和淡忘公民的死亡。从某种意义上讲，它标志着我们国家的进步和社会的成熟，更是对人的生命价值的深刻体认。

尊重生命，尊重人的价值，是一个永恒的课题。地震灾害摧残了人的生命，显示了生命的脆弱与有限。生命这样短暂，命运如此奇诡，世事难以预料，而对人来说，生命的意义到底在哪里？我们到底应该怎样把握自己的命运？汶川大地震，以生命毁灭的终极性事件，教育国民要珍惜生命，要善待生命，不仅是自我的生命，还包括他人的生命。汶川地震后，我们对生命的尊重，已经形成一种牢不可破的思想境界，这样的理念在生根，在发芽，在巩固，而且在青海玉树地震救援中再一次得到了显现。玉树地震发生后，正在南美参加国际论坛的胡锦涛主席果断提前回国。他抱歉而又深情地对与会各国首脑说："在这一困难时刻，我需要尽快赶回国内，同我国人民在一起，投入抗震救灾工作。"[1] 温家宝总理在第一时间

---

[1] 胡锦涛：《高举中国特色社会主义伟大旗帜为夺取全面建设小康社会新胜利而奋斗——在中国共产党第十七次全国代表大会上的报告》，新华网，2007 年 10 月 15 日。

赶赴海拔 4000 多米的灾区现场。他动情地说"当前第一位的工作是救人","只要有一丝希望，就要尽百分努力，决不放弃"。在灾难面前，国家领导人身体力行，同人民站在一起，成为人民心目中的温暖记忆，给灾区人民带来莫大的鼓励与信心。有海外舆论认为，从汶川到玉树，从"胡温足迹"到"中国式救灾"，清晰折射着中国政府的执政理念：在经济挑战、维稳压力、国际关系复杂多变等情势下，统筹兼顾国内国际事务，立足国内，民众利益高于一切，突出注重民生，坚守生命至上。危难见证真情，灾情见识真谛，一个民本、责任政府的亲切形象真实地展现在世人面前。

162

结古镇城市中心格萨尔广场，第二炮兵 536 医院抗震救灾医疗队被藏区群众誉为"生命守护神"。这是最早进入灾区的医疗队之一，也是玉树抗震救灾前期规模最大的医疗队之一。截至 4 月 23 日，他们已收治伤病员 4000 多名，创造了一个又一个生命的奇迹。同样在这个广场，藏民们作着酥油灯供灯法会。熠熠生辉的烛光中，一位藏民转动经轮，口中念念有词，他说，酥油灯可以点亮死者往生的路。为表达全国各族人民对青海玉树地震遇难同胞的深切哀悼，国务院决定，2010 年 4 月 21 日举行全国哀悼活动，全国和驻外使领馆下半旗志哀，停止公共娱乐活动。根据国务院决定，文化部要求文化系统各部门、各单位停止组织一切娱乐活动。同时，全国所有文化娱乐场所停止一切娱乐。各影剧院、歌舞娱乐场所、游艺娱乐场所、棋牌室等场所以及文化馆（宫、站）、社区文化活动中心停止一切演出、娱乐、放映、棋牌等相关活动。此外，各互联网上网服务营业场所停止一切游戏、音乐、影视等娱乐项目。

根据要求，各级文化行政部门和文化市场综合执法机构将对本地区各类文化娱乐场所及经营单位执行情况进行督察，对违反决定的，依法予以查处。青海省人民政府 4 月 20 日发布《关于悼念玉树地震遇难同胞活动的公告》，21 日青海省全省将举行哀悼活动，全省下半旗志哀，在此期间，停止一切公共娱乐活动，4 月 21 日上午 10 时整起，全省人民默哀 3 分钟，届时汽车、火车、轮船鸣笛，防空警报鸣响。在西宁市隆重举行省垣及西宁地区各族、各界群众参加的悼念大会。在玉树县结古镇隆重举行玉树地区各族、各界群众参加的悼念大会。香港特区政府和澳门特区政府20日宣布，在21日全国哀悼青海玉树地震遇难同胞活动期间，香港和澳门特别行政区所有政府机构将下半旗志哀。行政长官曾荫权21日早上9时30分，将与司局长及其他官员，在中区政府合署广场默哀一分钟。旅游事务署将取消当晚的"幻彩咏香江"灯光音乐会演。21日是上海世博会试运行第二天，按原计划，今天在世博园内将举办系列演艺活动。为了悼念青海玉树地震的遇难同胞，上海世博会在试运行期间将取消所有演艺活动，并下半旗志哀。在灾难造成的巨大损失面前，以国家的名义、以庄严的祭奠形式，沉痛地悼念逝者、抚慰生者，这是对以人为本精神的最生动的诠释；玉树地震造成2064人遇难，使活着的每一位幸存者，都因他们冰冷的面庞肝肠寸断；使心系灾区的每一个人，都为生命的逝去而沉痛哀伤。全国人民悼念逝者，是因为他们的不幸就是我们的不幸，他们的哀伤就是我们的哀伤。对遇难者表达哀悼的沉痛，体现了国家以人为本的光辉理念，寄托着手足同胞血脉相连、患难与共的深切情谊，闪动着人性里最悲悯、最宽怀的温暖光芒。

（二）珍爱生命，以人为本的自然延伸

20世纪20年代初，中国正处于北洋军阀统治时期，政治的腐败和法度的废弛，导致整个国家社会深处一片混乱之中。时至宁夏回族地区发生了里氏8.5级的大地震，西北地区直接伤亡人数超过20万，灾民既没有吃的也没有住的，灾后满目疮痍，北京政府忙于军阀大战，根本无暇顾及西北的灾情。灾区只能靠自救度日，最严重之时甚至出现了人之相食的情况，外国记者深入灾区采访后，拍摄了大量的惨不忍睹的情景，迫使北洋政府派出赈灾慰问团到当地考察，答应拨出救灾专项资金。即使如此，军阀政府的拖沓办事效率也无法保证救灾物资、粮食和资金及时到位，据文献记载：灾

后 5 年中央政府仍然没有足额拨付救灾资金，致使整个西北灾区长期处于经济社会发展滞后的阶段；20 世纪 30 年代，汶川地区曾发生了 7.5 级大地震，由于交通不便，信息不畅，灾区的灾情长期无法核实，国民党中央政府忙于"围剿"共产党和工农红军，根本无力救灾救人，至今也不知道当年那场地震有多少生命从此消失，有多少财产受到损失；1938 年，当抗日战争进入关键时刻，为阻挡日本军队的长驱直入，国民党政府竟然丧心病狂用炸药炸毁黄河花园口的堤坝，使汹涌的河水一泻千里，日军伤亡只有两千多人，中国六省的老百姓却为此付出了 80 多万人的生命代价，上百万人流离失所，无家可归。只有到了中华人民共和国成立后，人民当家做了主人，才谈得上以人为本，珍爱生命的现代普世价值观的重现。

2008 年 5 月的四川汶川特大地震和 2010 年 4 月的青海省玉树藏族自治州玉树大地震，这两场罕见的大灾难虽然无情地夺去了 7 万余人的生命，摧毁了不计其数的美好家园，山河碎裂，桥断路陷，信息中断。但我国各族人民在党和政府的领导下，迅速展开了一场前赴后继的抗震救灾行动，演绎出一幕幕惊天地泣鬼神的人文关怀场景，铸就出轰轰烈烈的抗震救灾人文关怀精神。

关爱生命百折不挠。"以人为本"时代精神的核心内容是关注人的生存，重视人的发展。抗震救灾的过程，无不充分体现了中国共产党和人民政府、新闻媒体、非政府组织以及社会各界群众对生命价值的尊重，无不铭刻了对灾区人民生存境遇的殷切关怀，不惜一切代价抢救生命成为抗震救灾人文关怀的最强音。汶川地震发生后，胡锦涛总书记在第一时间迅速作出指示，2008 年 5 月 17 日在四川召开的抗震救灾工作会议的讲话中强调：抗震救灾工作必须坚持以人为本。抢救人民群众生命是首要任务，必须继续作为当前抗震救灾工作的重中之重。温家宝总理冒着余震不断的危险赶赴灾区，日夜辗转在灾情最严重的地方，指挥抗震救灾，他面对灾区的群众和救灾部队动情地说：第一是救人，第二是救人，第三还是救人。在救援部队开进汶川受阻请求指示时，总理斩钉截铁地告诉官兵：是人民养育了你们，你们看着办吧。在党中央的坚强领导下，空降兵分队打破常规突破禁区实施高原空降，舟桥分队不顾巨石滚落的危险迅速架好桥打通水路，民兵预备役官兵舍生忘死废墟救人，各路救援力量在世界救灾史上创造了一个又一个奇迹。

安置灾民、患难与共。抗震救灾中无论是政府还是民间在奋力找寻被埋人员、抢救生还者的同时，都不遗余力组织人力物力对伤员进行治疗和安抚，想方设法从物质上、精神上关心他们。一批批医疗队伍不分昼夜救死扶伤，一批批心理医生不遗余力慰藉灾民，一批批志愿者日夜兼程为群众纾困解难。在汶川和玉树到处都是一幅幅人文关怀的景象，到处都涌现着我为人人，人人为我的感人事迹，来自五湖四海的爱心使中华民族乐善助人的传统美德不断得到升华。无论是灾区还是非灾区，不管是港、澳、台，还是海外华人聚集地，只要有中国人的地方，人人都心系灾情，视灾区的苦难为自己的苦难，炎黄子孙以各种实际行动表达了拳拳真情和炽热的爱心。汶川地震后，成都市"的哥""的姐"们自发组织去灾区免费运送伤员；江苏省民营企业家陈光标毅然将准备赴外地施工的数十台大型工程机械立即转向四川，投入救灾工作；玉树地震后，四川甘孜州的"的哥""的姐"们满怀感恩之心，义不容辞前往青海，运送人员物资；香港的义工、台湾佛教界人士、各国的志愿者活跃在汶川和玉树的各个救灾现场。汶川地震后仅一个月，共解救和转移受灾群众 1416461 人，各级政府共投入抗震救灾资金 537.63 亿元，接收国内外各界捐赠 456.54 亿元，调运救灾帐篷 130.74 万顶、被子 481.76 万床、衣物 1409.13 万件、燃油 104.21 万吨、煤炭 222.63 万吨，已安装过渡安置房 138000 套①。玉树地震后仅仅24 小时，就修复了被损毁的道路，恢复了机场对外通信；48 小时后，基本恢复供电和供水；3 天之内共成功转运 1179 名重症伤员，

① 《国务院抗震救灾总指挥部权威发布》，《解放军报》，2008 年 6 月 16 日（04）。

165

提前完成全部转移的工作任务；民政部、发改委、商务部、军队、各地民政部门和中国红十字会共向玉树地震灾区调运帐篷 4.948 万顶、棉大衣 16.47 万件、棉被 19.89 万床、折叠床 2 万张、简易厕所 650 套、活动板房 400 套、应急灯 200 盏，10 万份野战食品、920 吨大米、3680 吨面粉、16 吨食用油、1813.5 吨方便食品和矿泉水以及大量其他生活物资，此外，还有相当数量的捐赠物资被运送到灾区①。以最快的速度实现了群众有饭吃、有衣穿、有水喝、有住处、有医治的目标②，使抗震救灾取得重大的阶段性胜利。

166

（三）关于发扬抗震救灾以人为本的人文精神的思考

在那两场举世震惊的大地震中涌现出来的抗震救灾人文关怀精神，既可以说是中华民族传统道德的回归，也可以看作新世纪中国党和政府积极倡导的科学发展观在意识形态领域的弘扬结果。剖析这种精神将有助于我们集聚建设精神文明，创建和谐社会的新动力

1. 党和国家领导人是抗震救灾人文关怀精神兴起的首倡者

汶川大地震发生的当天下午，温家宝总理就赶赴四川，现场指挥抗震救灾，并婉言谢绝到当地党政领导为他安排的宾馆休息，就地在汽车上度过不眠之夜，其亲民爱民的言行深深感动着神州大地。玉树大地震发生之际，胡锦涛主席正在国外举行"金砖四国"领导人会晤，在与智利和委内瑞拉两国元首紧急通完电话后，他心急如焚"在这一困难时刻，我需要尽快赶回国内，同我国人民在一起，投入抗震救灾工作"。③ 匆匆结束了在国外的核安全峰会和访问活动，赶回祖国。他不顾 25 个小时跨洋飞行的劳累，回到北京后即刻主持召开了中央政治局常务委员会会议。党和国家最高领

---

① 国务院新闻办公室发布会：《民政部介绍地震灾区工作进展情况》，2010 年 4 月 22 日。

② 陈秋月、龚平：《刍议抗震救灾中的人文精神》，《西南民族大学学报》（人文社会科学版），2011 年第 9 期，第 207 页。

③ 《同人民在一起》，《人民日报》，2010 年 4 月 19 日（01）。

导人因国内突发重大自然灾害而提前结束外访行程，这是中华人民共和国成立以来的首次。温家宝总理获悉玉树地震后即对全力做好抗震救灾工作作出重要指示，并推迟原定于 2010 年 4 月 22 日至 25 日对文莱、印尼、缅甸的正式访问，飞赴灾区，实地考察灾情，慰问各族干部群众，指导抗震救灾工作……中央领导人在震后第一时间迅速作出决策，在第一时间立即赶赴现场，在第一时间亲自送上慰问和关怀，使全国各族人民的心与汶川、与玉树紧紧地连在一起。榜样的力量是无穷的，正是领导干部的率先垂范，成为抗震救灾人文关怀精神回归的强大动力。

2. 党和政府成为抗震救灾人文关怀精神持续升温的保障者

汶川地震后，党中央指挥 146000 名人民子弟兵和 75000 名民兵承担起抗震救灾最紧急、最艰难、最危险的任务，经过他们的不懈奋斗，使"84017 名群众被从废墟中抢救出来，149 万名被困群众得到解救，430 多万名伤病员得到及时救治"。[1] 为加快重建步伐，中央财政建立专项基金，组织 19 个省市实施对口支援，在各地的大力支援下，灾区的中小学校在新学期开始前都实现了全面复课开学，震后形成的堰塞湖等次生灾害得到有效控制，汶川、北川、都江堰、青川、什邡等极重灾区没有出现大灾之后大疫的问题。玉树地震后仅 10 分钟，第一支救援部队就赶到灾区开始抢救生命；不到 3 小时，民政部、减灾委就将国家救灾应急响应提至一级；短短的几天之内运进灾区大量的棉帐篷、棉大衣、棉被、野战食品、方便食品、大米、面粉、矿泉水、活动板房、应急灯、火炉、燃煤、折叠床、移动厕所、课桌椅等物资，以及保证了受灾群众有地方住、有热饭吃、有净水喝、有病可治、学生有学上；1.7 万余人的救援力量从废墟下救活 1455 人，为近 5.22 万人次提供医疗服务，在千方百计救治伤员的同时，明确提出要实现"死亡少、致残少、截肢少"的目标，体现了尊重生命的科学救灾精神，彰

---

[1]　胡锦涛：《抗震救灾总结表彰会讲话》，《解放军报》，2008 年 10 月 9 日 (04)。

显了中国共产党立党为公、执政为民的"以人为本"情怀，为紧急时刻迅速凝聚民心、凝聚力量提供了保障。

3. 党员干部是抗震救灾人文关怀精神不断延伸的传导者

胡锦涛主席在 2008 年 10 月全国抗震救灾表彰大会上的讲话指出："面对特大地震灾害，广大共产党员舍生忘死、勇往直前，做到了关键时刻、危难关头豁得出来、冲得上去，展现了新时期共产党人的光辉形象"[①]。在千钧一发的生死关头，多少人瞬间作出把生的希望留给他人、把死的威胁留给自己的抉择，多少老师用身躯为学生挡住死神的威胁，多少干部舍小家为大家、奋不顾身地奋战在第一线。据不完全统计：在汶川地震后，有 17500 名副县级以上领导干部奋战在抗灾第一线，228800 枚"共产党员"胸牌闪闪发光，到处可以听到"我是共产党员，跟我上"的响亮声音；灾区群众说得最多的一句话就是"感谢党、感谢政府、感谢人民解放军"，党心民心在这里进一步得到凝聚。在抗震救灾工作中，党和政府始终把实现好、维护好、发展好最广大人民的根本利益作为党的建设的出发点和落脚点，始终做到心中装着人民、工作依靠人民、一切为了人民的执政理念在抗震救灾中得到充分实践，抗震救灾的人文关怀精神得以不断放大。

4. 社会各界把抗震救灾人文关怀精神不断推向新的高潮

汶川地震后，400 支专业救援队、45000 余名医务人员、20 余万来自全国各地的志愿者奔向灾区，以各自不同的方式进行抗震救灾，香港、澳门和台湾的非政府组织日夜兼程赶赴汶川；日本、韩国、德国、俄罗斯和新加坡的专业救援人员和医疗队出现在灾区的各个角落。玉树地震发生后，台湾同胞在第一时间就通过各种方式，表达对灾区人民的关怀，除了捐款捐物外，还启运了一批最急需的物资，台湾红十字会在第一时间组成医疗队，携带医药和救灾

---

① 胡锦涛：《在全国抗震救灾总结表彰大会上的讲话》，《人民日报》，2008 年 10 月 8 日 (02)。

物资赶赴灾区，为灾区群众提供急需的医疗服务。十一世班禅额尔德尼·确吉杰布和嘉木样活佛在北京西黄寺为青海玉树地震遇难同胞举行超度法会，中国佛教协会西藏分会也组织了祈福法会，全国宗教界积极为玉树地震灾区捐款捐物。严酷的灾情时刻牵动着海内外侨胞的心，他们通过各种途径不断地向灾区捐款，奉献自己的爱心。在抗震救灾中，最引人注目的是大批志愿者的积极参与，这是新中国成立以来历次赈灾中所没有的。随着改革开放，我国社会结构发生了深刻变化，出现了新的社会阶层（民营企业家、演艺界明星），他们在抗震救灾中慷慨解囊，踊跃捐款，有的还自发到一线去救灾。所作所为，展示的是公民意识的觉醒和爱心的再现。不管是志愿者的参与还是社会新阶层的介入，他们传递的一个共同信息是：救灾绝不仅仅是政府的事情，它也是公民应尽的一份责任和义务，这种现代公民意识的兴起，就是抗震救灾人文关怀精神得以不断发扬光大的人文基础。

三　抗震救灾人文关怀精神的传承发扬

人文关怀就是关注人的生存状况，维护人的尊严，促进人的全面发展。抗震救灾人文关怀精神虽是在特定的历史时期所爆发出来的民族精神风貌，但推而广之，如何使这种独有的时代精神持之以恒地不断发扬光大，为和谐社会建设以及科学发展观的实践添加新的内容，进而助推整个中国社会的现代文明建设，乃是我们研究抗震救灾人文关怀精神将要达成的最终目标。

（一）加强社会主义核心价值观的教育力度，为抗震救灾人文关怀精神的传承发扬奠定坚实的思想基础

毋庸讳言，20世纪70年代以来，中国人的最高价值观念是无情的阶级斗争和无休止的"革命"。在当时的国人看来："人"的价值微不足道，在"要革命，就会有牺牲"的影响下，人们对普

通个体生命之价值认识模糊，价值观决定了那时的人文关怀精神的严重缺位。改革开放后，尤其是随着社会主义市场经济的建立，社会成员的价值观、人生观也随着经济社会的发展而嬗变，潜移默化的结果是越来越多的中小学生不知道雷锋是谁，人们在日常生活中耳目所及的是：当有人为生活所迫急于轻生时，幸灾乐祸劝其跳楼者有之；面对落水者的救援呼求而漠然处之，大谈救护费用的有之；公交车上主动为孕妇和老人让座的现象越来越少。对此，邓小平同志指出："我们最大的失误在教育，对年轻娃娃、青年学生教育不够，控制通货膨胀可以很快见效，而教育的失误补起来困难得多。"① 邓小平同志在这里所说的教育不是泛指一般的学校教育，而是专指全社会的道德价值教育，即关于社会主义核心价值观教育问题。近年来，我们对什么是社会主义的核心价值没有明确的定义，对社会主义核心价值观模糊不清、弘扬不力。我们党通过总结改革开放和经济社会发展的实践经验，将社会主义核心价值体系的基本内容提炼概括为：马克思主义指导思想、中国特色社会主义共同理想、以爱国主义为核心的民族精神和以改革创新为核心的时代精神，体现为社会主义荣辱观。这四个方面，贯穿着一条共同的主线，渗透着一个共同的理念：以人为本，民主公正。短短的这八个字，体现了社会主义社会主流价值的本质。树立和巩固社会主义核心价值观，一方面要对广大民众进行人文精神、人文关怀的启迪教育，使社会成员懂得如何正确处理社会人际关系，通过群众喜闻乐见的形式多样的广泛宣传使人们切实认识到：社会是由人组成的，社会和谐的本质是人的和谐，我们要构建的和谐社会是诚信友爱、安定有序的小康社会，而和谐社会能否最终达成的关键则是能否实现人与人之间相互关系的和谐；另一方面要使社会成员逐步跳出以实用主义、经验主义、功利主义来思考问题的旧思维圈子，逐渐在全社会营造出团结友爱、互助合作的良好氛围，逐步引导社会道德

170

① 邓小平：《邓小平文选》第 3 卷，人民出版社 1993 年版，第 327 页。

向宽容、谦让、奉献的中华民族传统美德回归，使整个社会呈现出和睦融洽的和谐局面，进而实现社会道德生态的可持续发展。两次大地震后的赈灾过程显示：中华民族的传统美德并没有因为市场经济引发的物欲横流所冲毁，人与人之间固有的人文关怀精神的种子还深埋在人们的心田，这颗沉睡的种子一旦被唤醒，其强大的生命力必将摧毁一切坚硬的土壤，焕发出无法估量的社会正能量。

（二）重视社会心理健康体系建设，为抗震救灾人文关怀精神的传承发扬创造必要的制度保障

当今社会存在的一些不健康的心理问题，诸如仇富、攀比、炫耀、享受、报复等病态社会心理，在其负面作用下，经常影响着部分社会成员的个体行为出现偏差，有的甚至酿成了严重的社会问题，这亟须引起全社会的高度关注。2004 年 2 月发生在云南的震惊全国的马加爵杀人案；2008 年 7 月 1 日出现在上海闸北公安分局的杨佳袭警案；2010 年 3 月以来的一系列校园血案。在这些触目惊心的特大恶性杀人案件的背后，无一不隐藏着一个个扭曲的心理。尤其是郑民生举起屠刀疯狂砍向无辜的小学生和老师，使 10 多个鲜活的生命离开世界。从其被捕后的供述来看，犯罪动机居然是因为个人恋爱受挫而向社会寻仇，这种近乎歇斯底里的病态心理，不仅仅是极端个人主义严重扭曲的阴暗心理的个体反映，同时也折射出了更深层次的社会矛盾问题。世界卫生组织的最新统计显示：截至 2009 年 12 月底，中国社会的自杀身亡人数已占世界自杀身亡总人数的 26%，占当年中国人口死亡率的第五位，而其中年轻女性的自杀又是青年女性死亡的第一因素。搜狐新闻网 2006 年 8 月份的报道显示：2000 年以后，我国平均每年大约有 29 万人自杀身亡，此外，尚有约 200 万人自杀未遂。社会和谐是中国特色社会主义的本质属性，我们所要构建的和谐社会，其重要一环便是创建能够覆盖整个社会的心理健康体系，这是当前最为迫切的人文关怀在社会心理健康制度方面的直接体现。从世界各主要发达国家的

171

发展历程来看，进入后工业化社会的国家，人们之间的生产合作关系必将进一步增强，而社会的复杂性又让人们不得不面对一个完全匿名的世界。根据社会发展的这种必然趋势和由此产生的各种社会交往危机，作为削减该危机的不确定性、风险性和不稳定性的信任因素就显得愈发重要，而重树社会成员普遍意义上的相互信任，则是实现整个社会普遍意义上的心理健康的前提条件。2007 年 7 月，南京的徐老太状告扶助救治她的社会青年彭宇，声称彭宇是撞倒她并造成其身体受伤的肇事者，要求彭宇赔偿支付医疗费用。在缺乏最直接的物证前提下，尽管有正直的市民挺身而出为彭宇作证，但南京鼓楼区法院仍然以推理结果做出一审判决"彭宇自认，其是第一个下车的人，从常理分析，他与老太太相撞的可能性比较大"，裁定彭宇败诉，须补偿原告 40% 的损失，即 45876 元，10 日内给付①。这个看似普通的民事判决却在国内引起了轩然大波，致使社会成员对司法权威和社会公正产生了质疑，于是不敢轻易再做好事、再为善举，人与人之间的信任度急转直下，冷漠从此代替了爱心而笼罩着整个社会，在一些地方甚至接连发生侵犯老人、儿童的生存权和健康权的案件，使得相互信任、相互帮助的良好道德风尚渐行渐远。那么，怎样才能扎实有效地构建起健康的社会心理呢？

首先，健全社会主义法制，使社会成员的互信互助拥有强有力的司法保障，通过法律实践活动，最终使见利忘义受到惩罚，使见义勇为获得褒奖，从而促进诚信的公民社会和诚信的社会组织不断健康发展；其次，为缓解社会矛盾和畅通社会各方面的利益诉求渠道，必须综合运用社会大调节机制，真正地解决各种社会问题，而病态的社会心理问题自然能够得到逐渐疏解，在此基础上，健康的社会心理生态就能够逐渐复苏，进而实现良性循环的理想状态。

---

① 彭宇：《以后还有谁敢做好事》，《南方都市报》，2007 年 9 月 6 日。

（三）健全防灾减灾的宣传教育机制，为抗震救灾人文关怀精神的传承发扬扩大社会基础

我国幅员辽阔，不同地域的环境差异性特别大，与此同时，我国也以自然灾害的种类多、分布广、频率高和损失重等特点，成为世界上自然灾害最为严重的国家之一。由于全球工业化和经济一体化速度的加快，温室效应以及其他各种对环境的污染、破坏，自然灾害的发生频率正日益升高，灾害造成的损失也进一步加重。从近年自然灾害的基本特征进行观察分析，全球火山、地震、海啸、风灾等呈现出愈为频繁之势，而我国竟在不到两年的时间之内，接连发生了两次 7 级以上的大地震，除此之外，还有 2008 年初的南方冰冻灾害和 2010 年初的西南特大旱灾等，这些自然灾害都严重地损害了人民群众的生命财产安全和国民经济的正常运转。但是，随着防灾减灾宣传教育机制的建立健全，人民群众在面对各类自然灾害侵袭时的防范和抵御能力得到了明显提高，从而有效降低了应对自然灾害的社会成本，这也是传承发扬抗震救灾人文关怀精神的最直接体现。2009 年，国务院正式将 5 月 12 日定为全国的"防灾减灾日"，这既有利于唤起社会各界对防灾减灾工作的重视，又有利于增强全社会的防灾减灾意识；既有利于防灾减灾常识和避灾自救技能在全民范围内的普及，又有利于社会综合防灾减灾能力的整体跃升，最终将自然灾害造成的损失降到最低限度。防灾减灾的宣传教育工作的重要性自不待言，它首先而且必须应从基层社区做起，作为社会的基本构成单元，社区是人民群众生活、工作的重要场所，这一防灾减灾前沿阵地的得失，直接关系到人民群众生命财产安全的保护程度。在防灾减灾的宣传教育过程中，基层社区通过整合各类防灾减灾资源，并落实各项防灾减灾措施，就会使每位社区成员都能够积极参与到防灾减灾和相关应急管理工作当中。近年来，全国各地根据本地区的灾害状况并结合社区实际，广泛开展了以创建"全国综合减灾示范社区"为主要内容的防灾减灾系列活动。这些活动大都围绕着社区防灾减灾工作制度的健全、社区防灾减灾设施与避难场所的建设、社区综合防灾减灾预案的制定、社区风险隐患的排查治理，以及组织进行社区防灾减灾的相关演练等方面展开，从而显著提升了社区防灾减灾的综合能力，同时，也有效增强了社区群众的防灾减灾意识与避灾自救的基本技能。以这些示范社区为例，社区群众不但都能够熟悉社区的避险线路和安置场所，而且都能够掌握防灾减灾的基本技能和懂得如何紧急避难，此外，居民家中都储备有急救包、逃生绳和照明器材等应急物品，社区则专门配备了防灾减灾的紧急救援物资，对于老人、儿童和残疾人则均配有明确的应急帮扶人员，总之，整个社区在灾害预警、应急响应、紧急救护等方面都制定有科学规范的日常工作机制。因此，根据示范社区所获得的经验，在今后的防灾减灾宣传教育活动中应重点针对我国自然灾害的特点，有的放矢地在地震小知识、逃生技巧、自救互救、滑坡崩塌泥石流防范、暴雨洪涝防范、中国面临的灾害形势、综合减灾目标与任务等方面加强对社会成员的再教育，以便防患于未然。

（四）充分发挥新闻媒体的价值导向功能，为抗震救灾人文关怀精神的传承发扬做好舆论铺垫

地震发生后，新闻媒体在对灾区现场和灾民心理反应（悲痛、焦虑、颓丧、恐慌、不安）及时报道的同时，应通过自身的价值导向功能，努力推动灾区场景带给人民群众的心理刺激和灾民的负面情绪朝着积极健康的方向转变，这样必将起到树立灾民再造家园的坚定信心和唤起社会各界共同帮助灾区重建的巨大功效。1966年3月8日发生的邢台地震，时因"文革"尚未爆发，广播电台和各大报纸均进行了及时报道，尤其是将周总理三赴灾区现场的新闻照片刊发后，引起了强烈的社会反响，一时间全国支援邢台灾区蔚然成风，而如此广泛的社会动员，可以说传媒报道起到了很大的积极促进作用。然而在"文革"后期，1976年7月28日发生的唐山地震，新闻媒体的报道却极其有限，当时除了中央的"两报一刊"和地方上的"一省一报"外，大部分报纸均已停刊，此外，"四人帮"又严密封锁地震信息，人民群众最多只能从其套话连篇中获得些微有关灾区的真实情况。当时整个媒体反映灾难的报道极少，全国人民只是在很小的层面上被动员起来。改革开放以来，特别是迈入 21 世纪之后，新闻媒体在应对各类自然灾害、重大突发性事件和执行多样化任务方面，均能准确地反映出时代诉求，并能充分地体现出其广泛的影响力和价值导向功能。从全国军民在汶川地震和玉树地震的救灾历程来看，新闻媒体的舆论导向性得到了淋漓尽致的展现。抗震救灾，抗的是天灾，救的是人心。期间，新闻媒体不仅着力于报道帐篷里的饭菜飘香和受灾群众的安恬睡梦，而且善于捕捉灾民的会心笑靥。与此同时，救灾信息的发布之快、涵盖领域之广、报道人性之深刻，这在我国历史上均属空前，而浓郁的人文关怀精神也透过这两次救灾历程，播撒到了海内外。新闻媒体聚焦人文关怀精神的风气之兴，可以说发端于"九八"抗洪，而发轫于抗击雨雪冰冻灾害，至汶川和玉树抗震救灾则达到了巅峰。将这一发展脉络予以粗略梳理，从中可以发现传媒报道的诸多可喜变化：将社会个体作为报道的核心；注重灾区实况的报道，将大灾中的生命生存状况及时地呈现在世人眼前；对人心和人性的高度重视进而拓展了报道的深度。总之，这种转变既是人本原则的高度彰显，又是新闻工作者人文素质的充分显现。但是，我们也应看到，部分媒体仍然存在着轻视伦理价值，而只重报道价值的错误倾向，以及部分媒体存在的一味低吟"悲歌"，或者一味高唱"凯歌"的错误现象；有的则一直沿用寻找、挖掘悲情故事，同时呈现大自然的无情，转而极尽渲染人间真情的报道套路。这些墨守成规的报道方法，非但不能适应时代的基本要求，引不起群众的共鸣，而且更不能充分发挥新闻媒体特有的价值引导功能，甚至会对灾民造成"二次伤害"。因此，在今后的发展过程中，新闻媒体应当立足自身优势，逐步纠正这些缺漏，那么，我国新闻媒体在对抗震救灾人文关怀精神的传承发扬上必将肩负起十分重大的历史使命。

（五）大胆吸收借鉴国外救灾的经验教训，为抗震救灾人文关怀精神的传承发扬开创新的局面

科学研究表明：继 2004 年印尼地震之后，环太平洋地震带开始进入活跃期，这已为近年亚太地区的频繁地震所证实，特别是汶川和玉树两场地震的发生，促使我们必须思考在今后的地震灾难中如何更好地防灾减灾这一严峻课题。为此，积极学习其他国家抗震救灾的先进经验，充分吸取他们失之偏颇的沉痛教训，从而为我国防震减灾各项工作的顺利开展，以及传承发扬抗震救灾人文关怀精神探寻更为广阔的思路和更为科学的方法。以日本本州宫城县地震为例，2011 年 3 月 11 日宫城县发生了里氏 9.0 级的特大地震，强震随后又引起了剧烈海啸，这是日本战后所遭遇的最大自然灾害。从日本举国救灾的全程观察，有几个方面需要引起我们的高度重视。第一，全民防灾知识的普及教育和经常性演练是各项防震减灾工作的重中之重。日本是一个地震、火山等自然灾害频发的国家，对于自然灾害的防控意识也比较强，早在 1961 年日本就颁布了《灾害对策基本法》，1982 年则将每年的 9 月 1 日定为日本的"防灾日"，不久又将其改为"防灾周"，在此期间通过举办展览、讲演、模拟体验、媒体宣传等活动进行防灾知识的普及教育工作。此外，有的商家还会别出心裁地推出各式防灾套装及其他避险设备，这样消费者在危险来临时就能得到基本的安全保障。通过国民广泛参与的避灾演练，使得日本民众能够普遍地了解逃生常识，在面对灾害侵袭时就能够安全有效地应对，尤其是这种安全意识和避险技能已经逐渐地融入了日本民众的生活习惯。值得注意的是，在上述防灾知识的普及教育下，宫城地震后，日本民众依然能够保持良好的社会秩序，而没有发生拥挤和哄抬物价等情况。第二，必须建设一支精干高效的专业救援队伍。日本灾害救援队是一支具有国际水

准的专业救援队伍，下辖：搜索与救援队、专业救助队、医疗队、生活管理队、联络队和培训教育队等。这支救援队成立初期仅有400人，2002年则扩大到1540人，可以说，规模并不很大，却非常精干高效，其队员主要来自警察局、海岸警备队、医务工作者等领域。此外，日本政府每年还为该队拨付大量财政预算，如1999—2001年期间，平均每年拨付4850万美元，从而在工资待遇、设备更新、培训演练等方面拥有充足的资金保障。第三，发布地震信息必须力争准确、及时。日本通过遍布国内的地震检测网络，在地震发生时，就能在第一时间将震级、震源、震中等关键信息传递到国家相关部门，特别是能够在1分钟内经由新闻媒体将地震的大致信息周知全国，而日本民众从电视、报纸等官方信息渠道所获得的地震信息与实际数据几乎完全一致，此外，新闻工作者在现场的持续报道，也形成了不间断的信息流。第四，采取有效措施严防人为灾害的发生。火山、地震、海啸极易引发火灾、水灾、爆炸等"二次灾害"，这类灾害主要是由重大安全设施的严重破坏所导致。宫城地震及其引发的海啸致使日本福岛核电站反应堆发生爆炸，放射性物质的大量外泄，震动了全世界，特别是周边国家，但在这次危机的处理过程中，日本政府的消极不作为令人印象深刻，危机初起，日本政府表现麻木，并且措施不力，东京电力公司又多次隐瞒事故真相，在事故愈演愈烈而几近无法控制时，自卫队又公然抗命不救，遂给本国带来了沉重损失，在周边国家也引起了巨大恐慌，对世界环境更是造成了严重破坏，这次事故与其说是天灾不如说是人祸，这个惨痛的教训警示我们：在自然灾害发生时，必须要充分预计到"二次灾害"发生的可能，以及采取相应的措施进行有效的预防。

反观我国政府在汶川和玉树抗震救灾过程中的各项举措，令人颇感欣慰的是在各个环节中无不渗透着"以人为本"的价值理念。这一理念萃取了东西方文明之精华，是具有普适意义的价值理念，是改革开放以来中国人民进行深刻反思之后的思想积淀，是以胡锦涛为核心的党中央领导集体的人本主义价值取向的政治实践，是社会主流意识形态的又一次伟大变迁。汶川和玉树抗震救灾的胜利，其实就是在"以人为本"这面旗帜的引领下广大军民并肩奋战的胜利，是中国人民和世界友好人士通力合作的胜利。在世界文明史的里程碑上，必将镌刻下中国人民和世界人民一起创造的这笔宝贵财富和为之共同奋斗的美好记忆，而抗震救灾人文关怀精神也必将因之泽被四方、传承久远。

第五章　励志感恩
——抗震救灾精神与高校思想政治教育

抗震救灾精神是优良传统民族精神的继承和发展，同时也是时代精神的凝结和升华。深入研究抗震精神中蕴含的鲜活生动的思想政治教育资源，对我们进一步加强高校思想政治教育，增强思想政治教育的实效性有重要意义。汶川地震抗震救灾及灾后重建是一次伟大的实践，既为我们提供了极为丰富、鲜活的思想政治教育资源，同时给加强和改进高校思想政治教育留下了诸多启示和借鉴。

一　抗震救灾精神与感恩教育

（一）感恩意识是中华民族的传统美德

感恩意识是指人们对他人给予自己的帮助和恩惠衷心感谢并由衷认可，并在力所能及的范围内设法报答的一种情感意识。感恩意识是中华民族的传统美德，自古以来受到人们的褒扬和传颂。在长期的感恩教育实践中，我们形成了优良的感恩文化传统，中华民族优良的感恩文化传统博大精深，内容丰富，发人深省。

《辞源》中对"感恩"的解释为：感怀恩惠。《说文解字》里解释为："感，动人心也，从心感声；恩，惠也，从心因声。"《现代汉语词典》的解释则是"对别人所给的帮助表示感激"。① 感恩意识并非是与生俱来的，它需要教育的引导，从而形成一种感恩的心理，进而外化为感恩的行为。今天，我们通常认为感恩是个人在自己的生存、发展过程中对帮助和给予自己恩惠的人和事物的一种感激，并希望能给予回报的情感。这种情感的产生包括三个递进的层次，首先是认知，认识到别人给予的帮助和恩惠给自己带来了好处与方便；其次是情感，在认知的基础上，产生出高兴、快乐、幸福的情感体验，并引起向对方感恩和回报的心理动机；最后是行为，将感恩的认知和回报的动机转化为行为，回报给予自己恩情的人，或者回馈给社会和其他的需要帮助的人，形成个人对社会和他人甘于奉献，互助友爱的良性循环。②

在我国，据史料记载，"感恩"一词最早出现在晋朝陈寿的《三国志·吴书·骆统传》里："乡赐之日，可人人别进，问问其燥湿，加以密意，诱谕使言，察其志趣，令其感恩戴义，怀欲报之心。"③ 尽管"感恩"一词在古文中出现较晚，但是感恩思想却是儒家伦理思想的核心内容，"忠为报君恩，孝为报亲恩，节为报夫恩，义为报友恩，感恩意识最大化是儒家文化的重要特色"。④ 特别是儒家文化所倡导的忠、孝、节、义，一直以来都是中华民族最基本的行为和价值准则。"儒家文化认为个体要努力实现'经夫妇，成孝敬，厚人伦，美教化，移风俗'道德品质，通过忠、孝、节、义来体现一个人的道德修养程度，其内在本质就是感恩。"⑤

就个人来说，首要的是报答和回馈父母的生育和养育之情。孔子对曾子说："夫孝，德之本，教之所由生也，立身、行道、扬名

---

① 中国社会科学院语言研究所词典编辑室：《现代汉语词典》，商务印书馆1997年版，第409页。

② 周元明：《刍议高等学校的感恩教育》，《江苏高教》，2007年第1期。

③ 陈寿：《三国志》，人民出版社1997年版。

④ 任现品：《略论儒家文化的感恩意识》，《孔子研究》，2005年第1期。

⑤ 吴殿峰：《大学生感恩教育理论与实践探讨》，《哈尔滨工程大学学报》，2007年第9期。

于后世，以显父母，孝之终也"，①　明确指出对父母懂得孝道，怀有恩情，是做人之本。《诗经·小雅·蓼莪》中提到："父兮生我，母兮鞠我，抚我畜我，长我育我，出入腹我，欲报之德，昊天周报。"表达了对父母养育的感恩之情；《论语·里仁第四》里也说："父母在，不远游，游必有方。"《孝经·开宗明义章》则指出："身体发肤，受之父母，不敢毁伤，孝之始也。立身行道，扬名后世，以显父母，孝之终也"，表达了对父母尽孝感恩的方式。②　千百年来，中国的孝文化中集中体现了对父母的感恩之情，"今之孝者，是谓能养。至于犬马皆能有养。不敬，何以别乎？"③　把不孝敬父母的人与畜生相提并论。清代谢泰阶《小学诗》中这样写道："第一当知孝，原为百善先，谁人无父母，各自想当年。十月怀胎苦，三年哺乳勤，待儿身长大，费尽万般心。想到亲恩大，终身报不完，欲知生我德，试把养儿看。精血为儿尽，亲年不再还，满头飘白发，红日已西山。乌有反哺义，羊伸跪乳情，人如忘父母，不胜一畜生。"④

其次，要感恩朋友和老师。"滴水之恩，当涌泉相报，君子也；以怨报德，忘恩负义，小人也"、"恩欲报，怨欲忘；报怨短，报恩长"、"知恩不报非君子"等古训，集中地反映了对"报恩"的认同和崇尚。"投我以木桃，报之以琼瑶"、"施人慎勿念，受施慎勿忘"等充满感恩情怀的佳句，至今仍然广为流传。还有"谁言寸草心，报得三春晖"、"一日为师，终身为父"等众所周知的古语，都体现着知恩图报的精神。对朋友讲信誉，不见利忘义，必要时为朋友两肋插刀，是对朋友信任之恩的回报；对师长心怀感激，时刻不忘师长的恩情，待若父母一般尊敬，是对师长谆谆教诲之恩的回报。

①　碧怜：《教学生懂得感恩的 17 堂课》，时事出版社 2008 年版。

②　杨柏峻：《论语译注》中华书局 1982 年版。

③　孔丘：《论语·为政第二》，《论语译注》，杨柏峻，中华书局 1982 年版。

④　肖群忠：《孝与中国文化》，人民出版社 2001 年版，第 34 页。

再次，要忠于国家，回馈社会。孔子的孝道认为由从亲人的情感扩大到国家的感情是情感迁移和升华的一种表现，"在家为孝子，于君为忠臣"，把"孝"由家庭推广到社会，忠孝一体，家国同构。在封建社会里，"君子之事亲孝，故忠可移于君；事兄悌，故顺可移于长；居家理，故治可移于官。"这样感恩意识表现在社会公德上就是要忠君、爱国。孔子提出："夫孝，始于事亲，终于事君。"① "孝慈则忠。"② "其为人也孝悌，而好犯上者，鲜矣；不好犯上，而好作乱者，未之有也。"③ 由此，感恩意识成为维护传统中国社会秩序的内在动力，虽然这有维护封建统治的弊端，但是其根本精神是精忠报国、忠于国家、忠于人民。同时，还要回馈社会，博爱众人。孔子的仁爱论为此提供了理论基础，"弟子，入则孝，出则悌，谨而信，泛爱众，而亲仁。"④ 孔子非常重视孝悌，但是他的"仁爱"思想已经不仅限于在家族内部的仁爱孝悌，而是由此形成了"四海之内皆兄弟"的博爱思想。后来孟子的"仁者爱人"也表达了要博爱众生，人与人之间要互相关怀照顾的大爱理想。

最后，还要对自然界感恩。孟子强调尽心知性而与天合德，天人合一的思想得到了充分的表达。毫无疑问，一方面，人肯定是自然的一个组成部分；但是另一方面，人在生存过程中又在不断地改造自然，自然也就不可避免地成为了人生存的一部分。康德曾说："有两样东西，我们对它们的思考越是深沉和持久，它们所唤起的那种越来越大的惊奇和敬畏就会崇义我们的心，其中之一就是我们生存的大自然。"⑤ 从人类的生存发展的历程来看，人类始终依赖着大自然慷慨的馈赠，没有大自然的存在和恩泽，就没有人类的生

---

① 曾参：《孝经》，中国华侨出版社2002年版，第40页。
② 杨伯峻：《论语译注》，中华书局1980年版，第20页。
③ 同上书，第2页。
④ 杨伯峻：《论语译注》，中华书局2004年版，第4页。
⑤ 康德：《实践理性批判》，邓晓芒译，人民出版社2004年版，第4页。

存和发展。因而，我们必须感恩自然，尊重、善待并敬畏它，才能与它和谐共处，惠泽全人类。

（二）感恩教育在新时期的重要意义

感恩教育是教育我们怎样"做人"的教育，新时期，随着市场经济的深入发展，人们的价值取向趋于多元化，特别是独生子女中自私、对他人漠不关心的现象频频出现。《中共中央关于进一步加强和改进学校德育工作的若干意见》指出："现在和今后的一二十年学校培养出来的学生，他们的思想道德和科学文化素质如何，直接关系到21世纪中国的面貌，关系到我国社会主义现代化建设战略目标能否实现，关系到能否坚持党的基本路线一百年不动摇。"因而，拥有感恩品质既是当代大学生自身发展的要求，也是新世纪、新时代对他们的道德素质提出的基本要求。通过感恩教育，培养我们的下一代充满爱心、感恩社会、尊重生命、唯真求实、知恩图报，净化他们的心灵，回报祖国和人民，珍惜所拥有的一切，这才是我们的教育之本。

1. 有利于培养人格健全、心理健康的接班人

在个体的道德养成中，懂得感恩是一种重要的情感力量，感恩能使社会和谐美好，更能使个体内心恬静平和，对个体的健康发展起着不可替代的作用，一个懂得感恩的人，会善待自我，对生命倍加珍惜，因为感恩的人知道，自己的生命并不仅仅属于自己，它也是关心自己的父母、亲朋好友所珍惜的，也是社会所需要的，现在社会中屡屡发生的自杀现象，特别是青少年对生命的不珍惜和随意放弃的行为，正是由于他们没有感恩意识，不知道一个人活着并不仅仅为了自己而活，缺乏应有的责任感。一个人只有拥有一颗感恩之心，才能较为客观地看待问题，才能为自己和他人提供一个生存和发展的最佳情感空间，"一些人只知生活而不知生命，把生活当作人生的全部，常常是将生活中的某些挫折、失意、痛苦等，当成了生命中不可承受之'重'，于是由生活心觉不好而走向放弃生

命，其实是以结束生命的方式来解决生活问题，这些人没有意识到生命还承担着其他诸如孝敬父母、抚养儿女等社会责任与意义"。①

拥有感恩意识，就能给人一种积极的、向上的力量，它往往意味着渴望给对方以回报的积极心态，因而，才能真正认识到生命存在的价值，不仅有"自我价值"，还包括"社会价值"和对父母亲友的价值，从而心存感激，珍惜生命。感恩教育的本质就是完善人的生命，培养人格完善、心灵健康的人。"学会认识，学会做事，学会共同做事，学会生存是现代教育的四大支柱。"② 而感恩教育则是四大教育支柱的综合体现。通过感恩教育培养具有健全人格、健康心理的接班人，培养他们的责任心、生命意识，使他们用积极乐观的态度直面生活，倍加珍惜生命，对亲人、朋友以及事业担当起自己应负的责任，领悟到生命和生活的真谛，从而健全人格，提升生命质量和生活高度。

2. 有利于建立良好的人际关系

感恩教育是一种爱的教育，对于我们建立和谐的人际关系，追求幸福生活有非常重要的意义。韦斯特·马克把感恩视为是一种"回报的友好情绪"。拉扎勒斯认为感恩是一种"移情"，基于因受惠而迁移产生的对其他事物喜爱和赞赏。人有社会属性，是一切社会关系的总和，是相互依赖而生存的，马克思指出，"每个人是手段同时又是目的，而且只有成为手段才能达到目的，只有把自己当作自我目的才能成为手段"。③ 感恩就是一种相互关爱，给予回报的强烈情感，这样的相互感谢、相互尊重就会产生良好的人际关系，感恩对于维持个体之间的关系有着重要作用。感恩是一种天性，是人类性格的一部分，任何人都能体验感恩，表达感恩。"恩情是联结人与人之间的一个良好的纽带，更是联结大到国与国、地

---

① 洪怀峰：《我不赞成人死如灯灭——对话生死哲学研究者郑小江教授》，《信息日报》，2006年。
② 转引《感恩教育不可或缺的一课》，http://www.sina.com.cn
③ 《马克思恩格斯全集》第46卷，人民出版社1979年版，第196页。

区与地区，小到家庭与家庭、人与人，进而支撑起一个社会。"①

感恩能够满足爱人与被爱的需要，能更多地感到被人尊重、被人欣赏、被人关心的温暖和幸福。据心理学家研究表明，如果一个小孩子从小就生活在恐惧不安的负面情绪之中，没有感受过温暖，没有体会过被关心呵护的情感，那么他们情绪中消极负面的因素就会占据上风。反之，如果小孩子从小得到足够多的关爱、呵护、尊重，那么他们的情绪就会更加平和，人格就会更加完整，因而行为就会减少攻击性和破坏性，而通过感恩教育，能消除自我中心、自我膨胀的不良倾向，消融人与人之间冷漠的坚冰，丰富精神世界，从而对社会心存感恩，既而积极帮助他人，而在给别人以帮助的时候，自己的内心也会产生愉悦的体验，俗话说："予人玫瑰，手留余香"，这种互帮互助的幸福感，就是一种以感恩的心情来对待父母、师长、朋友以及邻里乡亲的满足感，只有懂得感恩，才能与他人融洽相处，才能建立和谐的人际关系。

3. 有利于促进和谐社会的构建

2005 年 2 月 19 日，胡锦涛在《在省部级主要领导干部提高构建社会主义和谐社会能力专题研讨班上的讲话》中指出："一个社会是否和谐，一个国家能否实现长治久安，很大程度上取决于全体社会成员的思想道德素质。没有共同的理想信念，没有良好的道德规范，是无法实现社会和谐的。"② 因而，社会和谐的基础是人的和谐，是社会成员间的和谐。马克思指出，人的本质"在其现实性上，它是一切社会关系的总和"。③ 感恩教育是对全社会实施的唤起人性的教育，感恩教育是一种情感交流上的互动，能够唤起人性中对美好的追求，对人性的渴望，能够激发个体内心的自觉性、持续性和主动性，有利于提升个体的精神境界和道德品位。和谐社

① 《马克思恩格斯全集》第 46 卷，人民出版社 1979 年版，第 196 页。

② 中共中央文献研究室编：《十六大以来重要文献选编》，中共中央出版社 2006 年版，第 710 页。

③ 《马克思恩格斯选集》第 1 卷，人民出版社 1972 年版，第 18 页。

会需要这种感动人心的力量，需要这种涓涓细流汇聚起来的强大感染力，这将引导整个社会的基本价值取向，这也是建设和谐社会的重要基础，所以，我们必须在全社会大力提倡开展感恩教育，培养出具有现代意识的社会公民。感恩教育旨在培养公民和谐的思想以及充满爱心和责任感的道德品质，培养尊重、珍惜、宽容、友爱、奉献的道德品质，培养感恩祖国、感恩社会、感恩父母、感恩大自然的意识，能够使人们从基本的对父母亲人的感恩拓展到对所有有恩于自己、帮助过自己的人的感恩与回报，进而形成对他人及社会心存感恩之情的仁爱情怀和积极心态，这在多次地震中，得到了充分的体现，"一方有难，八方支援"，"万众一心，众志成城"，更令人欣喜的是在这些灾难中，"80 后"、"90 后"所表现出的勇敢和奉献精神令人刮目相看，他们所做出的巨大贡献显示了他们对自己的父老乡亲乃至社会国家的回报之恩，因而，感恩教育的开展，有利于引领青少年正确处理人与人、人与社会和人与自然的和谐关系，有利于和谐社会的发展。感恩教育对培养青少年的责任感起着不可替代的重要作用，也对青少年的价值观、人生观、世界观的正确形成起到了良好的引导作用和推动效应。总之，通过开展感恩教育，不但促进了和谐文化的内涵积淀，而且提升了和谐文化的层次，为构建公平正义、诚信友爱、充满活力、安全有序、人与自然和谐相处的社会提供了文化动力和道德支持。

4. 有利于感恩奋进文化的构建，促进社会的发展

灾难发生之后，党和政府集中了大量的财力物力来进行救援，来支持灾区的重建；全国各地的救援组织、个人以及援建单位，都无私地为灾区人民提供了各种帮助，这些浓浓的真情和大爱，极大地鼓舞了灾区民众重生的信心和勇气，激发了无穷的力量与斗志。灾区人民自立自强开展自救、重新树立了生活的信心，很快投身于建设美好新家园的热情，乐观坚韧，共克时艰，很快地形成了感恩奋进的文化精神，灾区随处可见的爱心医院、爱心学校，奋进街、感恩路等标识，都充分表达了灾区人民的感恩奋进之情，中共四川

省委九届七次全会指出："在夺取抗震救灾和灾后恢复重建伟大胜利的历程中，凝练形成和大力弘扬伟大抗震救灾精神，有效凝聚了推进'两个加快'的强大精神力量，生动诠释了社会主义核心价值体系，培育形成了浓郁的感恩奋进文化。"①

因感激而感恩，因感恩而奋进。救灾和灾后重建，培育了具有凝聚力、感染力的感恩奋进文化，这种积极向上的精神文化起到了凝聚人心、激励斗志、重塑信心的特殊作用，也是社会主义核心价值体系的外化表现。感恩是内在情感的驱动，具有强烈的认同感和持久性。党和政府在危难时刻的强大领导力和人文关怀，无疑增强了灾区人民对党的无比信任感，对国家强烈的归属感和认同感，坚定跟党走的决心和信心，坚定走社会主义道路的基本国策，充分认识到社会主义制度的巨大优越性，"滴水之恩，当涌泉相报"。感恩是一种动之以情、报之以德、唤起人性的道德感染。通过对感恩的认知、情绪、行为的整合，形成知、情、意、行统一的情感体验。感恩不仅是做人的基本修养，还是一种有利于维护公共秩序的重要社会规范，如果社会充分肯定个人的感恩行为，并作出赞赏的评价和引导，这种良好的群体氛围就会强化个体的感恩行为，并带动社会舆论导向；如果社会谴责冷漠、忘恩负义的行为，个体则会不断提醒自己，尽力避免带来这种不愉快的后果与体验，从而进一步强化感恩意识与行为。马克思指出："恩情是联结人与人之间的一个良好的纽带，更是联结大到国与国、地区与地区，小到家庭与家庭、人与人，进而支撑起一个社会。"② 只有懂得感恩父母、感恩祖国、感恩社会、感恩他人的人，才会对自己负责、对父母负责、对社会负责，成为一个道德高尚的人，在这种感恩氛围下，社会才能和谐美好，并最终将感恩的精神化为一种源源不断的奋进力

① 刘奇葆：《中共四川省委九届七次全会举行》，《四川日报》，2009 年 10 月 12 日。

② 《马克思恩格斯全集》第 46 卷，人民出版社 1971 年版，第 196 页。

量，战胜困难，坚韧不拔，重建美好的家园。

感恩是一种精神和力量。亚当·斯密认为："人只能存在于社会之中，天性使人适应他由以生长的那种环境。人类社会的所有成员，都处在一种需要相互帮助的状况之中。在出于热爱、感激、友谊和尊敬而相互提供了这种必要的帮助的地方，社会兴旺发达并令人愉快。所有不同的社会成员通过爱和感情这种令人愉快的纽带连接在一起，好像被带到了一个互相行善的公共中心。"① 因此，感恩是一种精神和力量，是维系社会存在的必要条件，是个体与社会相联系的重要道德情感。"一个人活着不只是在为自己活着，由于一些千丝万缕的情愫使得人在某种程度上乐意为别人而活着，不得不为别人而活着。这情中之一便是恩情。"② 感恩的力量是巨大的，震撼人心的。感恩奋进不仅体现在抗震救灾之中，也深深地体现于灾后重建中。"一方有难，八方支援"，四面八方带来的无私援助和支持，不仅给灾区人民带来了生的希望，也帮助他们树立了信心和勇气，重新点燃了生活的希望，更是强烈地激发了灾区民众的感恩奋进之情，不屈不挠，自强不息，灾区人民修复创伤，坚强地活下来，勇敢地站起来，用感恩奋进的精神需求，为失去家园、遭受重创的人们建立有力的精神支柱，以自力更生的奋进姿态，把灾难带来的破坏转化为机遇，化危为机。世界是物质的，而精神在某种程度上也能转化为物质，并进一步促进物质的巨大发展，恩格斯曾说过："没有哪一次巨大的历史灾难不是以历史的进步为补偿的。"感恩正是使精神转化为物质并推动物质进一步发展的巨大力量，灾区人民以这种特有的方式将精神转化为无穷的力量，创造了重建美好家园的奇迹，正如温家宝总理所说："人们精神上的这种变化，更为宝贵，意义更为重大。"

① ［英］亚当·斯密：《道德情操论》，蒋自强等译，商务印书馆2006年版，第105页。

② 陶志琼：《关于感恩教育的几个问题的探讨》，《教育科学》，2004年第4期。

二　抗震救灾精神与高校思想政治教育

抗震救灾精神是党和人民极为宝贵的精神财富，是大学生思想政治教育的重要内容，大力弘扬抗震救灾精神，对于培养大学生大爱同心、坚韧不拔、挑战极限、感恩奋进的优秀品质，增强大学生的责任意识和奉献精神，推进高校思想政治教育工作具有重要的意义。

（一）抗震救灾为加强和改进高校思想政治教育提供了新的契机

在改革开放的今天，"80 后"、"90 后"的当代大学生常常被认为是缺乏远大理想和无私奉献精神、价值取向多元功利，自私、没有社会责任感的一代，然而，在抗震救灾中，"80 后"、"90 后"成为了主力军，承担了相应的社会责任，"由个体本位走向社会本位，由独自享受走向同甘共苦，由自我中心走向自觉担当"。抗震救灾正是对思想政治教育工作者和当代大学生的一次考验与锤炼，同时也为进一步加强和改进大学生思想政治教育提供了新的契机。

1. 抗震救灾有助于培育大学生的民族精神和爱国情感

民族精神是一个民族赖以生存和发展的精神支撑。江泽民同志曾指出，"一个民族，一个国家，如果没有自己的精神支柱，就等于没有灵魂，就失去凝聚力和生命力。有没有高昂的民族精神，是衡量一个国家综合国力强弱的一个重要尺度。"① 在抗震救灾中，我们民族的精神底蕴和精神品格都得到了极大的锤炼，在灾难面前，举国上下患难与共，前方后方同心协力，海内海外和衷共济，正如胡锦涛《在四川召开的抗震救灾工作会议上的讲话》中指出：

---

① 江泽民：《江泽民论中国特色社会主义（专题摘编）》，中央文献出版社 2002 年版。

"全国各地区各部门和社会各界大力发扬'一方有难，八方支援'的精神，调集大批人力、物力、财力支援灾区抗震救灾，向灾区人民送温暖、献爱心，充分体现了万众一心、同舟共济的伟大民族精神。"抗震救灾中，中国人民表现出来的是勇敢、坚强、沉着，是中华民族不屈不挠精神的生动体现，展示了在国难当头的危急时刻中华民族所爆发出的生生不息、无往不胜的凝聚力和向心力。抗震救灾的每一个画面，无数的可歌可泣的感人事迹，救援人员的不畏艰险、舍己救人，灾区民众的顽强不屈、患难与共；亿万民众的齐心协力、共克时艰，无不是一部激励和教育大学生的生动教材。这一切都让大学生时刻深切感受到中华民族的伟大民族精神，在高扬的爱国主义的旗帜下，中华民族生生不息、百折不挠、万众一心、众志成城的民族品格得到了淋漓尽致的体现，这种各民族团结一心、自强不息、团结奋斗的精神，正是我们实现"中国梦"，实现国家富强、民族振兴、人民幸福的强大精神动力。在抗震救灾中，不少大学生纷纷自觉参与到抗震救灾的行动之中，用自己的实际行动践行着民族精神和爱国主义，据 2008 年 6 月 13 日《中国教育报》中《青春的力量让人震撼》报道：抗震救灾中，共青团绵竹市委书记范晓华举起的团旗下聚集了 8600 名志愿者，他们的事迹随着她的讲述而被更多的学生所知晓。抗震救灾现场就是一个爱国主义教育的大课堂，抗震救灾中的万众一心、众志成城、自力更生、艰苦奋斗的精神就是这种爱国主义精神的生动体现，引导大学生进一步增强民族自信心、自尊心和自豪感。抗震救灾就是爱国主义的生动实践，体现了中华民族团结一心、患难与共的爱国主义精神和巨大凝聚力、向心力。

当前，大学生的思想主流是积极健康向上的，但是也有少数大学生受一些不良思潮的影响，出现了认识上的偏差，甚至出现了民族虚无主义的想法。但是，在抗震救灾中，在突然降临的灾难面前，反而激发了当代大学生对家国的热爱，促使了他们对"中华一体"的民族认同，抗震救灾的过程就是大学生的民族精神、爱国主义精神不断地武装、教育、塑造、规范、统一的过程，同时也是大学生在心理上归属感、亲和感不断得到满足，不断得到强化的过程，从而更进一步培育了大学生的民族精神和爱国情感的成长。

2. 抗震救灾有助于坚定大学生的理想信念

理想信念是人类精神生活的一种内在需求，是奋斗的方向及目标，其实质是用什么样的世界观、人生观和价值观观察和认识世界的问题。理想信念作为人们的一种政治心理素质，是有其一定价值取向，并通过一定的行为方式体现出来的。内化到当代大学生的理想信念，就是自觉地把自己的人生追求同祖国的前途命运联系起来的人生观、价值观。

抗震救灾中大量鲜活的事实，见证着中国特色社会主义道路和理论体系的伟大力量。4624 万受灾人口，12.5 万平方公里的受灾面积，在如此巨大的困难面前，11 万救援官兵、近 400 支专业救援队和 4.5 万医务人员赶赴一线，148 万群众被解救和转移，无一不充分体现了中国共产党领导的英明和社会主义制度的优越性，在抗震救灾斗争中，中国共产党的坚强领导是取得抗震救灾斗争伟大胜利的最重要原因。各级党组织和广大共产党员发挥了中流砥柱的作用，"与三十二年前唐山大地震救援相比，中国政府和民众在此次抗震救灾过程中都展现了一个全新的形象。而所有一切的取得，归根结底源于中国改革开放三十年的积淀"。① 抗震救灾充分证明了社会主义制度能够集中力量办大事、抗大灾，中国特色社会主义有着强大的凝聚力、亲和力、感召力。汶川地震后，香港中文大学亚太研究所 2008 年 5 月的最新调查显示，港人对中央政府的信任程度大幅上升了 24.7%—72.3%；认同自己是中国人多于香港人的受访者，也较上月调查增加了 18.5%。长期以来，大学生的理想信念教育由于远离现实，使弘扬社会主旋律、坚定共产主义理想

① 《汶川地震大救援展现中国改革开放 30 年积淀》，新华网，2008 年 5 月 27 日，http：//news. xinhuanet. com/politics/2008—05/27/content_ 8261143. htm

191

教育流于形式，没有任何实效，还有一些大学生甚至出现了逆反心理，附和西方自由主义的价值观、人生观，动摇了对共产主义理想、信念的坚持和追求。但理想信念教育对大学生起着极其重要的引导作用，是大学生世界观、人生观、价值观教育的核心。在抗震救灾中，大学生亲自感悟、耳濡目染，增强了对党的亲近感和信赖感、坚定了对国家的认同感和归属感，从而有助于我们教育、引导大学生，进一步坚定听党的话、跟党走的信心和决心，我们要充分利用这一思想政治教育的良好契机，重视大学生在抗震救灾中表现出来的种种感人的事迹，开展生动的情景教育，合理运用抗震救灾的伟大精神资源，引导大学生树立的坚定中国特色的社会主义信念和牢固的共产主义理想。明白"青春只有在为祖国和人民的真诚奉献中才能更加绚丽多彩，人生只有融入国家和民族的伟大事业才能闪闪发光"。[①]

192

3. 抗震救灾有助于提升大学生的社会责任感

责任意识是指处于社会关系中的人应该根据自己所处的地位、角色而积极和主动地承担相应的义务，尽自己当尽之职责。[②] 抗震救灾中，广大群众能舍生取义，在国家安危、民族存亡的紧要关头奋不顾身、挺身而出、敢于担当，在突如其来的灾害面前携手同心、守望相助、共渡难关，有写下遗书从 4999 米的高空一跃而下的 15 名空降兵，用生命抒写着为人民服务的崇高理想；有双臂守护着 4 名学生，学生得救自己却不幸遇难的谭千秋老师，让我们看到了人民教师优秀的职业道德修养；有父母、女儿等 10 位亲人去世仍坚守在救援一线的民警蒋敏，履行着一个共产党员崇高的社会责任。这些先进模范人物用实际行动履行了他们所肩负的社会责任，在他们身上，集中体现了中华民族的传统美德和共产主义道

---

① 中共中央国务院：《关于进一步加强和改进大学生思想政治教育的意见》，《光明日报》，2004 年 10 月 15 日。

② 李喜英：《中国道德教育的现代转型与重构》，安徽人民出版社 2007 年版，第 233 页。

德，体现了全心全意为人民服务的宗旨，体现了"一方有难，八方支援"的精神，体现了"国难当头，匹夫有责"的责任意识。

当家园被毁、同胞受难时，中国公民的表现让西方社会重新认识了中国公民，西方媒体曾这样评价，"这里的人民不仅懂得如何哀悼，而且懂得如何给予"。① 抗震救灾的胜利和中国公民国际形象的树立让我们看到了公民道德责任意识培养的重要性。同时，大学生在地震后的表现，也有力地说明"80后"、"90后"学子们在灾难面前具有勇于担当和值得信赖的良好品质，但要让学生在灾难面前所表现出来的同情心，这种非常朴素的可能短暂的似对待亲人的情同手足的道德情感，转化为稳定的清醒的公民意识才能有效促进青年大学生的成长。公民意识的核心是公民对自己的身份——公民的认识，同时，也是对自己的权利和义务，以及应尽的社会责任的一种自觉，并在政治生活和日常的行为中显现出来。② 抗震救灾中，作为一名普通公民，在应对自然灾害、突发事件中所应承担的责任，在国家受灾、同胞受难时所应承担的使命，通过这些典型事例和感人事迹的教育，为思想政治教育提供了先进的典型，宝贵的资源，现实的材料，对于激发当代大学生树立大局意识、责任意识和提升当代大学生的社会责任感有着重要的作用。

4. 抗震救灾有助于培养大学生感恩奋进的高尚情怀

知恩图报是中华民族最朴素的道德感情，是中华民族得以生生不息、绵延不绝的最恒久的道德力量。地震发生后，灾区人民得到了党和政府、各族人民、社会各界无微不至的关怀、支持和温暖。一位哲人曾说过，世界上最大的悲剧或不幸，就是一个人大言不惭地说没有人给我任何东西。莎士比亚也曾说："一个不知感恩的孩子比毒蛇的牙还要尖利。"而懂得了感恩，人才能珍惜自己所拥有的一切，才能尽可能地回报社会。感恩教育一直是学校进行大学生

---

① 《灾难中挺立伟大的中国》，《人民日报》，2008年6月2日第2版。

② 邓乐平：《公民意识与公共意识》，《共产党员》，2010年第3期。

思想政治教育的重要环节，弘扬抗震救灾精神，就是要教育学生永存感恩奋进的高尚情怀，切实把这份感恩转化为发愤学习的实际行动，努力成才，报效祖国，服务人民，回报社会，以体现大学生良好的社会责任感和道德意识。

（二） 以抗震救灾精神激励和教育当代大学生

在抗震救灾先进基层党组织和优秀共产党员代表座谈会上，胡锦涛同志强调："万众一心、众志成城，不畏艰险、百折不挠，以人为本、尊重科学的伟大抗震救灾精神，是爱国主义、集体主义、社会主义精神的集中体现和新的发展，是我们党和军队光荣传统和优良作风的集中体现和新的发展，是中华民族民族精神在当代中国的集中体现和新的发展。"① 精辟地揭示了抗震救灾精神的科学内涵和重大意义。在大学生的思想政治教育中，我们也要弘扬抗震救灾精神，激励和教育当代大学生。

1. 弘扬抗震救灾精神，激发大学生万众一心、众志成城的协作精神

灾难发生后，在党中央的领导下，全国各族人民万众一心、众志成城，团结协作，形成了抗震救灾的伟大力量。正如胡锦涛同志在全国防治"非典"工作会议上的讲话中指出："必须大力倡导全社会团结协作的精神，特别是在危难时刻和紧急关头，更要使全民拧成一股绳，全国形成一盘棋。携手抵御风险、克服困难。"地震发生后，在第一时间里，党中央、国务院就作出了抗震救灾的指令，全国上下，团结一心，共渡难关，党和国家领导人亲临现场，奔赴在抗震救灾的第一线；武警官兵不顾危险与时间赛跑，抢救每一个一息尚存的生命；各族人民自发自愿，通过各种途经无私支援灾区。顷刻间，中华大地上一切为了灾区，心往一处想，劲往一处

---

① 胡锦涛：《在抗震救灾先进基层党组织和优秀共产党员代表座谈会上的讲话》，《人民日报》，2008 年 7 月 1 日。

使，汇聚成了攻克时艰的强大力量。地震摧毁了家园，让我们付出了沉重的代价，但中华儿女却在抗震救灾中凝结起了前所未有的团结力量。波兰《选举报》指出，"汶川地震使中国人紧密团结在一起，使中国出现了从未有过的齐心协力、努力互助"[①] 的强大力量。而"这种团结奋进的强大力量，是我们的人民和民族在生与死、血与火的严峻考验中的本色反映，是中华民族从历史深处走来的内在力量，显示了中国人民和中华文明生生不息的旺盛生命力"。[②] 抗震救灾精神具有巨大的凝聚力和感染力，这种共同的思想基础与凝聚力与是一个国家和民族赖以生存和发展的根本前提，也是社会主义核心价值体系的集中体现，能对大学生进行触及灵魂的根本性教育，以"善"作为基本的价值取向，引导大学生的认识、情感、意志、行动都以此为导向，建立起热爱祖国、勇于承担社会使命、与祖国、民族同命运、共呼吸的时代责任感和心怀天下博大的胸襟。通过抗震救灾精神的塑造，让大学生实实在在的切身感受到"一方有难，八方支援"的社会主义道德新风尚，从而贯彻在自己的行动之中，身体力行，服务国家，服务人民，灾情发生后，许多大学生关注抗震救灾的点滴进程，关心灾区人民的生死安危，以抗震救灾中涌现出的种种鲜活的例子，开展生动的思想政治教育，将团结友爱、互帮互助等良好的思想品质发扬光大，并运用到日常生活之中。

2. 弘扬抗震救灾精神，激发大学生不畏艰险、百折不挠的拼搏精神

在重大地震灾害面前，党和国家、全体人民勇敢面对，与地震灾害展开了一场史无前例、波澜壮阔的大搏斗，并取得了抗震救灾的伟大胜利。中国共产党和政府领导人心系人民安危，在突如其来

---

① 四川省邓小平理论和"三个代表"重要思想研究中心：《抗震救灾：让世界看到一个怎样的中国》，《求是》，2008 年第 8 期。

② 胡锦涛：《在全国抗震救灾总结表彰大会上的讲话》，2008 年 10 月 8 日，http：//news. xinhuanet. corn/

195

的地震灾害面前，意志坚定、反应迅速、措施有力，胡锦涛提出
"任何困难都难不倒英雄的中国人民！"，温家宝总理说道"昂起倔
强的头颅，挺起不屈的脊梁，燃起那颗炽热的心，向前，向光明的
未来前进！"这些铿锵有力的话语，让世界看到了一个生生不息、
坚韧不拔、百折不挠的中华民族。温家宝总理重返灾区后，写下了
"多难兴邦"四个大字，寥寥数语却彰显了中华民族迎难而上、自
强不息的伟大民族精神；特别是灾区广大干部群众和解放军官兵、
志愿者守望相助，并肩战斗，更是谱写了自强不息、不屈不挠的英
雄凯歌，"展现了中国人民压倒一切困难而不为任何困难所压倒的
超人勇气。体现了中国人民战胜一切艰难险阻的大无畏精神"。[①]

196

长期以来，一些大学生中有躲避困难、逃避现实的不正常的脆
弱思想、心理状况，特大的地震灾害中我们都能挺立住，生活的曲
折和工作上的困难，又何足挂齿。"不畏艰难、百折不挠"的精
神，有利于大学生锤炼意志，培养品格，正确地面对困难，解决困
难，更加健康地成长，更加优秀地成才，抗震救灾精神感召大学生
要以一种百折不挠的意志和不畏艰险的勇气去面对学习生活上和工
作中的各种困难，使他们能够正视困难，直面人生，形成一种越挫
越奋，自强不息的拼搏精神；昂扬向上、开拓进取的积极人生态
度，让伟大的抗震救灾精神得以更好地弘扬和传承。

3. 弘扬抗震救灾精神，激发大学生以人为本、尊重科学的人
文精神

以人为本是科学发展观的本质和核心，也是我们党执政的核心
理念。以人为本，首先意味着对生命的尊严、价值、意义的高扬和
肯定。抗震救灾中始终贯穿着一种以人为本的执政理念和处处彰显
着一种尊重人、关心人、维护人，一切以人民的根本利益为出发点
的人文关怀精神。

---

① 胡锦涛：《在全国抗震救灾总结表彰大会上的讲话》，2008 年 10 月 8 日，ht-
tp：//news. xinhuanet. corn/

　　地震灾害发生后，党中央、国务院快速作出反应，胡锦涛总书记指出："抗震救灾工作必须坚持以人为本。抢救人民群众生命是首要任务，必须作为当前抗震救灾工作的重中之重。"[①] 温家宝总理也指示："只要有一线希望，我们就尽百倍努力，决不放松。""灾情就是命令、时间就是生命。"国务院又决定，2008 年 5 月 19 日至 21 日为全国哀悼日，这是新中国成立以来第一次为普通百姓设立国家哀悼日，从无论是拯救生命、医治伤病员，还是安排群众生活、处理遇难者的善后问题以及灾后重建等，无不体现了以人为本的人文关怀。

　　同时，在抗震救灾斗争和灾后恢复重建工作，科学决策、科学救援，科学规划、科学重建。国务院在第一时间成立涉及地震、卫生、防疫、水利、地质等多学科的专家委员会作为决策咨询机制，消防、医疗、水利、建设、卫生防疫、心理治疗等各种专业救援队伍迅速开往灾区，还利用卫星技术、遥感技术、海事卫星技术、生命探测技术等先进的设备和科学技术，使整个救灾、重建工作统筹协调、临危不乱，被困群众转危为安、堰塞湖化险为夷、灾后重建科学规划。"以人为本、尊重科学。体现了对人民的高度关爱、对科学的高度尊重。"[②]

　　以人为本、尊重科学的抗震救灾理念足以引起大学生对生命的珍视，引导他们对生活意义的思考，并理解生命的责任与价值，进而倍加珍惜生命。让每一个大学生都明白人生命的存在是有意义的，要文明生活、健康成才，以负责任的态度对待自己的人生、家庭、朋友和社会，树立正确的价值观、人生观、生命观，不畏困难，积极向上，奋发有为。同时，坚持依靠科学、运用科学，用先进科技的力量减少损失，降低成本；努力学好科学文化知识，把科

197

---

　　① 《胡锦涛在四川召开的抗震救灾工作会议上的讲话》，《求是》，2009 年 6 月 16 日。

　　② 胡锦涛：《在抗震救灾先进基层党组织和优秀共产党员代表座谈会上的讲话》，《光明日报》，2008 年 7 月 1 日。

技的力量转化为生产力，更好地为祖国、为人民多做贡献。

（三）抗震救灾对改进和加强高校大学生思想政治教育的启示

1. 高校大学生思想政治教育要坚持"以人为本"的基点

在抗震救灾中，以人为本，最大限度地保护了人民生命财产安全，才使思想政治教育价值得到了体现。思想政治工作的主体是人，人的能动性会大大影响思想政治教育的效果，因而激发教育对象的自觉性、积极性和创造性，是思想政治教育的根本任务，所以，高校大学生的思想政治教育必须坚持以人为本，始终将"人"放在第一位，对大学生给予最大的关心、信任与尊重。

以人为本是抗震救灾的基本理念，始终将人民利益放在抗震救灾工作的首位，关心每一位受灾群众，帮助解决他们的思想问题，解决群众实际生活困难的点点滴滴，只有将解决思想问题与解决实际困难结合起来，安排好受灾群众的生产生活，使受灾群众真真切切感受到了来自政府和各级党组织的关心，才能坚定对党的信仰，才能体现思想政治工作的人文关怀，才能在建设美好新家园发挥独特的作用。

新时期的大学生思想政治工作也应该转变教育理念，不能再一味地进行"美德袋"式的灌输教育，应更多地以人为本，关注大学生的需要，了解他们的诉求，真正地尊重、关心他们。当代大学生的一些思想行为已走在传统教育观念的前面，作为改革开放后成长起来的一代，他们的视野更为开阔，接受信息的渠道更为复杂，价值观念更为多元，我们一方面要关注大学生的共性；另一方面还要研究个体的个性，看到在大学生性格特征中的存在的多元化和复杂性。抗震救灾中，很多大学生针对出现的各种现象积极进行意见表达，并通过网络、博客、手机等新媒体发表自己的见解，表现出高度的务实精神。因而，如果我们不关注大学生的所思、所想、所为，不解决他们的实际困难与问题，就会失去大学生的信任，使思想政治教育流于形式，丧失优势。

2. 高校大学生思想政治教育要坚持社会主义核心价值体系的引导

社会主义核心价值体系的重要内容在伟大的抗震救灾精神中得到了生动的体现和彰显，要建设社会主义核心价值体系，必须增强社会主义意识形态的吸引力和凝聚力，抗震救灾中充分显示了社会主义核心价值体系的强大生命力和作用，有力促进了社会主义核心价值体系的传播。抗震救灾始终坚持以人为本，倡导了马克思主义的核心理念；抗震救灾中中国特色社会主义的伟大旗帜是凝聚人心、动员民众的重要基石；抗震救灾还空前激发了以爱国主义为核心的民族精神和以改革创新为核心的时代精神；抗震救灾中涌现出的无数的先进模范、典型事例都最大限度地体现了社会主义荣辱观的价值导向。

特别是以爱国主义为核心的民族精神和以改革创新为核心的时代精神，是社会主义核心价值体系的重要内容。抗震救灾中，涌现出大量的英雄人物、先进事迹，他们为大家，舍小家，为人民利益而奋不顾身、舍生忘死、奉献一切；那一个个催人泪下的感人故事，那一颗颗灿烂的美丽心灵，无不充分体现了社会主义核心价值体系孕育的崇高境界。

因而，我们在引导大学生在判定价值取向时，必须以社会主义核心价值观为指导。正确处理个人与集体、局部与全局的关系，树立社会主义所倡导的主流价值观念，从而抵制享乐主义和拜金主义价值观，增强集体主义观念、团队精神和社会责任意识。

3. 高校大学生思想政治教育要坚持综合多方力量的合力

抗震救灾的胜利是一个坚持综合多方力量的合力作用的结果，包括重视新媒体的运用、重视非政府组织的参与、重视心理工作的救援等多方面的工作开展。

地震灾害发生后，媒体宣传得及时、得力、有效，通过报纸、电视、广播、网络、手机等，人们在第一时间了解灾情，看到党和政府为抢救人们生命财产而付诸的行动和努力，全面真实地了解到地震和抗震救灾的情况,从而对党和政府的救灾工作给予了理解、支持,并积极参与进来,共同抗震救灾。

同时,非政府组织等社会力量积极参与抗震救灾,各级各类志愿者等社会组织发挥了很大的作用,得到国内外的广泛赞誉。心理救助也成为抗震救灾的重要内容,许多心理学工作者及时对受灾群众进行心理安抚、情感疏导,及时发现和消解各种不稳定因素,做了大量行之有效的心理疏导工作。

同样,这些抗震救灾的经验启示我们,在大学生思想政治教育工作方面,今天所处的信息化的时代昭示着思想政治教育的开展不能依靠简单途径,它也需要打造一个积极、多元的平台,综合各方面的力量,形成合力,汇聚成一股强大的力量,动员全员积极参与,更好地促进大学生思想政治教育工作开展的实效性和长效性。

第六章 从悲壮走向豪迈

——四川更加美丽

汶川特大地震，是新中国成立以来破坏性最强、波及范围最广、救灾难度最大的地震。党中央坚强领导，全国党政军民大力支援，四川上下同心协力，抢险救援"分秒必争"，安置群众"百日攻坚"，恢复重建"千日奋战"，发展振兴"万米长跑"……时光流转。5年后，捧出了一份漂亮的重建答卷：家家有房住，户户有就业，人人有保障，设施有提高，经济有发展，生态有改善。放眼四川，西部经济大省坚定迈向全国经济强省，四川从悲壮走向豪迈，夺取了抗震救灾和灾后重建的伟大胜利，创造了令世界惊叹的奇迹。

一 凤凰涅槃:让世界惊叹的"汶川奇迹"

灾后重建是世界各国的一大共同难题。翻开中国灾难史，大灾之后往往继之大乱；纵览世界救灾史，也往往乱象频生：疫病蔓延、治安混乱、资源浪费、重建缓慢……这一切会不会在中国重演？

汶川地震灾后恢复重建的目标，曾被国际社会视为难以攻克的艰巨挑战：要在13万多平方公里的面积上完成城镇再造，为近2000万的受灾民众新建家园，让破碎的山河重现勃勃生机……5年过去了，一千多个日日夜夜的艰苦奋战、一千多个日日夜夜的翘首期盼，随着重建任务的陆续完成，修通的城乡公路可以绕地球一圈多，新建的居民住房多达近 700 万套（户）。昔日山崩地裂、满目疮痍的岷江河谷，一座座新城雨后春笋般崛起，一幅幅充满希望的新画面由此展开……时任总理温家宝第 10 次到灾区，看到灾后重建工作时高度评价说："恢复重建的胜利是我们战胜自然灾害的伟大壮举。"从国际比较来看，四川灾后重建确实是一个世界性的壮举。日本 1994 年阪神大地震，10 万户 37 万人无家可归，最后一户入住新房用了 7 年时间。2004 年美国新奥尔良飓风造成 27 万户无家可归，《时代周刊》报道，6 年过去后，还有一半灾民流离失所。台湾地区"9·12"大地震，重建也用了 6 年时间。这些灾害在破坏程度、受灾人数、重建规模，都无法与"5·12"相提并论。

2008—2013 年，这是不同寻常的 5 年，物质重建、经济重振、文化重兴、社会重构。从废墟上崛起，在重建中超越。灾区面貌"从毁灭走向新生"、"从悲壮走向豪迈"，发生了"苦干两三年，跨越二十年"的"汶川巨变"，一个生机勃发的崭新灾区，实现了脱胎换骨的凤凰涅槃。四川交出了让人民满意的"汶川答卷"，创造了人类抗灾救灾史上的"汶川奇迹"，世界为之惊叹！一批批来自世界各地的游客，无不感受到灾后恢复重建的巨大变化。从世界各地来到汶川的 60 多个外国记者坦言："只有亲自来到灾区，才能读懂'奇迹'的含义。"

（一）穿越灾难的"5 年之约"

汶川大地震，震级高达 8.0 级，世所罕见，地震撕裂了巴蜀大地。在 13 万平方公里土地上，成千上万的受灾群众痛失家园。人民群众何以安家乐业？恢复重建何以实现？汶川特大地震灾后重建的目标，是党和政府向灾区人民和全国人民作出的庄严承诺，世界为之瞩目！

5 年之约，既是一份承诺，更是一份责任。一诺千金，恢复重

202

建的一场场硬仗在灾区打响。安置受灾群众，仅用百日，3 个多月就解决了 530 万户、1200 万人的过渡住所问题，以最快的速度，恢复受灾群众的日常生活。灾后重建，困难重重，但再大的困难，也要克服，"三年目标任务两年基本完成"如期实现；灾区发展统筹推进，可持续发展能力不断提升。

因为有约，坚定坚强的力量在灾区汇集。灾区群众不等不靠，以自己辛勤的劳动和汗水，克服一个又一个的困难，建设自己的家园。而党员干部，更是吃苦在前，时时战斗在第一线，以他们的实际行动，带领着广大受灾群众，诠释了共产党人的先进性。广大的援建工作者，不分昼夜、不知疲倦地奋战在一线，为的是让灾区人民早日安居乐业。正是他们的辛劳，创造了一个个人间奇迹！

（二）脱胎换骨的浴火重生

灾后重建，不是简单的原样复制。在曾经山河撕裂的地震灾区，现在已很难看到灾难满目疮痍的印记，新村落融入田园风光，新城镇焕发勃勃生机。主要经济指标全面超过震前水平，可持续发展能力明显增强。处处焕然一新，这个"新"，是脱胎换骨的蜕变，是破茧成蝶的重生。昔日遭受重创的近 40 个城镇，都变成了颇具魅力的风情城镇。异地重建的北川新城，在时任总书记胡锦涛亲自命名的永昌镇拔地而起，文化广场上的雕塑《新生》彰显着坚韧和希望。震中映秀镇建成的抗震减灾建筑博物馆，国内外建筑大师，诸如安德鲁、贝聿铭、周福元、何镜堂、吴良镛等都在这里留下了精彩力作。美丽的羌藏村寨被赞为"世界灾后重建的灯塔"，茶马古道上的水磨镇实现了凤凰涅槃的新生，被授予"全球灾后重建最佳范例"的美称，2011 年中国四川国际文化旅游节在此地开幕，中外嘉宾无不为之震撼、为之赞叹。加拿大原总督感慨地说："四川树立了世界灾后重建的典范，你们宝贵的经验可以在世界推广。"

灾后重建，重在科学重建。村落新规划，民居新设计，村庄新布局，灾区基础设施和公共服务设施实现了跨越式发展，各类建筑不仅功能更加完善，而且风格更加丰富多彩。震后新建的3000余所学校、1300余座医院，设计科学、设备现代、设施完善，抗震标准大多在8.0级以上。高速公路、高铁建设加快，部分已投入运营。震后两年，最高时速220公里的成灌快铁顺利发车，四川跑步进入"快铁时代"，"蜀道难"正在或已经成为历史。电子信息、汽车制造、油气化工等产业在灾后迅速兴起，搬迁再建的新东汽蓬勃发展，进入世界一流行列。灾区重建既实现了"原地起立"，又实现了"发展起跳"。汶川、北川、青川……现在走进灾区，总会看到："最漂亮的是民居，最安全的是学校，最现代的是医院，最满意的是百姓"，城镇乡间洋溢着的灿烂笑脸，写满了对未来的美好希望。今天，震区"经济总量大幅提升，发展速度超过震前；工业化程度提高，产业结构优于震前；居民收入人均水平高于震前"。

灾后新建的川北民居、川西林盘，与绿水青山和谐共邻。北川吉娜羌寨、茂县牟托村、绵竹年画村，凸显出浓郁的地域特色和民族风貌。村落新规划，民居新设计，村庄新布局，现代与传统有机统一，功能与风貌完美统一，展现出灾后农村的崭新景象，走出了一条现代化的乡村发展之路。"家家有房住、户户有就业、人人有保障、设施有提高、经济有发展、生态有改善"的重建目标基本实现……"禹王桥上品香茗，巴拿恰街跳沙朗"，这是新北川祥和而惬意生活的真实写照。

（三）焕然一新的幸福生活

救灾，生命高于一切；重建，民生重于一切。失所者已安居，老幼者已有养，孤残者已得助，求学者已获教。矗立在灾区的不仅有雄伟的建筑，更有对美好生活的信心和力量！

生活，在重建中点燃梦想。那些在大地战栗中出生的"地震宝宝"们，已经迎来五周岁生日，他们走进幼儿园，已开始演练防震逃生。数千名"再生育婴儿"平安降生，新生命给失孩家庭带来新的寄托。地震造成的近1500名孤老、孤儿、孤残人员，生活有了妥善的安排，他们快乐生活，衣食无忧。千百个在地震中破碎的家庭实现了重组，新建家庭开始了新的生活，孩子有了妈妈，妻子有了丈夫，他们对未来生活满怀希望。

生活，在重建中铸就坚强。地震给灾区人民带来的不仅是生命财产的重大损失，而且也带来了严重的心理创伤。恢复重建中高度重视人文关怀，实施心理康复工程。现在灾区干部群众已经逐渐走出了灾难的阴影，重新拾起生活信心，表现出不屈不挠、自强不息的坚强毅力和乐观向上、奋发进取的精神风貌。担架上的"敬礼娃娃"郎铮大大长高了一头；"芭蕾女孩"李月，在轮椅上实现了自己的舞蹈梦；"可乐男孩"杨彬当上了一家汽车美容店的老板；被地震夺去双腿和左臂的黄莉，创办了自己的"心启程"心理援助电话热线；地震中截肢求生的刘岗均，家中开设了名叫"梦想起飞"的便民超市；青川"标语人家"石光武，用独臂担挑起新的生活。总之，灾区许许多多的普通人，让我们深深地感受到他们的乐观、坚韧、顽强。

生活，在重建中更加和谐。怎样把灾民安顿好、把民生保障好、把灾区建设好？群众认可是最硬标准、群众满意是最高要求。在党和政府的支持关心下，灾区群众找到了新的就业机会，寻觅到了新的生活出路。北川新县城，永昌大道两旁，商业服务中心、文化活动中心、行政服务中心、学校、医院一应俱全。夕阳西下，安昌河畔、禹王桥边，北川人三三两两地散步、品茗；"巴拿恰"商业街的广场上，成群结队的人们跳起羌族舞蹈。到北川寨子的游客越来越多，吃上了旅游饭，日子过得越来越有滋有味。"三月的樱桃，五月的枇杷，六月的李子，七月的梨子，九月三十吃柿子，冬天还有猕猴桃。"北川曲山镇石椅村村民陈云高在自己的名片上印上了这几句话。走进淳朴好客的桃坪羌寨，与篝火相映的是羌族儿女的灿烂笑脸。走进游人如织的绵竹九龙镇，和桃李齐放的是乡村旅游的红火场景。走进茶尖吐翠的邛崃南宝山，随着炊烟一同袅袅升起的是异地安置群众的祥和生活。5年重建，灾区群众住上了好房子，逐步过上了好日子，他们更加珍惜生命、善待自己、热爱生活。

（四）根深叶茂的精神家园

多难兴邦。5000多年来，中华民族从灾难中一次次顽强地崛起，伟大的民族精神生生不息，绵延不绝。灾后重建不仅包括物质财富重建的生活实际，也有理念、价值、精神等精神家园的重建问题，而且精神家园的重建是更高层面的灾后需求，有助于灾区人民和整个国民走出精神困境。在灾后重建中，灾区各级干部群众，发扬自力更生、艰苦创业精神，展现了感恩奋进、坚韧不拔的良好风貌，用勤劳的双手建设美好新家园。与抗震救灾和灾后重建相生相伴的，是四川人民的精神成长和品格再造，他们不仅重建了一个漂亮的物质家园，更是重建了一个意蕴丰盈的精神故乡。

在重建家园中，我们感受到了无疆大爱，得到了八方援助，同时自力更生、自强不息的奋斗精神也熠熠闪光。"有手有脚有条命，天大的困难能战胜"、"出自己的力，流自己的汗，自己的事情自己干"，青川受灾群众自建住房上的两条标语，喊出了灾区人民不等不靠、用勤劳双手重建家园的自信与豪情，是灾区以至整个四川精神风貌的生动写照。

感恩蕴藏着强大的精神力量。吃水不忘挖井人。灾区的老百姓深深懂得"感恩"的含义，灾区群众把感恩情怀深深镶嵌在重建的住房、学校、医院、道路等名字中，谱写在《因为有你》的歌曲里。在今天四川之乡村、景区，随处可见感恩商店、大爱崛起碑、感恩条幅，处处涌动着感恩党、感恩全国人民、感恩人民子弟兵、感恩祖国的深情厚谊。"滴水之恩，涌泉相报。"玉树地震、舟曲泥石流、山东大旱发生之后，饱受汶川地震惨痛的四川人民感同身受、千里驰援，从距离灾区最近的绵阳、阿坝和广元抽调消防官兵携带物资和装备第一时间赶往灾区：第一支赶赴灾区的外省公安特警队伍来自成都、第一支跨省异地救援的民兵队伍来自青川……四川各单位、各部门火速展开捐助活动，以表示对青海、甘肃、山东人民无私援助的懂恩报恩、患难相助。知恩报恩、感恩奋进，已深深融进四川人民的血液中、深深烙印在四川人民的脑海里。

英国伟大的哲人培根说得好，超越自然的奇迹，总是在应对厄运的征服中出现的。汶川大地震救灾重建穿越灾难、超越悲壮、走向豪迈的辉煌历程，是四川向世界展示的一部史诗性篇章，这是一个人间奇迹，一个中国人民共同缔造的奇迹！

二　源头活水:"汶川奇迹"的缔造

特大地震吞噬了美好的家园、和谐的社区、明亮的教室、可爱的孩子，也震毁了灾区群众休戚与共的生活体系：曾经的身份关系，曾经的社会生活和曾经的温暖情爱。2008—2013 年，在短短 5 年时间里，汶川救灾重建取得了重大胜利，创造了人类抗震救灾史上的伟大奇迹。"问渠哪得清如许，为有源头活水来。"回顾波澜壮阔的救灾重建进程，理应总结救灾重建的鲜明特点，剖析奇迹产生的深层次原因。

（一）科学重建:恢复重建的汶川特点

1. 重建理念:以人为本，民生优先

马克思在《共产党宣言》中写道："代替那存在着阶级和阶级对立的资产阶级旧社会的，将是这样一个联合体，在那里，每个人的自由发展是一切人的自由发展的条件。"① 马克思主义坚持把"人"的利益作为发展的最终目的，坚持把"人"的利益放在发展

---

① 《马克思恩格斯选集》第 4 卷，人民出版社，1995 年版，第 730 页。

的首要位置。"以人为本"的内涵是:一切社会经济活动的目的都是为了人,为了人的全面发展;一切社会经济活动都必须尊重人,发挥人的主观能动性。救灾重建的实践生动地践行了马克思主义以人为本的价值观,也突出彰显了中国共产党人执政为民的核心理念。

各种各样的自然灾难对于饱受磨难的中国人似乎已成家常便饭,但过去每当遇到自然灾害或突发灾难,国家舆论首先或着重强调的往往是"不惜生命抢救国家财产"的"牺牲精神",即使是勇于救人的义举,宣传的似乎也是舍"小我"而为"社会大我"的无私奉献,而并非救人者与被救者的个体生命价值,但让人倍感惊喜的转变是"救人"一词成为抗震救灾中最响亮的口号。汶川地震发生后,党中央鲜明指出:"第一位是救人"、"救人是重中之重"、"一线希望,百倍努力"等,这样的话语出自国家主席、国务院总理之口,既是斩钉截铁的命令,也是救援军警、医护人员、志愿者、捐赠者的行动指南。全社会为之竭力营救、牵肠挂肚的"人",不分民族、地位、财富,无论高贵还是卑微,都一视同仁地受到尊重和关爱,生死竞速中黄金 72 小时争分夺秒,人的生命被提到至高无上的境地。2008 年 5 月 19 日至 21 日,全国哀悼日,这是新中国成立以来,为重大灾害中罹难同胞首次举行国殇,以最高国礼向逝者表达哀思、向生者表达慰问。正所谓"国之兴也,视民如伤,是其福也;其亡也,以民为土芥,是其祸也"。① 生命权是人的所有权利的前提和基础,以人为本,首先要尊重和保障人的生命权。抗震救灾,生命至上,救人最急,这个"人"字是对我们党高扬的"以人为本"旗帜的最好明证。

民生牵着民心。救灾先救民,重建民为先,民生问题是灾后重建工作的重中之重。在恢复重建中,大规模的调查显示,96% 的灾区群众最担忧的是重建住房,94% 的群众最期待的是安置新家,数

---

① 《左传·哀公元年》。

208

以万计借读他乡的孩子最盼望的是重返故乡。可见，人民群众最关心、最直接、最现实的问题莫过于住房重建问题。《汶川大地震灾后恢复重建规划》中明确提出"以人为本，民生优先"的重建理念，把保障和改善民生作为首要目标，把"民生优先"作为恢复重建的重要标准。"把群众安顿好，把民生保障好，把灾区建设好"、"要优先解决灾区群众基本生活条件"、"把保障民生作为恢复重建的基本出发点，把修复重建城乡住房摆在突出和优先的位置，尽快恢复公共服务设施和基础设施，切实扩大就业，增加居民收入，让灾区人民安居、安定、安全、安心"、"先期援建康复医院，残疾人、老年人、儿童福利机构设施"、"灾区重建要尊重灾区人民的意愿"……这样的表述和行动中，"人"的位置，全被放在了第一高度。在5年时间里，民生成为恢复重建工作最为重要的关键词之一。

　　衡量灾区重建是否真正做到了以人为本，一个关键的指标是看重建投资的流向是否真正做到了民生优先，是否把城乡居民住房、学校、医院重建放到了优先位置。以优先解决民生问题为基点，先期启动了一批城乡居民住房、学校、医院、福利院等事关灾区群众安置的民生项目。在各项灾后重建项目中民生项目进展速度之快令人惊讶，而且项目涉及面相当宽泛。震后一年内，四川灾区355万户震损住房修复加固完成；震后一年半，150万户农房重建完成；震后两年，25万户城镇住房重建基本完成……一批社会福利院、社区服务中心、集贸市场相继落成，灾区综合保障能力比震前有了质的飞跃，灾区公共服务设施全面上档升级，建设标准更高，功能配套更全，服务能力更强。地震中的学校、医院损失惨重，因此在重建过程中全面提高并严格执行学校、医院等公共服务设施的抗震设防标准，着力建设百年工程、精品工程，彻底改变了千百年来农房建设无标准、不设防的历史，学校、医院这些农村以往的"短板"通过灾后重建，得到"加长"。来自四川省发改委的统计信息显示，在19对口支援省市已确定的3105个项目、697.33亿元对口支援资金中，有超过三分之二的项目和资金倾向民生：其中城乡住房项目236个，确定投资225.37亿元；公共服务设施项目1122个，确定投资181.19亿元；基础设施建设项目580个，确定投资131.18亿元。汶川、北川、青川……走进灾后恢复重建现场，无论是县城还是乡村，学校、医院等公共服务设施不仅成为了最安全、最牢固、最放心的建筑，为今后应对灾害提供了重要避难场所，而且也成了当地的标志性建筑。

210

以人为本、民生优先，不仅在于优先安排住房、学校、医疗机构等民生项目，还体现在灾后恢复重建的各项工作、政策都尊重客观规律和群众意愿，格外关注灾区人民的主体意识，始终坚持尊重群众、相信群众、依靠群众，积极调动灾区广大干部群众的主体性、主动性、创造性，充分发挥灾区群众在恢复重建中的主人翁作用。《国家汶川地震灾后恢复重建总体规划（征求意见稿）》，其正式出台就经历了反复论证，多次征求意见的过程。国务院灾后重建小组成立后，数十次深入灾区开展实地调研，倾听灾区群众的心声，了解地方政府的想法，听取各界专家的建议。并且在国家发展改革委网站、人民网、中国网开辟了灾后重建建言献策专栏，听取社会公众意见，还通过组织国际研讨会等方式，了解和借鉴国外灾后重建经验。如此反复研究讨论，方形成了《国家汶川地震灾后恢复重建总体规划（公开征求意见稿）》。恢复重建中，凡是涉及规划设计、重建选址、工程施工等各个环节，有关部门也都坚持广泛听取灾区群众的意见，尊重群众意愿。通过"坝坝会"、"板房夜话"，让群众意见得以充分表达，把群众满意作为重要标准。此外，重建中还注重立足山区实际、突出民族特色。如北川新县城的诞生，就是尊重民意，进行多次论证，协商式民主决策的结果。平武县设计了以藏式、羌式、蜀汉和川西北民居等主要风貌的民房建设图集26种，以供农户自主选择、全面选择，打造了以易阳、牛飞、三桥为代表的新农村建设示范点20个，使村容村貌发生了脱胎换骨的变化。

中国没有美国那样的雄厚财力，没有日本那么丰富的抗灾经验，但在重建安民、为民、利民的问题上，我们的努力却有过之而无不及。从取暖到口粮、从住房到看病、从上学到就业……千头万绪、纷繁复杂的灾后重建始终指向"人"这个关键词，重民生、听民情、唯民意，充分尊重人民意愿，认真倾听人民呼声，切实维护人民利益，唤起了灾区人民自强自救的激情，唤起了灾区人民坚强奋进的内生力量。这是灾后重建新进步、新提升的开端，也是灾区走向新生的不竭动力。灾区群众迸发的强烈自主性、持久能动性和非凡创造性，一并书写出世界抗灾史上的壮美篇章。

汶川救灾重建将一个大写的"人"字书写在中华人民共和国的史册上，以人为本的理念得到深刻诠释，将以人为本的实践推向新的历史高度。这一价值最生动的体现，莫过于5年间灾区大地站立起来的大写的"人"。青川县东河口地震遗址公园，高高耸立着一座"大爱崛起碑"，一个大写的"人"字，即是寓意着救灾重建最核心的价值观——以人为本。最实在的成果施于人，最持久的动力源于人，最深刻的变化在于人。

2. 重建方针：尊重科学，规划先行

重建，不是纯粹物质意义上的复制，不是依靠简单的物质救助与政策支援来解决暂时的问题。巨灾重建是一项浩大复杂的系统工程，而且是一大世界性难题。破解这一难题，务必走科学重建，尊重自然，尊重规律，尊重规划之路。10余万平方公里重灾区的恢复重建，是一项关系灾区长远发展和灾区群众切身利益的浩大系统工程。千头万绪的重建工作，既要速度快，也要质量好、效益好，其关键是尊重科学、规划先行。即尊重自然、尊重科学，以科学的规划为先导，科学选址、科学避让与科学设防，审慎决策。汶川灾区重建一开始就注重科学统筹、整体谋划。坚持用科学规划保障科学重建，坚持全域全程搞规划、高起点搞规划、开门开放搞规划、突出特色搞规划。

震后11天，也即2008年5月23日，规划编制工作启动，国务院抗震救灾总指挥部会议决定成立灾后重建规划组，规划组组长单位为国家发展改革委，副组长单位为四川省人民政府、住房城乡建设部。2008 年 5 月 26 日，震后不到两周，国务院就提出抓紧制定灾后重建规划和具体实施方案，党中央和国务院成立了专门的灾情评估机构——由 30 名跨部门、多学科、老中青专家组成汶川地震专家委员会，集中各方智慧，通过深入调研、科学民主决策。负责地震和地质构造的现场调查和评估，开展灾害评估工作，为抗震救灾和制定灾后恢复重建规划提供科学依据。国务院还下发了《关于做好汶川地震灾后恢复重建工作的指导意见》，根据此《意见》制定颁布了《汶川地震灾后恢复重建总体规划》以及城镇体系、农村建设、城乡住房建设、基础设施建设、公共服务设施建设、生产力布局和产业调理、市场服务体系、防灾减灾、生态修复和土地利用 10 个专项规划，为整个汶川地震恢复重建搭起了一个全面、系统、科学、规范的指导准则。震后 3 个月，2008 年 8 月 12 日，《汶川地震灾后恢复重建总体规划（征求意见稿）》（以下简称《总体规划》）正式公布，这是汶川地震灾后恢复重建之总纲。《总体规划》最重要的一大贡献，就是根据资源环境承载能力综合评价，在空间布局上，按照产业发展方向、国土开发强度、人口集聚和城镇建设的适宜度，确定重建的基本框架。将规划区划分为适宜重建区、适度重建区、生态重建区三个类型，这些规划规划充分考虑了生态环境承载能力，涵盖了重建工作的各个方面，注重处理恢复与提升、当前与长远的关系，成为指导恢复重建的纲领性文件，保障了恢复重建工作有力有序有效顺利推进。

除了中央政府的规划外，各级政府也都有规划。按照中央的统一部署，四川省委、省政府启动了灾后重建规划编制，这是新中国史上规模空前的"科学规划"，成为灾后重建的"先行者"。震后 7 天，四川省灾后重建规划协调小组成立。从全国各地集结于灾区的数以百计专家，奔走于整个地震灾区，他们对每一个城镇、村社、企业，进行摸底、调查、访谈、评估，印制的资料文件和研究报告多达 5000 万字。参与者情不自禁地感慨道："这里是中国最大的规划室,这个场面是新中国成立以来罕见的,只有'一五'期间有过。"震后两个月,一份倾注了无数人心血、智慧、期盼的《四川省汶川地震灾后恢复重建总体规划》正式出炉。四川制定了一个灾后恢复重建的总体规划、10 个专项规划、43 个恢复重建的行业规划,51 个县的实施规划,88 个一般受灾县的项目规划,形成了一个目标明确、层级分明的灾后恢复重建的规划体系。同时,组织和争取到了全国 1000 多家规划单位,组织了上万名规划设计和建筑设计人员,参与了城乡建设和住房规划设计。其后,四川规划编制一直在高效运转、高速前行,最终形成完整体系,做到全域全程,覆盖了灾区城乡,涵盖重建的各个方面。

213

　　特大地震让我们更加懂得敬畏自然,尊重自然,按自然规律办事。在规划制定和实施中,我们始终坚持恢复重建与防灾减灾相结合。灾区居住点、公共设施以及重要基础设施的建设,坚持科学选址、科学避让、科学设防。为切实抓好乡镇恢复重建的选址,提高选址的科学性和安全性,四川省级职能部门按照《汶川地震灾后重建条例》和省委省政府的要求,组织各路专家,冒着地震次生灾害的危险,对 26 个受灾乡镇的迁建选址进行踏勘论证,从地质、地勘、地震、水文、环境承载能力等方面进行分析评估。通过艰苦的实地勘察论证,掌握可靠的第一手资料,最终形成 12 个乡镇原地异址重建,13 个乡镇原地原址重建和 1 个乡镇迁建并镇的科学决策。科学避让是科学选址的另一方面。我省在高山河谷地带重建乡镇、重建村寨、重建林盘,特别注重"山有山道,水有水道"这个"道",坚持"三个避开"原则:避开地震断裂带、避开地质灾害隐患点,避开泄洪通道,提前预防和减轻地震可能引发的次生灾害,给常年发生、频频发生和可能发生的山地灾害让出道,防止和缓冲各类灾害的危害和威胁。科学设防,提高设防标准,四川集中高级专业技术力量合力攻关,针对平坝丘陵地区、山区和民族地区不同区域特点,编印了《农房重建设计方案图集》、《抗震设计技术导则》、《施工技术导则》、《抗震构造图集》等。与法国开发署合作，编印《农村抗震节能住宅建设实用指南》，免费发放。工程建设坚持高标准严要求：严格项目建设基本程序，严格执行有关标准和规范，严格对灾区重建的技术服务指导，严格对灾后恢复重建项目建材质量安全的把关等。由此，一改"千年建房无图纸"的习惯，为农房恢复重建提供了科学的技术保障，避免了随意性和粗放性。

北川老县城在特大地震中受灾最为惨烈，差不多被夷为平地，已经不具备原址重建条件。按规划新县城被确定异地重建，老县城作为地震遗址永久保留。新北川，作为唯一一个另选新址重建的灾区，规划选址是新县城建设的重中之重。在选址和建设规划上，按照时任总理温家宝提出的"安全、宜居、特色、繁荣、文明、和谐"要求，绵阳请来了中国最顶级的规划研究院和国内的知名专家，广泛征求北川群众和海内外的意见和建议，并在网上进行公示。新县城从一开始的选址到单体建筑设计，一直都是"阳光方案"。新县城 2008 年底完成选址于距离老县城 23 公里的安昌河畔，2009 年 3 月完成规划，5 月完成拆迁后正式开工。2010 年 5 月，北川新县城 76 个项目主体工程全部竣工。宽敞的应急避难场所与居民区形成科学的布局，智能化的应用成为灾后重建工程的亮点。一座崭新的北川城拔地而起，一幢幢以安全为基准的新建居民楼要能抵抗 8.0 级地震，带给北川人民无限的希望和憧憬。

3. 重建亮点：绿色重建，跨越创新

重建家园的急切梦想没有影响灾区重建的科学理性。《汶川大地震灾后恢复重建规划》中明确提出了"经济有发展，特色优势产业发展壮大，产业结构和空间布局优化，科学发展能力增强"的要求。重建也是发展机遇，只有超越简单的复制，才能变危机为跨越式发展的契机。只有处理好恢复与提升、当前与长远、政府与市场、物质与精神、困难与机遇的关系，才能优化经济的空间配置，实现产业的区域集聚，实现在"原地起立"基础上的"发展起跳"。所以，灾区重建既要考虑灾区原有的资源条件、发展基础，又要充分利用重建提供的发展契机，高标准、高起点建设，高度重视节能环保、产业升级，以促进灾区经济社会全面协调可持续发展。灾区重建，要求灾区群众具备创新的思维、开阔的思想，跳出固有模式，将环保理念贯穿其中，完善环境基础设施，调整优化产业结构，努力构建绿色经济体系，初步完成发展转型，创造一个又一个灵活多样的绿色重建模式，实现举世瞩目的"社会发育"与"民生跨越"，赋予灾后恢复重建鲜活的创造力，取得"最振奋人心的是经济"的佳绩。

在《汶川地震灾后恢复重建条例》中，充分考虑了生态环境保护问题，主要集中为以下几个方面：一是明确规定地震灾后恢复重建应当遵循经济社会发展与生态环境资源保护相结合；二是实施过渡性安置应当避免对饮用水水源保护区、自然保护区以及生态脆弱区造成新的破坏；三是地震灾后调查评估应包括地震造成的环境污染、生态损害和资源环境承载能力等方面的内容；四是编制地震灾后恢复重建规划，应当充分考虑资源环境承载能力；五是恢复重建时的城镇、乡村选址和建设工程选址，应当避开生态脆弱的区域。灾区重建使灾区原有的基础设施、人居条件都得到了较大改善，化危机为跨越式的发展契机。过去灾区不少城市市政设施很不健全，没有污水处理设施，但在重建中全面加强了对供水污水的处理以及能源供应等公用设施建设。

四川人民以他们特有的智慧，研制出地震垃圾制成的再生标准砖；为节约耕地，许多村民利用原有的宅基、晒坝建过渡房；而且对临时板房也有周密的规划。如广元市探索推进低碳重建和发展，在龙门山地震断裂带推广轻钢结构、木结构住房6万余套，既提高了农房的防震减灾能力，又大大降低了建房成本，并最大限度地实现了环保，被评为全国首批"低碳中国贡献城市"。四川省环保部门充分利用环评等手段，加强监管，严把关口，确保灾区经济发展质量。如都江堰市环保局在大地震后，根据中央、部、省、市的指

215

示精神和部署，调动一切资源和力量积极做好本区域的环保工作，确保了"双遗产"都江堰依然山清水秀，优美动人。

在灾区恢复重建中，成功重建产业是四川灾后重建的亮点之一。根据本地资源优势、资源特色，把恢复发展产业与优化经济布局、转变发展方式相结合，注重优化经济结构，淘汰若干落后产能，加快了灾区产业空间布局的大调整，实现了产业结构的大升级。产业布局的优化和升级，开创了对口产业援建的新模式，新建了一大批支撑灾区发展的重大产业发展项目，为灾区长远发展奠定了基础。东汽、二重、阿坝铝厂等重点骨干企业借势推动技术升级、产能扩张，再创生产经营新高。39 个极重灾区 2010 年的主要经济指标均高于全省平均水平，灾区产业恢复迅速，增强了灾区自身发展的后劲和潜力。东汽的重建是四川震后工业恢复的典范。在地震中，东汽遭受重创，是大地震中受损最大的企业之一，直接经济损失近 28 亿元。但东汽没有被灾难压垮，在极其严峻的情况下，东汽在最短时间内恢复生产，仅仅用一年的时间就建成了一个现代化的、世界一流的新的东汽。德阳市高新技术产业园区，今天的十里东汽气势磅礴。在东方汽轮机有限公司 2600 亩的重建园区内，19 个加工中心悄然落成，厂房总面积多达 66 万平方米。2009 年，实现工业总产值 180 亿元，产能位居世界第一。东汽党委书记何显富骄傲地说："重建不是原样复制，而是瞄准'世界一流'的上档升级。今年，东汽产值将达到 200 亿元，这是震前的一倍。"

对口援建变对口合作，和援建省市搭建共同发展平台，共建工业园，近 20 个受援县市都与援建省市建起了产业合作园区，成为灾区产业重建的新模式。以利益为纽带、感情为基础，以园区为载体、项目为支撑、制度为保障的对口合作长效机制，推动了对口援建从物质支持向智力支持的延伸、从"输血"向"造血"的延伸、从单方受益向互惠互利的延伸。漫步在一个个援建产业园区，感受到的是灾区未来发展的强劲脉动。以安县—辽宁、北川—山东、平武—河北等形成了 4 个对口援建工业园，4 大园区建成后，将形成产值规模 300 亿元以上。

四川巨灾恢复重建的重大成果，是转变经济发展方式，实现可持续发展的前提所在。重建后激发的内生力越来越大，产业的迅速恢复和发展振兴，为灾区经济的长远发展注入了强大动力，经济连续高位增长，对外开放成效凸显，实现了跨越式进步。"所有的规划，都立足于未来发展，把基础设施建设和第一、第二、第三产业发展和新农村建设及城镇化建设结合起来，让老百姓不仅住得上好房子，还能赚得到票子。"江苏对口援建指挥部副总指挥李亚平，这样道出了科学规划、跨越创新的意义所在。

4. 重建原则：统揽全局，统筹兼顾

汶川地震灾后重建，是在党中央、国务院的统一指挥下，各地区、各部门、各群体，各司其职、各尽其力，形成了协同作战、统一有序的良好局面。灾后重建统揽全局，统筹兼顾。从全局考虑，重新调整农业和各产业发展结构，探索与推进新农村、城镇化和新城乡关系建设的方式和途径，重建一个综合工业、农业和旅游等资源的新型城区。按照《城乡规划法》的要求，统筹编制城乡重建规划，不仅考虑城市，也兼顾县（市）、乡、村。

一方面，统揽全局，举全国之力，实行"全国一盘棋"，调动全国各方力量千里支援灾区重建，统一调度，张弛有序。对于像汶川地震这样特大的自然灾害，恢复重建仅靠灾区的力量当然远远不够。震后，在山河破碎、家园被毁、大面积失业的背景下，中央及时提出举全国之力，迅速出台了一系列政策措施，支持灾区恢复重建。和各级地方政府一起承担起了"输血"重任，迅急调整当年预算，中央财政建立震灾恢复重建基金，而且还从税收优惠、财政支出、减免政府性基金和行政事业性收费、金融支持（增加再贷款额度）、粮食政策等多方面对重建工作进行大力支持。制定了《国务院关于支持汶川地震灾后恢复重建的政策措施的意见》，出台了包括中央财政设立恢复重建基金、减免灾区相关税费及金融、土地、产业、就业社保、粮食等方面支持重建的利好政策。

根据《国家汶川地震灾后恢复重建总体规划》，援建省区和四川省共完成了 43 个行业规划、51 个重灾县（市、区）实施规划以及 88 个一般受灾县（市、区）项目规划。例如，在对口援建的规划安排中，"一省一市帮一重灾县（市）"，把国内 18 个省市与四川 18 个重灾县（市）连在一起；13 个市（州）分别对口支援 13 个重灾县（区）的 1 个重灾乡镇的规划指导工作。一省帮一重灾县，不是随机分配，而是充分考虑了各省的经济能力。中央根据各地经济发展水平和区域发展战略，充分考虑支援方的经济能力和受援方灾情程度，组织东部和中部相关省市支援受灾地区，合理配置力量。为实现协调援建地与受援地工作机制上的无缝对接，四川省从省到市、县（区）都迅速成立对口支援办公室，与支援省市建立联席会议制度，江苏、辽宁、黑龙江等省还与受援地采取合署办公的方式，援建过程遇到哪些问题、如何更好更快地推进灾后重建等，使《关于建立灾区农民重建材料特供机制的意见》、《对口支援车辆免费通行》等一大批破解援建难题的政策和措施相继出台。

另一方面，科学重建的根本方法是统筹兼顾。灾区恢复重建方案，既主张八方支援，又强调自力更生，使外因内因相互密切协调配合。从救灾、安置到重建、从评估到规划、从实施到监管、汶川地震灾区都尽量做到了将经济、社会、自然、区域，近期与长期、局部与整体，个人和集体等多种因素统筹考虑。根据《汶川地震灾后恢复重建对口支援方案》，承担对口支援任务的有关省市要积极为灾区提供资金、人员、技术、设备、项目等各种形式的支援；受援地区也要树立地方为主的思想，充分发挥干部群众的积极性，互帮互助，生产自救。坚持把恢复重建与关注民生相结合、坚持把恢复重建与主导产业发展相结合、坚持把恢复重建与项目建设相结合、坚持把恢复重建和基础设施建设相结合、坚持恢复重建与新农村建设相结合。"统筹兼顾"就重建而言，具体内容还包括：

统筹区域发展。灾区重建中，根据资源环境承载力综合评价，按照国土开发强度、产业发展方向以及人口聚集和城镇建设的适宜程度，将规划区国土空间分为适宜重建区、适度重建区和生态重建区。

统筹城乡发展。位于适宜重建区的城镇应就地恢复重建，其中条件较好的，可适当扩大用地规模，并与吸纳人口的规模相适应。村庄应就地恢复重建，并相对集中布局。

统筹经济社会发展。优先安排学校、医院等公共服务设施的恢复重建，严格执行强制性建设标准规范，将其建成最安全、最牢固、群众最放心的建筑。

统筹当前利益和长远利益。从前述重建成果中能看出，在灾后重建中，不仅体现了立足当前，还着眼长远，适应未来发展提高需要适度超前考虑，并与推进新型工业化城镇化、新农村建设相结合，推动了结构调整和发展方式转变，努力提高灾区自我发展能力。"输血"与"造血"相结合，重在增强"造血"功能；物质支持与智力支持相结合，着眼于灾区人民未来美好生活，致力于产业布局和收入提升，从而奠定了灾区可持续发展的良好基础。

由上可见，在灾后重建过程中，尊重科学，尊重经济、社会与自然规律，统筹城乡，以科学规划为前提，以优先解决民生问题为基点，以住房重建、设施重建、产业重建、城镇重建、生态重建为重点，把救灾重建同扶贫开发结合起来，增强灾区自我发展的能力；把国家支持、社会帮扶同生产自救结合起来，坚持自力更生、艰苦奋斗；把推进物质重建同构建精神家园结合起来，坚持"两手抓"；把发展经济同保护环境结合起来，绿色重建，跨越创新。在灾区人民自我发现与自我重建的需要上，尊重他们的生活逻辑，提高他们的"可行性能力"，立足于建设一个物质与精神有机契合的新家园。

（二）缔造"汶川奇迹"的深层原因

汶川特大地震是新中国成立后遭受的破坏性最强、灾害损失最大、波及范围最广的地质灾害，在 5 年时间内全面完成恢复重建任务，创造了人类救灾史上的奇迹，不能说是偶然的，它深深植根于伟大的时代、伟大的实践，是各方面因素综合作用的结果。

1. 政治原因：中国共产党的核心作用和社会主义的制度优势

一是中国共产党的领导核心作用。多难兴邦，多难砺党。无论是抗震救灾还是灾后重建，对中国共产党而言，都是对党执政能力和先进性的一个严峻考验。"疾风知劲草，板荡识诚臣。"汶川地震发生后，党中央迅速作出部署，成立了抗震救灾总指挥部，在第一时间把抗震救灾作为最重要最紧迫的任务，展开了我国历史上救援速度最快、动员范围最广、投入力量最大的抗震救灾斗争。党中央第一时间发布全国总动员令，第一时间启动国家一级应急预案，第一时间部署公开透明的信息发布，第一时间从各大军区调集 10 万大军，第一时间调动全国各种资源汇聚成救援合力。震后 27 天，国务院颁布汶川地震灾后恢复重建条例；震后 4 个月，在公开征求国内外社会各界意见的基础上，灾后重建总体规划正式发布。我们党坚强领导、科学指挥、周密部署、高效调度，表现出强大的领导力、号召力、向心力、协调力，最大限度地调动起蕴藏在人民群众中的伟大力量，最广泛地凝聚起人民群众的共识，从容应对最严峻的挑战，有效驾驭最复杂的局面，极大地鼓舞和坚定了灾区人民战胜灾难的信心和勇气。"地动山摇方显基础之牢"，抗震救灾斗争中，"书记带头干，党员冲在前"。党员干部挺身而出，奋战在危险最大、困难最多的地方，群众称赞说"关键时候靠党员，危急场合看干部"。"党员突击队"、"党员抢险队"用公而忘私、舍生忘死的行动诠释着共产党人的先进性。

胡锦涛总书记在抢险救援的危急关头和灾后重建的关键时刻亲临一线，所有中央政治局常委都曾走进灾区，走进最需要他们的人民中间。"党和政府一定会帮助灾区人民渡过难关"，一句朴实的承诺抚慰了悲痛中的灾区群众，感动了中国，打动了世界。管子曰："道之纯厚，遇之有实，虽不言曰'吾亲民'，而民亲矣。"共产党"亲政爱民"的大国执政党形象，不仅受到了全国人民的衷心拥戴，也赢得了国际社会的普遍赞誉，甚至让一向带有偏见的西方媒体也为之惊叹，出现了大量前所未有的称赞报道。有评论写道，如果没有党和政府坚强有力的领导，想组织好大规模的抗震救灾是根本不可想象的。

　　巨灾之后是否能够快速恢复重建，在政治制度上也首先取决于是否有坚强的领导。灾后恢复重建的 5 年来，党和政府处变不惊、沉着应对，总览全局、运筹帷幄，表现出高超的驾驭全局与应对危机能力，资源整合和利益协调能力，依法执政和高效行政能力，自我调适和开放转型能力。党始终把群众冷暖安危放在心上。处处挂记人民、时时情牵人民、事事关注人民切身利益的实践，生动诠释了党执政为民的核心理念，忠实地履行着全心全意为人民服务的庄严承诺，赢得了国内外的普遍赞誉。重建工作科学、有序、迅速地展开，执行有力、决策快速，使重建工程卓有成效。在最短时间内，灾区人民的生活得到基本保障，没有饥荒、没有疫情，更没有出现社会动荡。外媒有评价说："中国已具有较高水平的现代化国家管理能力。"法国前总理拉法兰认为，胡锦涛主席和温家宝总理在抗震救灾中表现出的专注和积极态度，值得所有外国朋友赞扬和尊重。中国共产党人带领灾区人民崛起危难、穿越灾难，走向豪迈，奏响了惊天地泣鬼神的时代壮歌，书写了气势磅礴、砥砺奋进的壮丽篇章，矗立起了党领导人民顽强拼搏、自强不息、敢于胜利的又一座历史丰碑。抗震救灾和灾后重建的伟大胜利雄辩地证明了中国共产党卓越的领导力，雄辩地证明了中国共产党是代表最广大人民根本利益的党，是中国特色社会主义事业的坚强领导核心。

　　二是中国特色社会主义的制度优势。中国式救灾重建，为何能形成"全国一盘棋"的特殊效果？这关键取决于我国的社会主义制度优势。正如邓小平对我国社会主义制度优势的一个重要概括："社会主义同资本主义比较，它的优越性就在于能做到全国一盘棋，集中力量，保证重点。"①

举全国之力，全国一盘棋抗震救灾，动员范围之广、救援速度之快、投入力量之大，这种方式是世界上任何其他国家很难做到的，即便是西方发达国家也不除外。世上没有任何制度能够阻止像汶川地震这样惨烈的自然灾害的发生，但先进的政治制度却能在灾害发生时减少人类的伤亡损失。在应对突发事件和巨大灾难时能够举全国之力，共同办大事，形成全国一盘棋，这是中国式救灾重建具有集合优势、协同优势、速度优势的制度保障，充分显示出了社会主义制度动员能够集中力量办大事的优点。

222

在抗灾重建中，从中央到地方政令畅通、步调一致，各部门服从大局、密切协作，形成了战胜灾难的强大合力。震后不久，虽然受到国际金融危机的严重冲击，党中央、国务院仍然下大决心加大对灾后重建的支持。灾后第九天（2008 年 5 月 21 日），国务院常务会议讨论灾后重建问题，决定迅即建立灾后恢复重建基金，中央财政年内先安排 700 亿元，建立灾后恢复重建基金。共投入重建资金上万亿元，其中，中央财政安排灾后恢复重建基金 3000 余亿元。在重建决策过程中，6 月 5 日，胡锦涛总书记主持召开中共中央政治局常委会，研究部署灾后恢复重建对口支援工作，为重建工作指明方向。6 月 8 日，温家宝总理就签署了第 526 号国务院令，公布自当日起施行《汶川地震灾后恢复重建条例》。震后一个月国务院迅速出台了《汶川地震灾后恢复重建对口支援方案》，依照"一省帮一重灾县"的原则，19 个帮扶省市以不低于 1% 的财力支援对口重灾县市 3 年，这就大大加快了重建速度、提升了重建质量和重建水平。6 月 26 日，十一届全国人大常委会第三次会议表决通过了关于四川汶川特大地震抗震救灾及灾后恢复重建工作情况报告的决议，批准了国务院提出的 2008 年中央预算调整方案，决然没有西方议会的议而不决、决而不行。

① 《邓小平文选》第 3 卷，人民出版社 1993 年版，第 16 页。

汶川地震灾后重建是我国史上投入力量最大、动员范围最广的一大系统工程。实施"一对一、一帮一"的举全国之力对口援建机制，是恢复重建的鲜明特点之一，也是灾后成就的重要保障。社会各方面各部门密切配合，提供了强大的人力、财力、物力、智力资源。用地保障、金融支持、税费优惠、法制保障等制度和财力的支撑，也是灾区"从毁灭走向新生"的重要保证之一。今天，四川灾区对口援建省市确定的3880个项目，100%已竣工交付使用。这向世人有力地昭示了社会主义制度的优越性所在，也即：越是在挑战和困难面前，越能够集中力量办大事，从而战胜一个又一个严峻挑战、创造一个又一个奇迹。

223

2. 经济原因：国力与民力强盛是救灾重建取得决定性胜利的物质基础

一是改革开放的辉煌成就是其物质保障。救灾重建是一种态度，更是一种能力，抗震救灾是对一个国家综合国力的全面检验。汶川地震的受灾面积相当于"四个美国州"，受灾人口"比北欧五个国家人口总和还多"，需要救济人数之多、赈灾难度之大，在全世界都是罕见的。对于像汶川地震这样的特大灾难，恢复重建10余万平方公里的重灾区，尤其是一项复杂浩大的工程。假设没有雄厚的物质基础，仅凭良好的出发点和愿望，岂能诞生灾后重建的惊世奇迹？

胡锦涛在十七大报告中指出："从改革开放以来，中国人民的面貌、社会主义中国的面貌、中国共产党的面貌发生了历史性变化。"救灾重建以一种极为特殊的方式全面展示和检阅了这种变化，展示了我国改革开放的巨大进步和辉煌成就。从空中、陆路、水路源源不断送往灾区的物资中，从中央和地方财政投入救灾的巨额资金中，从生命探测仪、海事卫星电话等用于救灾的科技手段中，从电视、网络等媒体报道灾情和救灾进展的"全程直播"中，人们强烈感受到一个发生历史性变化的中国，真切地看到了一个走向现代化、充满希望的中国。

　　震后 10 天，完成 1500 多万人的应急安置；震后短短一月，国务院迅疾出台《汶川地震灾后恢复重建对口支援方案》，全国差不多 2/3 的省份快速行动起来，对口支援重灾县市。即使在金融危机的冲击中，他们高喊"再难也要准时保质保量完成援建任务"。震后 100 天，完成 1200 多万人的过渡性安置；震后仅仅一年时间，350 余万户震损住房全面修复加固；震后一年半，150 余万户农房全部完成重建；震后两年，基本完成 25 万户城市居民住房。虽然震后不久，又受到了百年罕见的国际金融危机的双重打击，面对重重困难，党中央、国务院一如既往对灾后重建加大支持，共投入恢复重建资金上万亿元。恢复重建中，社会各界捐赠资金和物资 797 亿元（包括抗震救灾），"一省帮一重灾县"，19 个援建省市 3 年共投入 825 亿元，香港、澳门特区政府分别支持恢复重建 100 亿港元和 55 亿澳元，接受特殊党费 93 亿元，用地保障、金融支持、税费优惠、法制保障……这所有一切最强有力制度、财力和爱心的支撑，使一场惨烈的天灾变成了跨越的新起点。下面以图表为例加以说明。

表 1　　　　新中国成立后国内生产总值等经济指标增长情况

项目 年份	国内生产总值（亿元）	人均国内生产总值（元）	国内生产总值指数	人均国内生产总值指数	财政预算收入（亿元）	中央财政预算收入（亿元）
1952	679	119	100	100	173.94	—
1960	1457	218	204.6	174.5	572.29	142.8
1970	2252.7	275	299.3	208.1	662.9	182.95
1976	2943.7	316	392.2	239.8	776.58	98.91
1978	3645.2	381	100 (471.4)	100 (280.5)	1132.26	175.77
1980	4545.6	463	116	113	1159.93	284.45
1990	18667.8	1644	282.5	237.3	2937.1	992.42

续表

项目 年份	国内生产 总　　值 （亿元）	人均国内 生产总值 （元）	国内生产 总值指数	人均国内 生产总值 指数	财政预算 收　　入 （亿元）	中央财政 预算收入 （亿元）
2000	99214.6	7858	750.6	575.5	13395.23	6989.17
2008	300670	22698	1663.1	1191.8	61330.35	32680.56

资料来源：1977 年前的数据来自国家统计局国民经济综合统计司：《新中国五十年统计资料汇编》，中国统计出版社，1999 年；1977 年及以后的数据来自中华人民共和国统计局：《中国统计年鉴2009》，中国统计出版，2009年。

　　从表 1 可看出，2008 年我国国内生产总值已增加到 300670 亿元，人均国内生产总值 22698 元，按可比价格计算，分别是 1978 年的 16.6 倍和 11.9 倍，1952 年的 78.4 倍和 33.4 倍；全国财政收入和中央财政收入分别增加到 61330.35 亿元和 32680.56 亿元。国家经济的发展，人民生活的富裕，我国民众支援救灾重建的能力也大大加强了。据中国社会科学院《慈善蓝皮书：中国慈善发展报告（2009）》，2008 年，主要是因为汶川大地震，中国内地公民个人捐款达到了 458 亿元，占全社会捐款总额的 54%。人均捐款 34.66 元，是 2007 年的人均捐款额 2.5 元的近 14 倍。[①] 很难想象，如果没有改革开放以来我国经济的迅猛发展，汶川地震灾后重建哪能筹措到高达 1 万亿元的资金。如果按可比价格计算，这相当于唐山大地震 1976 年国内生产总值的 2/3！很难想象，如果没有改革开放以来我国经济的迅猛发展，没有国力和民力的强盛，哪能取得让世人惊叹的救灾重建奇迹？

　　二是"国"字号的担当：社会主义市场经济的体制优势。以公有制为主体，多种所有制共同发展，是我国的一项基本经济制

————————

　　① 《去年全国个人捐款达 458 亿，首次超过企业捐款额》，《华西都市报》，2009 年 9 月 17 日。

度。它有两个鲜明的特点：国有经济在国民经济中居于主导地位，市场是我国资源配置的主要手段。实现二者的有机结合，是我国的一个重大创举，也是对传统社会主义模式的一个重大突破。问题是，它能够成功应对汶川地震及灾后重建这样的特大公共危机吗？

实践给出了答案。面临巨大灾害，这是考验企业能够承担什么样、什么程度社会责任的一个"绝好"时机。第一，救灾重建过程中，需要首先提供大量的公共物品或准公共物品，比如，确保民心安定、道路畅通、医疗救助等；第二，灾害之初，由于灾民损失惨重，生产暂不能恢复，一些私人物品也需要作为公共物品来提供，比如食物、被服、房屋等；第三，这也是对企业能力的考验，包括自身规模、技术条件、运行机制等等，如果受到这些具体限制，企业有心无力，也不可能很好尽其社会责任。

各大银行、铁道部、航空民航总局、大型央企、通信、电力、国家电网、移动通信等"国"字号企业，随着中央一声令下全都被调动起来，积极行动起来，勇于担当，能于担当，共同展示出了"国"字号的影响力。将鲜明的中国特色财政资源横向转移和区域合作的对口支援机制引入灾区恢复重建这一首创举措，充分显示了社会主义制度集中力量办大事的制度优势，通过迅速调动和高度集中资源要素，确保重建工作有条不紊而快速地推进，创造出世界灾后重建史上罕见的奇迹。

在西方经济理论里，金融服务一般属于私人物品，其产品供应应当服从利润最大化的要求。但是，中国的国有银行却给出了与此并不完全相同的答案，下面以中国工商银行为例。该行在特大地震中也遭受了巨大损失，在川的648个营业网点中有近250个受损，50余个网点严重损毁。但是，中国工行首先想到的并不是如何弥补自身的损失，而是为恢复重建提供更好的金融服务。工商银行迅速启动灾后重建贷款"绿色通道"和信贷业务应急处理流程，在最短时间内，对地震灾区信贷业务实行特事特办，向公路、铁路、电力、电信等行业提供救灾融资。灾后不到一周，该行就向电力、

226

公路和制药行业等抗震救灾相关企业投放了第一批贷款近 4 亿元；灾后半个月，发放抗震救灾贷款近 13 亿元。同时，中国工行根据中央要求，免除了灾区民众先前的所欠债务，这在西方国家是根本做不到的，也是难以想象的。

随着灾后重建工作的正式启动，工商银行还全面分析灾后重建需求，以"资源倾斜、服务优质、方式创新"为原则，及时调整有关信贷政策，积极支持救灾重建。为帮助受灾群众和企业渡过难关，工商银行根据"不催收催缴、不罚息、不作不良记录、不影响其继续获得其他救灾信贷支持"的相关政策规定。而且，工商银行和灾区政府的相关部门、受灾企业主动联系，梳理灾后重建项目，了解信贷需求，在风险可控的前提下从信贷的业务准入、利率、期限、担保等方面给予重建重点倾斜，提高审批效率，保证资金快速到位。为支持受灾严重的东汽迅速重回市场，工商银行在两年时间里累计支持东汽的信贷资金 30 余亿元人民币。金融资源向风险相对较大、还款能力总体较弱、地处中国西部的灾区倾斜，且处处"特事特办"，似与一般经营原则相悖，这充分显出关键时刻中国"国"字号的大家风范，这是世界上包括西方发达国家在内的其他国家都难以想象的。

3. 文化原因：自强不息的中华民族精神与时代精神的推动作用

灾难是一块试金石，考验着一个民族的品格与情操；灾难是一块磨刀石，磨砺着一个民族的意志与毅力。汶川地震 5 年来，我们不仅重建了一个浴火重生的物质家园，也重建了一个意义深远的精神家园。

一是民族精神的凝聚力。"地动山摇摇不散中华魂魄，山崩地裂裂不开万众一心。"猝不及防的一场特大灾难，是国家力量的一次大检验，更是民族精神的一次大重振！民族精神是一个国家综合国力的重要组成部分，其内涵总是在历史进步中逐渐得到丰富、在灾难考验中逐渐得到升华。中华民族是不畏艰难、饱经忧患的伟大民族，沧海桑田的 5000 年悠久史和绵延不断的中华文化，孕育出

227

了"以爱国主义为核心的团结统一、爱好和平、勤劳勇敢、自强不息"的伟大民族精神。"天行健，君子以自强不息"，《易经》此语实则正是对中华民族精神的深刻总结。太史公曰："西伯拘而演《周易》；仲尼厄而作《春秋》；孙子膑脚，《兵法》修列；不韦迁蜀，世传《吕览》；韩非囚秦，《说难》、《孤愤》；《诗》三百首，大抵圣贤发愤之所作为也。"① 自古以来，中华民族就一直与各种天灾人祸作顽强的斗争，正是这种泰山压顶不弯腰、困难面前不低头的品性，方能有今天生生不息、繁荣昌盛之局面，中华文明也成为了全世界唯一一个从其诞生起就延绵不绝的古文明。从治河而兴的黄河文明，到浴血重生的近代中国；从1976年的唐山大地震，到1998年的抗洪抢险；从2003年抗击"非典"，到2008年的抗震救灾，正是应对一次次灾难忧患的严峻考验，砥砺着中华民族的伟大精神，推动着中国社会在挫折中奋进，在逆境中前行。

江泽民曾经指出："中华民族有着自己的伟大民族精神。这个民族精神，积千年之精华，博大精深，根深蒂固，是中华民族生命机体中不可分割的重要成分。"② 一个有希望的民族，越是大灾大难面前、越是关键时刻，民族精神越能显示其威力，迸发出超强的力量。

"汶川不哭，中国加油"、"我们都是汶川人"等震天动地的呐喊，展现了中华民族和衷共济、血脉相通的民族品格，展现了各族人民风雨同舟、血浓于水的民族情意，展现了"泰山压顶不弯腰、灾难面前不低头"的民族品性；"有手有脚有条命，天大的困难能战胜"、"出自己的力，流自己的汗，自己的事情自己干"的灾区对联印证了中华民族从历史深处走来的生生不息的旺盛生命力。一位美国军事家评论说，"中国人一瞬间由一盘散沙凝聚成铁板一块，真是太可怕了。"俄新社则赞誉道："一个能够出动十万救援

① 《史记·太史公自序》。
② 《江泽民文选》第2卷，人民出版社2006年版，第231页。

人员的国家，一个企业和私人捐款达到数 10 亿的国家，一个因争相献血、自愿抢救伤员而造成交通堵塞的国家，永远不会被打垮。"

"一个民族，一个国家，如果没有自己的精神支柱，就等于没有灵魂，就会失去凝聚力和生命力。有没有高昂的民族精神，是衡量一个国家综合国力强弱的一个重要尺度。"① 汶川地震救灾重建，不仅检验着中华民族的向心力、凝聚力、生命力，同时也铸就着伟大的民族精神。中华民族以万众一心的强大力量、惊天动地的伟大壮举、无所畏惧的英雄气概，书写了中国救灾重建史上的崭新篇章，在人类抗击自然灾难的历程中矗立起又一座巍峨丰碑。在灾难考验中铸就的抗震救灾精神，是夯实民族认同基础和增强民族生命力、凝聚力、创造力的精神纽带，是中华民族精神的崭新形态，它锤炼和升华了中华民族精神，是我们踏上新征程、成就中国梦的不竭精神动力。

二是时代精神的推动力。党的十七大报告指出："新时期最鲜明的特点是改革开放"，"新时期最突出的标志是与时俱进。"江泽民指出："创新是一个民族进步的灵魂，是一个国家兴旺发达的不竭动力，也是一个政党永葆生机的源泉。"② 在汶川大地震中，面对突如其来的灾难，很多新情况、新问题接踵而至，如果不一切从实际出发，如果不秉承改革创新的时代精神，是不可能取得救灾重建胜利的。正如时任国土资源部党组书记、部长徐绍史在都江堰、彭州调研时所说："灾后重建必须依靠制度创新、深化改革，走科学发展的道路。"

汶川地震灾后重建，可以说，成为一个集中展示新时期改革创新时代精神的大舞台。在灾后重建中，经济重建是一个基础工程。其中住房重建和产业重建又是重中之重。如何在住房重建中有效地解决庞

---

① 《江泽民文选》第 2 卷，人民出版社 2006 年版，第 230 页。
② 《江泽民文选》第 3 卷，人民出版社 2006 年版，第 64 页。

大的资金缺口？都江堰市开创了城乡建设用地指标增减挂钩的资金筹集新方式，也即运用农村产权制度改革成果，推动土地资源向土地资本转变。具体方法是：通过灾后农居集中安置，节约用地流转到城市。都江堰市天马镇通过该方式节约集体建设用地指标1781亩，按每亩15万元计算，可获得2.67亿元灾后重建资金；9330户农户实现农村产权确权颁证，通过农村住房重建抵押担保平台筹集建房资金5041万元。不仅如此，通过集中建房、土地流转，还可以促进农村的产业发展。都江堰的棋盘村，通过有效流转约三分之一的耕地，在壮大集体经济的同时也缓解了就业压力，为实现第一、第三产业互动、农民长效增收、农业持续增收奠定了坚实基础。灾民的喜悦之情溢于言表，有农民说，"过去我们这里都是非常传统的养殖业，现在好了，不管是养猪还是养鸡，都集中养殖，还解决了一部分剩余劳动力。下一步我将还将建5000吨的猕猴桃气调库。"

实践永无止境，创新永无止境。自强不息的伟大民族精神和灾区勇于改革创新的精神，由此汇聚成上下同心成的伟大中国力量，成为推动灾区可持续发展的强劲动力。在同特大地震灾害的艰难拼搏中，中国人民、中华民族铸就了伟大的抗震救灾精神，万众一心、众志成城，不畏艰险、百折不挠，以人为本、尊重科学是对抗震救灾实践的精辟总结，也是对抗震救灾精神的深刻揭示。历史终将见证：13亿中国人昂然挺立的铮铮脊梁，将铸成一座民族伟大复兴的精神丰碑。

4. 社会原因：社会主义荣辱观倡导了救灾重建的正确行为规范

列宁在《国家与革命》中有一段精彩的论述："人们既然摆脱了资本主义奴隶制，摆脱了资本主义剥削制所造成的无数残暴、野蛮、荒谬和丑恶的现象，也就会逐渐习惯于遵守多少世纪以来人们就知道的、千百年来在一切行为守则上反复谈到的、起码的公共生活规则。"[①] 事实的确如此，荣辱观每个社会集团都有。以"八荣

———————

① 《列宁选集》第3卷，人民出版社1995年版，第191页。

八耻"为主要内容的社会主义荣辱观，是社会主义市场经济条件下，作出判断价值、选择道德取向的基本准则，是明辨善恶、是非、荣辱的基本行为规范。汶川地震救灾重建中的艰苦卓绝，广大群众和党员干部团结互助、自强自立、勤劳勇敢，生动地践行了社会主义荣辱观，是社会主义荣辱观的承载者、实践者。社会主义荣辱观倡导的救灾重建行为规范，不但诠释了"八荣八耻"的主要具体内容，而且进一步丰富了其内涵，凸显了强大的道德力量。

地震巨灾发生后，举国上下紧急动员，四面八方昼夜驰援，全国人民鼎力支持，灾区获得了八方援助，感受到了无疆大爱。无私奉献、互助互爱的人性光芒熠熠生辉。"我们都是汶川人!"、"中国雄起!"的呐喊道出的是"以热爱祖国为荣"的一种忠于祖国、热爱人民的崇高情怀；当救灾帐篷被挪用和少数不法分子趁地震在网上设账号进行诈骗而激起广大网民的公愤，彰显了广大人民坚守"以背离人民为耻，以违法乱纪为耻"的道德要求；在地震灾区，个别商铺趁机涨价从中牟利与众多商家诚信经营并主动拿出商品援助灾区的鲜明对比，显示了大多数商人恪守"以诚实守信为荣，以见利忘义为耻"的商业道德；时任总书记胡锦涛的"任何困难都压不倒英雄的中国人民"的铿锵口号成为激荡灾区的最强音，激活了灾区群众百折不挠、奋发有为的精神和力量。青川县枣树村，有两幅广为流传的标语："有手有脚有条命，天大的困难能战胜"、"出自己的力，流自己的汗，自己的事情自己干"，体现了灾区人民"以辛勤劳动为荣，以艰苦奋斗为荣"的荣辱取向。青川"标语人家"石光武是一条铁血汉子，他用独臂挑起新的生活，第一个在村里建起了永久性住房；被地震夺去双腿和左臂的黄莉，创办了"心启程"心理援助电话热线；"芭蕾女孩"李月，在轮椅上实现自己的舞蹈梦想。千千万万灾区群众在重建中选择了坚强，他们积极乐观、不等不靠，以艰苦奋斗、自强不息的精神谱写了灾后重建的绚丽华章。

无论是抗震救灾还是灾后重建，全国各族人民都自觉地选择了和衷共济共渡难关，各部门各地方以灾情为最高命令、以救灾为神圣使命，"万众一心、众志成城"，无私奉献，守望相助，凝聚起抗震救灾的强大合力，彰显了中华民族以团结互助为荣的宝贵品质，体现了以热爱祖国、团结互助为荣，以危害祖国、损人利己为耻；惨烈的灾难带给救灾重建重重困难，广大党员干部身先士卒、率先垂范、舍己救人、公而忘私。地震爆发之时，汶川县信访局干部任勇身在都江堰，本已安全躲过震灾，却选择"爬也要爬回汶川"，中建七局三公司映秀项目部总工程师李文兴，为了抢救板房办公室里的工程技术资料，却不幸被洪水冲走……令人热泪盈眶的一幕幕场景，温暖心田的一个个故事，充分展现了广大党员干部以服务人民为荣的高尚品格。

"在我眼里，灾区的每一幢新建筑，都是一面飘扬的国旗！"一位网友这样评价说。的确，如果说突如其来的灾难最能考验一个国家的意志，那么漫长艰辛的重建则最能测试一个民族的坚忍。那些灾难中滋长的力量，废墟上升腾的希望，让人在痛苦中感受顽强、在毁灭中见证新生。大地震撼不垮以人为本的执政理念，13亿人的精神认同，社会主义的制度优势，凝聚成的这种不屈的力量，已深深植根于我们民族的肌体，推动共和国在逆境与挑战中淬火成长。灾区的新生是一部一往无前的奋斗史、波澜壮阔的重建史、豪迈雄壮的发展史。汶川救灾重建5年间，从毁灭走向新生、从悲壮走向豪迈的恢宏史诗，是中国共产党领导全国人民自强不息、顽强拼搏、敢于胜利的奋斗史上的又一座历史丰碑。安置群众百日攻坚，灾后重建千日奋战，发展振兴万米长跑，灾区重建为我们寻找到了"汶川奇迹"的答案。无论是政府强大的组织动员能力，还是国家责任的持续释放；无论是民生为重的基本理念，还是包容性增长的基本模式；无论是精神信仰的强大力量，还是有统有分的统筹协调，汶川恢复重建的5年，是"中国探索"的实验场、是"中国力量"的汇集地、是"中国道路"的浓缩版，充分展示了中国共产党以人为本执政为民的执政理念和非凡执政能力的强大政治优势，充分展示了中国特色社会主义组织群众、动员群众、集中力量办大事的独特制度优势，充分展示了中华民族强大的向心力、凝聚力，必将更加激发全国人民的自信心和自豪感，为实现民族复兴的伟大中国梦不懈奋斗。

三　再接再厉：四川更加美丽

如果说突如其来的灾难最能考验一个国家的意志，那么漫长艰辛的救灾重建则最能测试一个民族的坚忍。灾后重建，攻坚克难、化危为机，5 年的目标任务已经全面完成，但要实现全面的发展振兴，依然任重道远，需要我们奋发图强，再接再厉，巩固和发展灾后重建成果，不断提升灾区内生发展能力，开创地震灾区的更大奇迹。

（一）全面完成重建任务，提升了灾区可持续发展能力

1. 巩固和发展恢复重建成果，不断提升灾区内生发展力

灾后重建，走出了一条大灾之后城乡科学重建、科学发展的道路，完成了恢复重建规划的各项任务，实现了灾区的新跨越、新进步。毋庸讳言，这 5 年灾区经济恢复主要得益于政策扶持、对口支援帮扶和重建投资拉动，巩固和发展恢复重建成果，还有若干细致艰苦的工作要做。对于个别还未完成的重建任务，要细化工作措施，倒排工程进度，督促落实责任，确保如期全面完成。要坚持"好"字当头、质量第一，进度服从质量。要强化审计、监察和社会监督，落实重建工作监管，抓紧开展规划总体评估，确保资金使用规范有序。对对口援建项目，特别要做好协调、扫尾、移交和衔接服务工作，切实把建成的项目管理好、运营好、维护好，使恢复重建的成果长期高效地服务人民。

灾区发展基础不稳固，特别是产业支撑能力还比较弱，重建的下一个目标就是提升灾区内生发展动力，增强发展的可持续性。

"十二五"规划和西部大开发新十年规划，为灾区发展提供了新的机遇，要加快转变经济发展方式，着眼长远、面向未来、科学谋划灾区产业振兴。灾区产业重建滞后于硬件设施重建，从根本上制约着灾区群众的稳定就业和可持续增收。要以优化产业布局为重点，壮大区域经济实力。借灾后重建之机，进一步壮大优势产业。立足特色资源和优势资源，以市场为导向，以调整产品结构和培育骨干企业为重点，依托农业抓工业，依托资源转化抓工业，依托改善环境抓工业，加快推进园区经济开发区建设。立足产业发展现状，坚

234

持生产要素向优势企业和优势产业集中的原则，抓住一批有品牌、有市场、潜力大、业绩好的农产品加工龙头企业和有一定技术含量的矿产品精深加工企业。加强政府与银行沟通，定期向银行推荐一批重点项目、骨干企业、优势产业，积极为市场前景好、产业带动作用强的企业提供信贷担保服务。加强企业信用等级培育，扩大投融资渠道和融资面。灾区一些地方在装备制造、电子信息、生物医药、生态农牧业、旅游文化产业等方面具有良好的发展基础，要充分发挥自身优势，培育壮大特色优势产业，推进产业结构升级，促进灾区经济再上新的台阶。要以促进农民增收为重点，培育发展特色农业。进一步推进绿色、有机、生态农产品基地建设和认证工作，加大对农业龙头企业的扶持力度，重点培育具有较强市场占有率、辐射力的龙头企业，完善龙头企业与农户的利益联结机制，解决农户在农产品生产上出现的"卖难"问题，增强农业产业化内在发展动力。支持农产品加工龙头企业做大做强，通过抓加工，拉长农业产业链，围绕大宗农产品的加工转化增值，为农民增收搭建产加销平台。积极培育农业产业化龙头企业和专业经济合作组织。对"公司＋农户"、"公司＋基地＋农户"、"专合组织＋农户"等农业产业化经营发展模式，积极给予信贷支持。

重视重建产业的形态选择。产业重建定位既要充分依托灾区的特色农产品、生态环境、劳动力资源的相对优势，又要有效发挥援建方在资金、技术、品牌、市场需求等方面的突出优势。因此，要

以双方互补性的特色资源和优势要素为基础，建立以市场为核心，政策作支持的产业选择机制，加快促进灾区农产品生产、加工基地和人文生态旅游基地的集群化、品牌化发展，形成以农产品精深加工、生态旅游业为主的新型产业形态。

加快构建多元化、多层次的产业体系。产业重建时要注重形成高、中、低层次，大、中、小企业兼收并蓄的三次产业体系。在引入规模大、层次高、带动强的大中型产业项目的同时，也要通过出台贷款担保、贴息、税收减免和财政参股等金融、财税优惠政策扶持一批从事适度规模化种养殖、农产品加工营销、生态旅游等行业的小型和微型企业发展。

235

构建产业链各环节优势资源的整合机制。以基地为平台、以企业为龙头、以政府为支撑，实施产业链整体打造战略，构建互补性优势资源的整合机制。以重点企业主营业务为核心构建完善产业链，探索"援建企业 + 灾区基地 + 全国市场"的产业发展模式，政府重点支持突破产业链薄弱环节的瓶颈性约束。

重视对本地企业的扶持。当地政府应在税收、金融和技术支持方面加大对本地企业的扶持力度，增强企业的自我恢复能力；增强服务意识，为企业提供高效率、低成本的市场信息和公共服务。援建省（市）可适当在资金、技术、市场等方面给予一定的支持。

地震后，四川省将文化旅游业发展作为灾后重建的重要内容，启动了"四川旅游发展 3 年提升计划和新五大旅游行动"，成为恢复性增长最快的产业之一。当前，灾区旅游业发展势头良好，要突出强调民族、文化、自然特色，做好旅游业这篇大文章。要充分利用对口援建合作机制，加强与相关地区的经济合作，把发展壮大特色优势产业与承接产业转移结合起来，加快促进灾区经济的发展。正如世界旅游组织执行主任素丹·索莫基在"灾后旅游恢复重建与发展振兴国际论坛"上所说："四川拥有丰富的自然和文化遗产，包括世界遗产旅游胜地、保存完好的古镇以及具有重大历史意义的文明遗址等众多丰富资源吸引着海内外游客。而灾后旅游业恢复的成功范例则是'四川经验'成为全球旅游业的范本。"

2. 着力提高灾区民众素质，自强不息建设美好新家园

就业是民生之本。随着灾后重建任务的陆续完成，项目建设直接提供的就业岗位逐渐减少，再加上就业需求增加，灾区就业压力渐渐加大。灾区重建下一步就是要筹划灾区群众的长远生计，千方百计解决好就业问题，把促进就业作为灾区发展振兴的首要目标，作为实现灾区群众收入稳定增长的重大措施。"建房子还要给路子，补资金也要提素质"，在物质援助的同时强化技能培训，努力提高灾区民众素质。

236

由帮扶"输血"向提升"造血"转变，由援建"硬件"为主向技术智力等"软件"支持为主转变，是汶川灾后重建中对口援建单位普遍采用的行之有效的方式方法。广州援建威州前线工作组组长李俊夫说："我们在工程建设中注重考虑当地持续发展的需要，把提升人的素质作为实现可持续发展的根本性工作，非常留意将先进的思想、理念和管理方法传播给当地的干部群众。"增强发展后劲的这条经验的确值得重视。汶川县委书记青理东曾经说过："援建不仅给我们留下了丰厚的物质财富，同时也给我们带来了先进的思想理念，为今后的可持续发展奠定了基础。"

加大扶贫开发投入，以拓宽农民就业为重点，加强职业技能培训，制订切实可行的就业培训计划，提高贫困人口素质，多渠道促进农村劳动力的有效转移，增强贫困人口和贫困地区自我发展能力，是拓宽灾区农民增收的重要渠道。针对地震灾区农民工的培训项目专门纳入中央政府加大对农民工职业技能培训计划中，确保灾区农村人力资本、开发资金来源的可持续性。充分利用四川省内优质职业培训机构和资源，加强对灾区劳动力的帮扶式劳动技能和知识培训，包括：外出务工培训和新型农业生产技能和知识培训，优化对口劳动力资源合作机制，提供人才交流平台，根据援建方的用工要求，开展有针对性的培训，有组织性的输出灾区劳动力到援建省市就业。积极发展灾区中等职业教育，实施好特殊教育发展工

程。为提高农民转移就业能力，加强农民职业技能培训的"阳光政策"实施力度，让农民学到一技之长。完善农村劳动力就业市场，要广宣传、广覆盖，以利中介机构对用人单位信息及时发布到输出对象，以便农村剩余劳动力在第二、第三产业中不仅可充分就业，而且还可获得较高、较稳定的工资收益。

3. 完善灾后救助体系，推进防灾减灾能力建设

灾后重建是极其复杂的系统工程，须从科学理性视角出发，关注灾后重建的可持续发展问题。汶川灾区处于青藏高原向四川盆地的过渡地带，是地震等多种地质灾害的多发区。地震使山体松动，滑坡、泥石流等灾害隐患势必增多，地质环境的稳定性更加恶化。不言而喻，在今后相当长时间内，防灾减灾的任务将更加繁重。

灾后重建是一个庞大的系统工程，政府要承担起主要责任，此外，公民和社会组织的作用同样不可或缺。在海外，灾后重建中的"全民共建"意识十分凸显。灾后重建中，国际政府和非政府组织给予了极大的物质和道义上的支持，中央、所属省区和其他地区也都给予了灾区极大的支持和援助，而且值得注意和提倡的是社会各界组成各种社会组织也以社会工作的形式介入到了灾后重建之中，初步形成了一个多层面协调和结合的灾后救助体系。

灾后重建要健全有效的监督制约机制，防范重惩重建中的与民争利、克扣挪用、寻租分利、官商勾结等行为。灾后重建工作力保公开透明，要把人财物用在关键处。治理是灾后重建的最大挑战，既有单纯的政府管理，还要包括受灾群众、社会团体和企业的共同参与。尤其要指出的是，民间捐赠和政府拨款不可能是稳定的长期的资金来源，且数量有限，杯水车薪，无法解决灾后重建的可持续发展。所以，应该鼓励民间投资，拓宽融资的多种渠道。要制定适合于灾后重建的税收优惠政策，如公益性捐赠、企业所得税、因灾造成的财产损失支出准予扣除；个人重大损失、个人所得税可根据地方政府规定减征；资源税，纳税人开采或生产中，由于地震灾害遭受重大损失的，当地政府可免征或减征；境外捐赠的救灾物资应

当免征进口环节税收，等等。

坚持廉洁重建，依法重建加强灾后重建的制度建设，注重灾害应急管理。恢复重建中，应坚持按照法律法规和制度办事，做到政策公开，规划透明，规范运行，阳光操作。《汶川地震灾后恢复重建条例》是我国第一个地震灾后恢复重建专门条例，修订了《中华人民共和国防震减灾法》，颁布了《自然灾害救助条例》，还制定和完善了若干救灾和灾后重建管理办法与工作规范，形成了科学系统的规划体系、统一高效的组织领导体系、全方位的监管体系和全面细致的政策扶持体系，保障了汶川地震恢复重建和应急抢险的顺利推进。

238

以改善农民的生产生活条件为目的，以加强农村基础设施建设为重点。根据城乡统筹发展要求，把农村基础设施和公共事业建设投入纳入到财政支出中，要解决行路难、人畜饮水难、运输难、灌溉难、边远山区发展难的问题，重点增加对村社道路及灌溉渠堰项目的投入，加大公共财政对农村社会保障制度建设的投入，提高灾区群众的社会保障水平。农村贫困户、纯农户、五保户等低收入群体的增收是实现整体增收的难点和重点。应大力推进农村最低生活保障制度、农村社会养老保险制度和被征地农民基本生活保障制度的建设，切实维护农村社会稳定。

提倡灾害保险，增强自救力度。国外的灾后重建尤其强调公民参与，而我国的建设都是以政府为主导，民众参与度不高。

4. 建立对口合作长效机制，实现互惠平等双赢

灾后重建中，援建省份和受援地区根据实际探索出了若干援建模式。北京按照"首都理念"创立了"首都援建模式"，上海支援都江堰采取的"项目体系＋运行机制"模式等都很有特色。尤其值得一提的是上海援建模式，围绕"民生、公益、基础、功能"四原则形成了"项目体系"，具有广受益的务实特点，再以"质量安全、产业支撑、资金监管"为主轴，突出可持续和严监管的效果，形成较为完整的运行机制，使援建项目高效融入重建的城市新

生"机体"中。各省援建模式,援建省份既提供资金援助,又通过产业共建的资源技术嫁接方式和援建省份的人才帮扶方式,使带动辐射作用增强,援建整体效应提升,增强了灾区的可持续发展能力。浙江实行的"十百千万智力支援工程"和山东启动的以干部培训、挂职、支农、支教、支医为重点内容的人才智力支持计划也渐次展开。当然随着灾后恢复重建任务的陆续完成,"省—县"对口支援的历史使命也随之结束,由无偿支援向互惠合作、由对口支援向对口合作转变无疑是明智和可行的选择。

继续实施发达地区对口支援机制。在公益性领域、公共基础设施、人才智力支持等方面给予地方政府性援助。在产业上、贸易上建立绿色通道机制,消除地方保护壁垒,通过政府引导,利用市场化手段扩大经济技术交流与合作。在改善基础设施方面,继续给予项目资金支持。通过长期性、有计划的智力援助,为灾区培训一批人才。

（1）构建省级合作开发战略框架下对等的区域优势互补合作开发模式。鉴于省县合作面临一系列现实困难,当务之急是由各援建省（市）分别与四川省形成对口合作战略框架,在此框架下,选择具有显著经济互补性的区域,签订一揽子更明确和具体的"市—市"、"市—县"和"县—县"多个层级的对口合作协议,实现对等性更强并且效率更高的对接与合作。

（2）建立有利于促进对口合作的激励机制。对口合作开发应当是建立在双方互惠互利基础之上的市场化合作。由于地震灾区基础较差,现阶段的对口合作机制自发形成和发挥作用并非易事,对口合作只能是配套政策支持下的特殊合作形式。因此,建议合作双方政府搭建合作项目信息的交流平台,为具有潜在合作意向的经营者提供项目信息、项目咨询、资信调查等服务,以实现降低合作成本,提高合作的效率。灾区地方政府在土地、税收、公用设施、公共服务、基础设施配套等方面提供相关优惠政策。中央政府和援建省市政府出台相应的用地、信贷、财税、技术支持等配套的扶持政

239

策，对援建方投资商的进入给予明确和持续的政策激励。

从中央到地方政府的重建机构，承担着举全国之力恢复重建、建立对口支援机制的责任，应将重建信息及时地、清晰地公之于众，对媒体、公众开放，给予关心、热心参与重建的社会团体和个人知情权，以建立起与社会的良性互动。使公众不仅能看到这个机构取得的成就、有效地监督这个机构的工作效率，而且能看到这个机构运转的过程，保证整个重建工作更加均衡高效。

（二）汇聚强大精神动力，构筑美好精神家园

根据灾区恢复重建的总体规划和战略布局，加快构建区域经济发展、人民生活富裕、乡风文明淳朴、生态环境优美、文化教育进步、社会和谐稳定是灾后美好新家园建设的基本要求。巩固灾后重建的物质成果，推动灾区全面发展振兴，"精神重建"同样重要，加强灾后精神家园建设必不可少。在将来的发展中，同样要光大中华民族自强不息的优良传统，弘扬伟大的抗震救灾精神，增强社会主义核心价值观的感召力、凝聚力，激发灾区干部群众更加昂扬的斗志，是加快建设灾后美好新家园重要的精神支撑。丰富灾区群众精神文化生活，提高灾区群众文化素质，提升灾区社会文明程度，保障灾区群众基本文化权益，是四川灾区建设面临的新课题。

1. 抗震救灾精神继续激励我们愤然前行

"一个聪明的民族，从灾难和错误中学到的东西会比平时多得多。"① 对于汶川地震这样的特大灾难目前我们无法准确预报也无法避免，但我们可以选择如何面对灾难，从灾难中汲取信心，从灾难中汲取力量，让灾难与重建变得更有价值更有意义。在特大地震灾难面前，13 亿中国人同心同德、守望相助、众志成城，汇聚成风雨同舟的强劲合力，形成了气势磅礴的抗震救灾力量，在满目疮

---

① 《十六大以来党和国家重要文献选编》上二，人民出版社 2005 年版，第 1423页。

痍的土地上展开了艰苦卓绝的抗震救灾斗争，夺取了抗震救灾的重大胜利，铸就了伟大的抗震救灾精神。

"万众一心、众志成城，不畏艰险、百折不挠，以人为本、尊重科学"，5 年来，千百万干部群众的奋斗，亿万中国人民的坚守，无数建设者的奉献，崇高的理想、坚定的信念和深沉的感恩，汇入社会主义中国一脉相承的精神谱系。

"一方有难，八方支援；自力更生，艰苦奋斗。"大巴山深处，在灾区考察工作的胡锦涛在简易防震棚小黑板上给孩子们写下了这16 个大字。"汶川不哭，中国加油"、"我们都是汶川人"，当年响彻中国的呐喊，在 5 年重建中依然诠释着一方有难、八方支援的民族情怀。"有手有脚有条命，天大困难能战胜"、"泰山压顶不弯腰"，曾经激荡灾区的最强音，在 5 年重建中依然传递着灾区人民自强不息的坚韧精神。

对于饱经沧桑、历经磨难的中华民族，汶川地震是一个悲壮的过去，更是一个伟大的开始。5 年时间，四川灾区"从悲壮走向豪迈"的历程，不仅重建了一个山河壮美的物质家园，更重建了一个意义深远的精神故乡。灾难虽然已经过去，但抗震救灾精神始终是我们值得珍视的宝贵精神财富，始终是鼓舞激励灾区干部群众奋然前行的不竭动力源泉。我们应将之深深熔铸在我们的民族品格、民族血脉之中，成为各族人民万众一心、继往开来的价值取向，将之升华为实现中华民族伟大复兴中国梦的强大动力，续写中华民族更加美好未来的新篇章。

2. 文化重建：增强灾区自身文化"造血"功能

文化恢复重建，是国家灾后重建总体规划的一个重要组成部分，是四川灾后恢复重建的六大任务之一。在推进灾后文化恢复重建的过程中，帮助灾区治理村容村貌、改善文化条件、发展社会服务，培育精神文明建设示范区，进一步探索如何丰富灾区群众精神文化生活，保障灾区群众基本文化权益，为加快建设灾后美好新家园提供强有力的精神条件。

传承融合发展产业，也是文化重建过程中的新亮点之一，诸如：绵竹建设扬州水街、都江堰建筑融合上海风格、苏州打造德阳东方阿尔卑斯山，等等。此外，为了促进民族文化资源的产业发展，在汶川，广州援建的汶川博物馆成为汶川县城的标志性建筑；在绵竹，江苏常州援建棚花村年画传习所，使绵竹年画艺术从这里走向全国；在北川，以羌文化的发掘与保护为核心，新县城羌族特色商业步行街建筑群落就是以民族民俗手工艺展示为特色的，已成为川西旅游文化名街。汶川县绵虒镇大禹故里景区正式落成，迎接八方来客。第一届中国汶川大禹精神与华夏文明学术论坛就是在汶川县博物馆召开的。

开展文化惠民活动、活跃基层文化生活，慰藉灾区群众心灵、丰富灾区群众精神生活。特大地震灾害，不仅带给灾区群众巨大的物质损失，也带给灾区群众失去亲人、失去家园的精神创伤。文化抚慰行动是应对特大自然灾害，引导灾区群众自立自强自救、坚定坚强坚韧，安抚灾区群众内心世界，平复灾区群众波动情绪，化解灾区潜在社会矛盾的有效方式。以"流动文化服务包"、"流动电影放映队"等形式对灾区群众进行精神抚慰，提供丰富多彩的精神食粮，充分发挥文化滋养心灵、文化医治创伤、文化安慰民心的作用。同时，着眼于增强灾区自身文化"造血"功能，引导灾区成立群众性文化组织，发动灾区群众自编自演文艺节目，自发开展形式多样、健康向上的文化活动，丰富灾区群众精神文化生活，营造健康积极、乐观向上文化氛围，推动灾后美好新家园建设。

发掘生动感人素材、创作优秀文艺作品、讴歌伟大时代精神、鼓舞灾区士气民心。波澜壮阔的抗震救灾和灾后重建，涌现出了许多可歌可泣的英雄人物和感人事迹，是进行文艺创作的重要资源。可组织广大文艺工作者，从这场伟大斗争中挖掘创作资源，激发创作灵感，提炼创作素材，创作若干全方位记录灾难历程、深情讴歌祖国人民、大力弘扬伟大抗震救灾精神的优秀文艺作品。充分挖掘和利用救灾重建的宝贵资源，组织创作文艺精品力作，反映抗震救灾时代壮举、展示重建家园恢宏画卷，增强灾区群众重建美好家园的勇气信心，焕发灾区干部群众的强大生机和活力。

重建公共文化设施、搭建文化服务平台，保障灾区群众基本文化权益。特大地震灾害，给灾区文化设施造成了毁灭性的打击，文化馆、图书馆、影剧院、广播电视设施、乡镇综合文化站全面受损，灾区公共文化服务网络几乎陷入瘫痪，灾区群众正常文化生活失去了起码依托。重建灾区文化馆、图书馆、影剧院等重点文化设施，重建广播电视设施，重建灾区党报党刊公益性出版机构、新华书店和农家书屋，实现灾区"县县有文化馆、图书馆，乡乡有文化站、村村有活动室"的目标，全面恢复灾区文化服务网络体系。恢复公共文化设施体系，是全面恢复灾区宣传文化阵地和群众精神文化生活的重要物质基础，对于灾区群众全面了解党和政府心系灾区、关心灾区，全力应对特大自然灾害、加快灾区恢复重建的政策部署，切实满足灾区群众收听广播、读书看报、观看电视电影等基本文化需求和保障灾区群众基本文化权益。

坚持把群众性精神文明创建活动作为灾区精神文明建设的基本载体，提升灾区群众文明素质和社会文明程度，为加快建设灾后美好新家园营造良好的社会环境。如集中开展"新家园、新生活、新风尚"、"美环境、讲文明、树新风"、"精神文明连片创建"等活动，对深化拓展群众性精神文明创建活动进行了新的尝试。

"新家园、新生活、新风尚"活动，提升群众自我教育、自我管理、自我塑造能力。随着恢复重建任务的完成，广大灾区群众逐步入住新家园。让灾区群众养成与美好新家园相适应的生活方式，教育引导灾区群众改变不良习俗、养成良好行为、提升文明素养，逐步实现灾后重建集中居住区设施完善、管理有序、环境整洁、乡风文明，提升群众的自我约束能力和现代文明素质，提升灾后恢复重建的软件水平。在全省地震灾区特别是灾后重建农民集中居住区，继续广泛开展"新家园、新生活、新风尚"主题活动，制定乡村规约、完善居住区管理制度、遵循文明规范、培育现代文明生活方式，提升群众自我教育、自我管理、自我塑造能力。

"美环境、讲文明、树新风"活动，是加强和改进社会主义新农村建设的重要载体。维护城乡环境秩序、改善城乡环境面貌，是建设灾后美好新家园、实现灾区发展新跨越的社会条件。按照社会主义新农村建设"生产发展、生活宽裕、乡风文明、村容整洁、管理民主"的要求，在灾区坚持"以文明创建促进城乡环境综合治理，以城乡环境综合治理带动文明创建"的思路，以"清洁化、秩序化、优美化、制度化"为标准，大力开展"美环境、讲文明、树新风"活动，推进城乡环境综合治理进社区、进村组、进家庭的活动，普及文明礼仪知识、健康卫生知识、环境保护知识，引导农民群众摒弃各种不文明行为和陈规陋习。现在灾区呈现在世人面前秩序井然、清新和谐、生机盎然的美丽画卷，充分说明"美环境、讲文明、树新风"活动，是激励和引导农民群众自觉投身灾区新农村建设，提高思想道德文化素质和农村社会文明程度，培育新农民、倡导新风尚、发展新文化，加快转变农业农村经济发展方式，加快建设农民幸福生活的美好新家园的重要载体。

3. 精神重建：持之以恒地抓好各类主题教育活动

不断挖掘、充分利用救灾重建的宝贵精神财富，积极探索和广泛开展各类主题教育活动，鲜活教育内容、丰富活动载体、完善阵地建设，激发灾区干部群众更加豪迈、更加昂扬的斗志，并将这种斗志凝聚成建设更加美好未来的强大凝聚力、向心力、战斗力。如抗震救灾精神宣传教育、灾后重建成就宣传教育、感恩奋进宣传教育、公民道德实践等各类主题活动，都是对巩固灾区干部群众艰苦奋斗的共同思想基础的有效方式的有益探索。

抗震救灾精神宣传教育。灾后重建的汶川奇迹，是伟大抗震救灾精神的外在表现和物质载体。如何运用好这一最直接、最生动、最鲜活的教材，把伟大的抗震救灾精神呈现出来、弘扬开来，使得阶段性的精神动力深化为长久性的思想财富，成为摆在我们面前的重大课题。以开展学习实践科学发展观活动、建设学习型党组织、开展创先争优活动等重要契机，把握改革开放 30 周年、新中国成立 60 周年、中国共产党成立 90 周年等重大时间节点，在地震灾区大力开展爱国主义、民族团结进步、社会主义核心价值观教育，引导灾区干部群众深刻认识中国共产党非凡的执政能力、中国特色社会主义集中力量办大事的制度优势和中国发展道路、发展模式的勃勃生机，进一步坚定中国特色社会主义理想信念。通过一系列多层次、宽领域、强声势的主题宣传教育，社会主义核心价值观成为召唤灾区干部群众奋勇前行的一面精神旗帜。正是因为有了这面旗帜的引领支撑，灾区干部群众才能在艰难困苦中重振信心士气，才能在废墟上重建美好家园。在抗震救灾阶段，灾区党员干部舍生忘死、勇往直前，灾区人民群众临危不乱、守望相助；在全面重建阶段，灾区各级党委政府、广大干部群众凭着顽强意志和昂扬精神，在满目疮痍的土地上创造了惊天地、泣鬼神的辉煌业绩。

公民道德实践活动，是引导灾区干部群众牢固树立和自觉践行社会主义荣辱观的重要途径。救灾重建中，涌现出了大量的模范人物和先进事迹。深入挖掘和大力宣传先进典型的突出事迹和崇高精神，是灾区精神文明建设的重要任务。我们大量运用"典型引路"的方法，充分发挥先进典型的引领示范作用，在地震灾区精心组织了"道德模范评选表彰"、"道德模范和先进典型基层巡讲"、"身边好人评选交流"、"抗震救灾英雄少年评选宣传"、"优秀志愿者评选表彰"等道德实践活动，吸引了灾区干部群众的踊跃参与，推动了灾区社会公德、职业道德、家庭美德和个人品德建设向纵深拓展。实践证明，公民道德实践活动，是培育奋发进取、理性平和、开放包容的社会心态，形成我为人人、人人为我的社会氛围和扶正祛邪、惩恶扬善的社会风气，构建传承中华传统美德、符合社会主义精神文明要求、适应社会主义市场经济的道德和行为规范的重要途径。

"三基地一窗口"建设，是我国开展社会主义核心价值体系教育的战略工程。救灾重建取得的重大胜利和辉煌成就，以及铸就的伟大抗震救灾精神,是对全党全国各族人民进行中国特色社会主义教育的鲜活教材和宝贵资源。李长春到四川视察时强调,要把重建后的灾区建设成为爱国主义教育基地、社会主义核心价值体系教育基地、民族团结进步教育基地和展示中国发展模式、发展道路勃勃生机的窗口(以下简称"三基地一窗口")。按照中央要求,四川把"三基地一窗口"建设作为一项战略性、全局性、长期性任务,以基础设施建设为载体,以思想内涵挖掘为手段,以鼓舞教育群众为目的,以地震遗址、地震纪念馆、抗震救灾纪念园为主要门户,在灾区各地博物馆、纪念馆和抗震救灾事迹突出、灾后重建成就巨大的乡镇和村,统一建设了一批抗震救灾和恢复重建纪念馆、陈列室,精心打造了集思想教育功能与红色旅游功能于一体的参观线路,陆续接待了来自中央国家机关和新闻单位、援建省市、省内企事业单位以及境外的多批次考察团队。参观学习活动的广泛开展,宣传推广了灾后美好新家园建设的宝贵经验,让全国全世界的参观者受到了精神洗礼和心灵震撼,有效放大了抗震救灾和灾后重建的政治效应。"三基地一窗口"是弘扬社会主义核心价值观、展示中国制度优势的生动范例,是对内增强凝聚力、对外提升软实力的国家工程,是我国继井冈山、延安、浦东干部学院之后的又一重要教育基地。

恩格斯说过:"没有哪一次巨大的历史灾难不是以历史的进步为补偿的。"[①] 救灾重建,四川已将一场灾难转变成了新的机遇,穿越灾难、超越悲壮、走向豪迈,实现了脱胎换骨的凤凰涅槃。灾区的新生是一段信念铸成的历史,一个民族精神的标识。四川灾区已经成为爱国主义教育基地、社会主义核心价值观学习教育基地、民族团结进步宣传教育基地和展示中国发展模式、发展道路勃勃生机的绝佳窗口。重建建立殊勋,重建成就伟业。站在新的时间节点上,重建之路依然在不断向前延伸。岷江之畔,滔滔江水奔腾而

246

---

① 《马克思恩格斯全集》第 39 卷,人民出版社 1974 年版,第 149 页。

过，巴蜀之地，精神永存，魂魄犹在，文脉不绝。以科学发展观引领，由重建规划走向振兴规划，四川人民将以他们的智慧、勤劳和坚忍，去建设一个人与大自然和谐相处的更加美丽的四川，去吸引更多来自世界各地的朋友，让逝者在爱与希望中永生，让生者在爱与希望中前行。

四川将一路凯歌，奋然前行！这片土地沐浴着阳光、升腾着希望，巴蜀儿女感恩奋进、绽放梦想！

参考文献

1. 《马克思恩格斯选集》第 1—4 卷，北京：人民出版社 1995 年版。

2. 《马克思恩格斯全集》第 46 卷，北京：人民出版社 1971 年版。

3. 《列宁选集》第 3 卷，北京：人民出版社 1995 年版。

4. 《毛泽东选集》第 2 卷，北京：人民出版社 1991 年版。

5. 《马克思恩格斯全集》第 39 卷，北京：人民出版社 1974 年版。

6. 《邓小平文选》第 3 卷，北京：人民出版社 1993 年版。

7. 《邓小平文选》第 2 卷，北京：人民出版社 1994 年版。

8. 《江泽民论社会主义精神文明建设》，北京：中央文献出版社 1999 年版。

9. 《江泽民论中国特色社会主义（专题摘编）》，北京：中央文献出版社 2002 年版。

10. 江泽民：《全面建设小康社会，开创中国特色社会主义事业新局面——在中国共产党第十六次全国代表大会上的报告》，北京：人民出版社 2002 年版。

11. 中共中央文献研究室编：《十五大以来重要文献选编》（上），北京：人民出版社 2000 年版。

12. 侯树栋、许志功、黄宏：《党和国家关注的十四个重大课题》，北京：人民出版社 2004 年版。

13. 《十七大报告辅导读本》，北京：人民出版社 2007 年版。

14. 《鲁迅选集》第 2 卷，北京：人民文学出版社 1995 年版。

15. 休谟：《人性论》，商务印书馆 1980 年版。

16. 斯密：《道德情操论》，北京：九州出版社 2006 年版。

17. 辛鸣：《制度论——关于制度哲学的理论建构》，北京：人民出版社 2005 年版。

18. 姚新中：《儒教与基督教——仁与爱的比较研究》，北京：中国社会科学出版社 2002 年版。

19. 曾刊新、李建华：《道德心理学》，长沙：中南大学出版社 2002 年版。

20. 曾刊新：《道德与心理》，武汉：湖北教育出版社 1988 年版。

21. 章志光：《社会心理学》，北京：人民教育出版社 2004 年版。

22. 沙莲香：《中国民族性》，北京：中国人民大学出版社 1990 年版。

23. 费孝通：《乡土中国》，北京：北京出版社 2005 年版。

24. 陈寿：《三国志》，北京：人民出版社 1997 年版。

25. 碧怜：《教学生懂得感恩的 17 堂课》，北京：时事出版社 2008 年版。

26. 孔丘：《论语译注》，北京：中华书局 1980 年版。

27. 肖群忠：《孝与中国文化》，北京：人民出版社 2001 年版。

28. 曾参：《孝经》，北京：中国华侨出版社 2002 年版。

29. 孟子：《孟子·公孙丑上》，岳麓书社 2000 年版。

30. 朱熹集注：《论语》，上海：上海古籍出版社 2007 年版。

31. 钱穆：《论语新解》，北京：生活·读书·新知三联书店 2002 年版。

32. 吴来苏、安云凤：《中国传统伦理思想评介》，北京：首都师范大学出版社 2002 年版。

33. 吴奕新：《当代中国道德建设研究》，北京：中国社会科学出版社 2003 年版。

34. 李喜英：《中国道德教育的现代转型与重构》，合肥：安徽人民出版社 2007 年版。

35. 俞祖华、赵慧锋：《中华民族精神新论》，济南：山东人民出版社 2005 年版。

36. 张岱年：《张岱年全集》第 7 卷，石家庄：河北人民出版社 1996 年版。

37. 梁启超：《饮冰室合集》第 5 册，北京：中华书局 1989 年版。

38. 费孝通：《费孝通文集》第 14 卷，北京：群言出版社 1999 年版。

39. 康德：《实践理性批判》，邓晓芒译，北京：人民出版社 2004 年版。

40. 《汶川记忆：200 名幸存者的地震日记》，北京：科学出版社 2009 年版。

41. 宋蜀华、陈克进：《中国民族概论》，北京：中央民族大学出版社 2001 年版。

42. 龚平：《太阳之旅——当代大学生的公民道德教育》，成都：西南交通大学出版社 2004 年版。

43. 方立天：《民族精神的界定与中华民族精神的内涵》，《哲学研究》，1991 年第 5 期。

44. 张大伟：《城市文化与"身份认同"》，《甘肃社会科学》，2006 年第 2 期。

45. 孙向军：《社会转型期政治道德建设》，《理论视野》，2009 年第 10 期。

46. 李小宁：《论社会公德》，《中央民族大学学报》（哲学社会科学版），2006 年第 4 期。

47. 金津：《5·12 生命大营救片断》，《世界知识》，2008 年第

11 期。

48. 鄯爱红：《儒家诚信道德的现代转化》，《孔子研究》，2002 年第 5 期。

49. 郑兴刚、文木：《弘扬抗震救灾精神的几点思考》，《北京青年政治学院学报》，2009 年第 1 期。

50. 刘爽：《中国传统诚信道德的现代转变》，《中共中央党校学报》，2003 年第 11 期。

51. 符平：《贫困村灾后重建中的社会资本问题》，《人文杂志》，2010 年第 2 期。

52. 赵存生：《关于弘扬培育中华民族精神的几个问题》，《高校理论战线》，2004 年第 2 期。

53. 夏伟东：《在未成年人中弘扬和培育民族精神的两个理论问题》，《道德与文明》，2004 年第 5 期。

54. 张岱年：《文化传统与民族精神》，《学术月刊》，1986 年第 12 期。

55. 刘纲纪：《略论中国民族精神》，《武汉大学学报》，1985 年第 1 期。

56. 方立天：《民族精神的界定与中华民族精神的内涵》，《哲学研究》，1991 年第 5 期。

57. 李锦全：《试论中华民族精神的基本内容及其对民族凝聚力的促进作用》，《东方文化》，1994 年夏卷。

58. 刘文英：《关于中华民族精神的几个问题》，《哲学研究》，1991 年第 4 期。

59. 纪宝成：《弘扬中华优秀传统文化建设民族共有精神家园》，《教学与研究》，2008 年第 4 期。

60. 陈仕平、陈燕：《新时期中华民族文化认同目标的解读——中华民族共有精神家园基本议题的剖析》，《湖北社会科学》，2008 年第 5 期。

61. 李文海：《延安精神的时代价值》，《思想理论教育理论导刊》，2003 年第 6 期。

62. 李洁：《徘徊在叔本华和尼采之间》，《世界哲学》，2006 年第 4 期。

63. 马小泉：《公民自治：一个百年未尽的话题》，《学术研究》，2003 年第 10 期。

64. 周元明：《刍议高等学校的感恩教育》，《江苏高教》，2007 年第 1 期。

65. 任现品：《略论儒家文化的感恩意识》，《孔子研究》，2005 年第 1 期。

66. 吴殿峰：《大学生感恩教育理论与实践探讨》，《哈尔滨工程大学学报》，2007 年第 9 期。

67. 吴柳云：《加强感恩教育架起孩子道德的支点》，《南方论坛》，2006 年第 6 期。

68. 陶志琼：《关于感恩教育的几个问题的探讨》，《教育科学》，2004 年第 1 期。

69. 金鑫、张耀灿：《充分利用抗震救灾的精神资源，切实加强大学生思想政治教育》，《思想教育研究》，2008 年第 7 期。

70. 四川省邓小平理论和"三个代表"重要思想研究中心：《抗震救灾：让世界看到一个怎样的中国》，《求是》，2008 年第 8 期。

71. 龚平：《政府诚信理念在公共危机中的践行及意义》，《黑龙江社会科学》，2010 年第 4 期。

72. 龚平：《公共危机：大爱精神在突发性公共事件中的塑造及意义》，《四川大学学报》，2011 年第 3 期。

73. 龚平：《公民社会公德培养契机》，《西南民族大学学报》，2011 年第 4 期。

74. 龚平：《灾区人民幸福指数提升是灾后重建的最大成果》，《道德与文明》，2012 年第 3 期。

75. 陈秋月：《刍议抗震救灾中的人文关怀精神》，《西南民族大学学报》，2011 年第 9 期。

76. 崔青青：《抗震救灾是高校思想政治教育的生动教材》，《思想理论教育导刊》，2011 年第 9 期。

77. 崔青青：《抗震救灾精神的政治基础和伦理内涵》，《西南民族大学学报》，2011 年第 8 期。

78. 胡锦涛：《在抗震救灾先进基层党组织和优秀共产党员代表座谈会上的讲话》，《人民日报》，2008 年 7 月 1 日。

79. 胡锦涛：《胡锦涛抗震救灾总结表彰会讲话》，《解放军报》，2008 年 10 月 9 日。

80. 任仲平：《灾难中挺立伟大的中国》，《人民日报》，2008 年 6 月 2 日。

81. 郑言惠：《抗震救灾思想政治工作的有益启示》，《人民日报》，2008 年 7 月 25 日。

82. 习近平：《抗灾领导干部要靠前指挥，真正成主心骨》，中国新闻网，2008 年 5 月 19 日。

83. 刘万强：《汶川地震大救援展现中国改革开放 30 年积淀》，中国新闻网，2008 年 5 月 27 日。

84. 秋风：《大地震检验国人精神体系》，《新世界周刊》，2008 年 5 月 20 日。

85. 中共中央国务院：《关于进一步加强和改进大学生思想政治教育的意见》，《光明日报》，2004 年 10 月 15 日。

后　记

　　《大爱无边与公民之善——弘扬抗震救灾精神和促进公民道德建设研究》经过作者近 5 年的辛苦努力、矢志不渝，今天终于完成了。汶川大地震五周年之际，之间经历了青海玉树大地震、适逢四川芦山大地震，地震带给人们太多的苦难与悲痛，但却摧不垮中国人民的坚强意志，经过 5 年的灾后重建，四川人民重新站立起来，在昔日山河破碎的地震灾区，现在已难以看到灾害的痕迹，处处是新面貌、新景象。这个"新"，不是原样复制的"新"，而是脱胎换骨的变化，是浴火之后的涅槃重生。

　　本书的主要内容是弘扬抗震救灾精神和促进公民道德建设，论述了抗震救灾精神的基本内涵和时代意义，论证了抗震救灾精神对民族精神的提升，分析了抗震救灾精神对促进公民道德建设的作用，说明了抗震救灾中的以人为本，提出了通过抗震救灾精神的弘扬加强高校思想政治教育，最后展示浴火重生后的四川依然美丽。

　　汶川特大地震的抗震救灾和恢复重建是人类历史上的一个奇迹，是中国共产党领导全国各族人民自强不息、顽强拼搏、敢于胜利的奋斗史的又一座历史丰碑。汶川大地震抗震救灾和恢复重建的恢宏史诗，充分展示了中国共产党的坚强领导、以人为本、执政为民的执政理念和非凡执政能力的强大政治优势，充分展示了中国特色社会主义动员群众、组织群众、集中力量办大事的独特制度优势，充分展示了中华民族强大的凝聚力和向心力，充分展示了人民军队钢铁长城的坚强意志。

　　本书是 2009 年度国家社会科学基金项目西部项目（09XZX009）"弘扬抗震救灾精神和推进公民道德建设研究"的结题成果。由课题负责人龚平教授负责整个课题的组织研究工作，进行整体构思和设计以及调研工作。在课题研究期间还分别组织撰写了相关学术论文七篇并在相关核心期刊发表："政府诚信理念在公共危机中的践行及意义"，龚平《黑龙江社会科学》2010 年第 4 期；"大爱精神在突发性公共事件中的塑造及意义"，龚平《四川大学学报》2011 年第 3 期；"公共危机：公民社会公德培养契机"，龚平《西南民族大学学报》2011 年第 4 期；"灾区人民幸福指数提升是灾后重建的最大成果"，龚平《道德与文明》2012 年第 3 期；"刍议抗震救灾中的人文关怀精神"，陈秋月《西南民族大学学报》2011 年第 9 期；"抗震救灾是高校思想政治教育的生动教材"，崔青青《思想理论教育导刊》2011 年第 9 期；"抗震救灾精神的政治基础和伦理内涵"，崔青青《西南民族大学学报》2011 年第 8 期。

　　本书是老师们共同完成的集体成果。各章的分工是：龚平撰写前言和第一章，刘国华（四川旅游学院）撰写第二章，陈军撰写第三章，陈秋月撰写第四章，扬琴撰写第五章，崔青青（四川师范大学）撰写第六章。

　　本课题在研究和写作过程中，得到了全国哲学社会科学办公室的悉心指导、热情关心和大力支持，得到了西华师范大学科研处的领导和工作人员的热情关心和大力支持，得到了西华师范大学马克思主义学院的帮助和支持，这里一并表示感谢，并向他们表示深深的敬意！

　　由于本成果涉及面广，研究难度大，加之研究者水平有限，错误疏漏在所难免，真诚希望同仁及读者们指正批评，提出宝贵意见。

作者

2014 年 4 月 22 日